先知后行
知行合一
中欧经管
价值典范

CEIBS | 中欧经管图书

CAMBRIDGE

中小企业的开放式创新

Managing Open Innovation in SMEs

[比] 维姆·范哈弗贝克（Wim Vanhaverbeke）著

朱晓明　扈喜林　曹雪会 译审

中国财富出版社

图书在版编目（CIP）数据

中小企业的开放式创新／（比）维姆·范哈弗贝克（Wim Vanhaverbeke）著；朱晓明，扈喜林，曹雪会译审. —北京：中国财富出版社，2018.5
（中欧经管图书）

书名原文：Managing open innovation in SMEs

ISBN 978-7-5047-6638-0

Ⅰ.①中… Ⅱ.①维…②朱…③扈…④曹… Ⅲ.①中小企业—企业创新—研究 Ⅳ.①F276.3

中国版本图书馆 CIP 数据核字（2018）第 087787 号

著作权合同登记号 图字 01-2018-1621

英文版 ISBN：978-1-107-42133-2

中欧国际工商学院专家组成员

主　审：朱晓明

翻　译：扈喜林　曹雪会

审　校：毛竹晨　徐建敏　王丹萍　任轶凡

有关工作人员

倪英子　朱奕帆　朱叶子　黄成彦　施天瑜

译审者简介

朱晓明，教授级高级工程师，上海交通大学工学博士，享受国务院特殊津贴的专家。中欧国际工商学院管理学教授，2006年6月至2015年3月担任中欧国际工商学院院长，中天集团教席教授；上海交通大学安泰经济与管理学院兼职教授、博士生导师；上海财经大学兼职教授、博士生导师；中国银联博士后工作站指导教授；上海数字化与互联网金融研究中心主任。曾任上海市政府副秘书长兼上海外经贸委、外资委主任，上海市人大副主任、市政协副主席。曾获上海市科技进步二等奖、三等奖；上海市决策咨询研究成果一等奖、二等奖；国际管理学会"杰出成就奖"；2015年获中国大学出版社优秀学术著作一等奖；2016年9月获中欧国际工商学院教学优秀奖。曾任中国工业与应用数学学会副理事长，上海浦东新区高级职称评审委员会主任，上海市国际商务专业高级技术评审委员会主任。主要著作：《"大通关"——提高上海通关效率》等5本外经贸著作、《经济管理数学模型案例教程》、《中国服务外包发展报告（2007、2008、2009、2010－2011、2012、2013）》、《中国对外投资合作发展报告（2010）》、《中国第三方电子支付发展报告》、《支付革命》、《精准创新》、《数字化时代的十大商业趋势》（中、英、阿拉伯语版）、《商业趋势与科技创新案例集》（中、英版）、《家族企业创新》、《开放式创新》、《走向数字经济》（中、英版）等多种经济学、管理学与科技领域的专著或译著。

扈喜林，自由译者，毕业于北京对外经济贸易大学外贸英语专业，主要从事经济管理、品牌管理、创新研究、心理学、小说等领域的翻译工作。先后供职于多家翻译公司，从2005年开始从事自由翻译，和北京科技出版社、中信出版社、上海译文出版社、重庆出版社、《译林》杂志、上海社科院出版社、人民邮电出版社、中欧出版集团等多家知名出版机构合作，翻译出版了近 30 本引进版书籍。

曹雪会，毕业于北京外国语大学高级翻译学院，目前就职于中欧国际工商学院，长期从事翻译工作。曾翻译过的作品包括《登顶》、《中欧工商管理大词典》、《精准创新》、《数字化时代的十大商业趋势》（英文版）、《家族企业创新》、《开放式创新》，并多次参与翻译商务部主持编写的《中国服务外包发展报告》及《中国投资发展报告》等。

中文版序

中欧国际工商学院副院长兼中方教务长、战略学教授　张维炯

看到英文版的《中小企业的开放式创新》，我感到眼前一亮。范哈弗贝克教授多年的研究成果，将为千千万万在创业路途上为生存而奋斗的中小企业点亮一条走向成功的路径。

创业创新已经成为我国经济发展的主流。"大众创业、万众创新"的主要载体是中小企业，目前我国中小企业为国家贡献了 50% 的税收、60% 的 GDP（国内生产总值）、70% 的创新项目（中小企业生存报告：创业主要集中在六大领域，21 世纪经济报道，2017 - 10 - 31），已经成为科技创新的主力。国内外学术界的研究和企业发展的历史都证明，中小企业要在激烈的市场竞争中生存，关键因素不在于其规模，而在于其是否能做到"专精特新"，是否能在利基市场中做出自己的特色。尽管近年来中小企业在研发上投入的比重逐年上升，中小企业的研究专利、核心产品开发在逐年增多，也创造了许多新产品、新业态、新经济，但是从总体来看，我国 76.7% 的中小企业员工规模低于 30 人（2017 年中小企业生存现状与发展策略报告，中商情报网，http：//www. askci. com/news/finance/20170406/15120695250. shtml），在劳动力成本、融资和盈利能力上仍面临巨大挑战，绝大多数的中小企业仍然缺乏技术创新能力。

范哈弗贝克教授在他的研究中发现，用于创新的知识广泛地分布于各种经济活动中。大公司借助资源能力强的特点，投资研发，取得了丰硕的成果。对于大企业来说，其实有很大部分的研究成果是用不到的，大企业也无法控制其研发成果的溢出问题。如果从社会角度来看，企业可以将自己不使用的

内部创意和技术从公司内部输出到其他组织，对溢出的知识和专利进行主动管理，这不仅使得大企业的科研投入能迅速地创造社会价值，也帮助中小企业解决了科研投入和创新力度不够的问题。

世界上大多数国家对中小企业都制定了支持的政策，我国政府也相应制定了《中小企业促进法》。工业和信息化部还认定了 500 多家国家中小企业公共服务示范平台，为中小企业提供信息、技术、创业、培训、融资等公共服务（新《中小企业促进法》着力激发中小企业创业创新活动，Information Research，2017 - 11 - 23）。国家还通过了一系列政策，通过打造产业集群来促进中小企业的抱团发展。如果能够在这些国家公共服务平台上和产业集群中，加入开放式创新板块，将极大地促进中小企业的创新发展，帮助它更好地在市场中成长。

范哈弗贝克教授在本书中，花了大量的笔墨叙述了中小企业加入开放式创新平台需要注意的战术问题，包括如何通过开放式创新创造价值、如何形成和管理开放式创新网络、如何寻找合适的合作者、如何制定相应的合作规则、如何沟通、如何控制合作的成本、如何解决创新网络内部可能产生的问题，以及如何解决关键的知识产权问题等。对于刚开始创业的公司如何和大公司合作，范哈弗贝克教授也明确地提出了建议，并列举了两个小企业和大企业成功合作的案例。

随着企业战略理论的发展，平台战略已经成为广大企业家所接受的成功战略之一。我相信，开放式创新 + 平台战略，一定能为中小企业的创新提供更多的帮助，也能为整个社会提供更大的价值。历史将证明，分享知识不但不会有损于知识的价值，反而会促进整个社会知识的创造。这就是本书的重要价值。

译审者序
创新方法论的又一新语境

中欧国际工商学院管理学教授、原院长　朱晓明

　　扈喜林、曹雪会、朱晓明曾经是牛津大学出版社 *New Frontiers in Open Innovation* 一书中文版的译审者，现又是剑桥大学出版社 *Managing Open Innovation in SMEs* 一书中文版的译审者。前一本书的译名为《开放式创新》（2016年6月，复旦大学出版社），后一本书的译名为《中小企业的开放式创新》（2018年7月，中国财富出版社）。我很荣幸，既为前一本书作译审者序，题为"创新方法论的新语境"，又为后一本书作译审者序，题为"创新方法论的又一新语境"。

　　《开放式创新》一书由亨利·切萨布鲁夫、维姆·范哈弗贝克、乔·韦斯特主编；《中小企业的开放式创新》一书的作者是维姆·范哈弗贝克，而亨利·切萨布鲁夫为其作序。这种连篇型的团队之作会让您合乎情理地认定《中小企业的开放式创新》就是《开放式创新》的续篇，尤其是当您看完手中的这本书之后。

（一）

开放式创新独特的学术内涵

　　亨利·切萨布鲁夫在本书的前言中开门见山地告诉我们，开放式创新基于这样一个基本理念：有用的知识分布在社会的各个角落，没有一个组织能独占

所有的优秀创意或想法。实施开放式创新的组织在其行业内使用外部创意和技术已成为常态（由外而内的开放式创新）……让企业内部闲置的创意和技术走出去，供其他企业在其行业内使用（由内而外的开放式创新）。这似乎让读过《开放式创新》一书的读者重温开放式创新一词独特的学术内涵。我曾经把我所理解的开放式创新的学术内涵用 PPT（演示文稿）的方式，对中欧国际工商学院的 MBA（工商管理硕士）、EMBA（高级管理人员工商管理硕士）、EE（高级经理培训）、智慧医疗创业班的学员进行详解：开放式创新是一种范式，企业在提升其技术的时候，可以使用内部创意，也可以使用外部创意，如图 1 所示。开放式创新的模式分为三种：a. 由外而内的开放式创新，如图 2 所示；b. 由内而外的开放式创新，如图 3 所示；c. 将 a 和 b 结合起来的耦合型开放式创新，如图 4 所示。

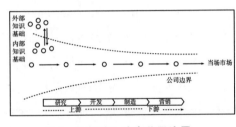

图1　知识流入流出公司边界

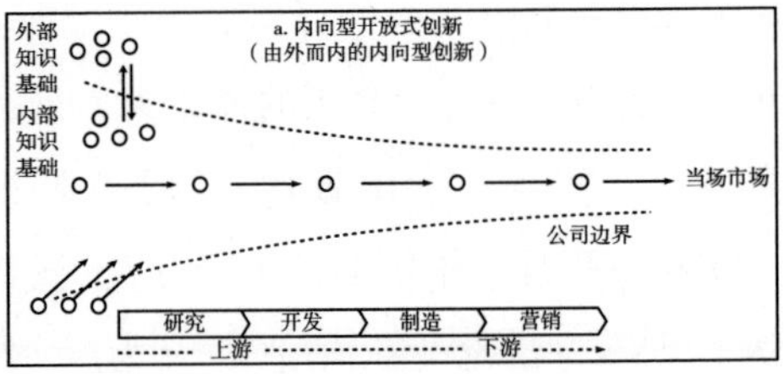

图2　内向型开放式创新

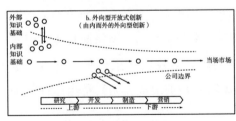

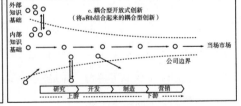

图3　外向型开放式创新

图4　耦合型开放式创新

作者撰写《中小企业的开放式创新》之动因

开放式创新确实起作用的案例有哪些？亨利·切萨布鲁夫指出，最近对 125 家大企业的调查发现，相较而言，采用开放式创新的企业在创新成果方面较为出色，所以，这些案例都来自大型组织。他又指出，开放式创新对中小企业影响如何？这方面的调查少之又少，这就是为什么维姆·范哈弗贝克（本书作者）的书如此必要和实用的原因，它正好弥补了创新研究领域的巨大空白。

维姆·范哈弗贝克在《中小企业的开放式创新》中直截了当地告诉我们不能把大企业（开放式创新）的经验照搬于小企业的原因有4点：①小企业没有创新项目组合，没有必要将所有的创新活动放入一个封闭或开放的创新漏斗中（如图1所示的直观化的描述模式）；②小企业开放式创新的研究只有在广阔的商业模式框架下进行，才有意义……小企业开放式创新是战略调整的直接结果；③小企业开放式创新的管理者是企业家或创立者，而不是《开放式创新》一书中推崇的大企业开放式创新的管理者应当是专门负责开放式创新的副总裁（VP Open Innovation）或经理人；④小企业的开放式创新采取的是网络形式，这与大企业创新管理网络的方式截然不同，他们靠私人关系、信任、快速决策，非正式沟通是他们与创新合作者交流合作的主要特点。

作者洞见：中小企业若将商业模式创新融入开放式创新的认知中，就会更加成功

本书作者维姆·范哈弗贝克洞见中小企业的创新离不开商业模式的创新，他用许多案例说明，开放式创新和商业模式创新，不仅仅适用于技术集中的行业，也适用于完全不属于技术行业的中小企业，因为这对它们的长期发展至关重要。

那么，中小企业是如何开展开放式创新的？本书用详尽的企业调查、翔实的研究数据来告诉读者一个大概的路径，如图5所示。我认为，这难能可贵。企业主们若求得此书，必定开卷有益。

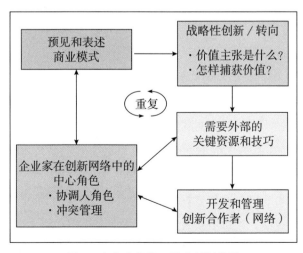

图5　中小企业的开放式创新模型

（二）

业界、学者关注中国中小企业发展的调研

在我国，对民营企业有所谓的"4、5、6、7、8"的粗略评估，即"利用40%的资源，缴纳了50%以上的税收，创造了60%以上的GDP，贡献了70%以上的技术创新和新产品开发，提供了80%以上的就业岗位"。当然，民营企业不全是中小企业，但中小企业一定是它的主体。统计表明，2016年我国中小企业实现主营业务收入72.2万亿元，占工业企业主营业务收入的62.7%。中小企业是我国经济发展的重要组成部分和数量最大的企业群体，已经成了不争的事实。

怎样规模的企业可称之为中小企业？全国人大通过的《中华人民共和国中小企业促进法》指出，除零售业、住宿餐饮业外，各行业都以3亿元年营业额、年销售额为界。

有些学者（包括我自己）深感对中小企业的学术研究远远跑不过、追不上中小企业的发展速度。在此，我们不妨借用阿里巴巴中小企业商学院的调研报告数据，以解求知之渴。当然，这份调研报告并不完全精确，因为它只是随机地向中国30万家中小企业群体（年营业额小于3亿元）发放问卷，在有效回收4000份之后，经过数据整合，形成资料（调研周期为2016年12月至2017年1月）。这份调研报告有几个数据值得参考：①关于"中小企业未来的发展战略"，63.96%选择"专注于目前的产品做精做透"，42.67%选择"提升技术实力创新，赢得未来"，42.36%选择"主动创新商业模式，迎接新经济"。②关于"中小企业未来的发展策略渠道模式"，76.51%选择"线上线下渠道融合"。③关于"中小企业都在哪里做生意"，排在前三位的答案是：39.21%选择广东，24.38%选择浙江，9.68%选择江苏。这表明中小企业创业需要营商环境和氛围，调研数据也表明它们首选广东（深圳）。④本次被调研的中小企业之规模：超过100人的中小企业占5.61%，31人到100人之间的中小企业占17.65%，小于30人的中小企业占76.74%。⑤本次被调研的中

小企业信心状况，乐观态度占主流，为54%，不确定态度占34%，悲观态度占12%。⑥"缘何这些被调研的中小企业持乐观态度"，48.8%的企业选择"对自己的判断力、创造力很有信心"，40.45%的企业选择"相信政府会推出越来越多支持中小企业发展的政策"，31.31%的企业选择"对自己的技术优势很有信心"。⑦本次被调研的中小企业对"发展瓶颈"的自评，有的选择"自己企业创新能力不足""新技术、新模式冲击，无法适应""人才难求、匮乏，企业发展受到制约"，有的选择"缺乏支持中小企业发展的政策，如金融、税收"，等等。

综上所述，这项问卷调研中提及的"提升技术实力创新，赢得未来""主动创新商业模式，迎接新经济""线上线下渠道融合""创造力""新技术、新模式冲击"等关键词句与《中小企业的开放式创新》的主旨高度吻合。

关于"中小企业该如何进行开放式创新"这一命题，本书称得上是既有理论高度又有实践价值的创新方法论的又一新语境。读者们一览此书，将且看且明了。

（三）

对中国中小企业的开放式创新的几点建议。

中小企业的开放式创新要以供给侧结构性改革为主线

中国经济发展的主要矛盾在于供给体系难以适应需求体系的变化，提高供给体系的质量，是实现我国高质量发展的基本路径。无论是大型企业还是中小企业，都要坚持创新驱动，以提升全要素生产率。

中小企业的开放式创新要和精准扶贫结合起来

过去几年，中国打响了力度前所未有的脱贫攻坚战，农村贫困人口数量从一亿减少到三千万左右，2020年要基本消灭绝对贫困。中小企业中有相当一部分处在中小城市、偏远地区，技术脱贫是他们的责任，也是他们的机遇。

中小企业的开放式创新要和"一带一路"倡议、"自贸区"的发展结合起来

"一带一路"倡议为国际贸易发展提供了贸易投资自由化便利化、基础设施互通互联、沿线国家工业化城市化、电子商务蓬勃发展四个方面的历史机遇，也提供了维修维护、技术支持、备品备件、买卖、租赁等领域中小企业的巨大商机。由于产业配套优势，从事外贸行业的中国中小企业，已经成为全世界该领域的最大群体。有关研究数据表明，一些大型跨国企业在贸易、投资领域中渐渐进入了下行通道，而中小企业的发展势头猛增，已经成为新一轮全球化、全面开放的新动力。

中小企业的开放式创新要和数字经济的发展结合起来

我在 2018 年 1 月出版了《走向数字经济》一书，该书以数字经济为主线，探索了数据经济、服务经济、平台经济、物联经济、分享经济、产消者经济、长尾经济、普惠经济、协同经济和智能经济（简称为 "1 + 10"）等相关的理论创新研究，并调研撰写了 11 个相关的案例，值得大型企业、中小企业一读。

IDC（国际数据公司）近年发布的一份调研表明：超过一半的快速成长型中小企业都在积极实施转型，它们对数字化软件感到既兴奋又担忧，其中，由千禧一代领导的企业对数字化转型更持乐观态度。中小企业必须认识到数字经济具有"始终在线""始终可见"的特性，这就意味着企业几乎不能出错。企业在数字经济时代，应当用新的（数字化）分析工具及可用数据，与供应商、合作伙伴、客户等建立新的个性化的关系。

大企业、成功企业、平台型企业要赋能中小企业，共同进行开放式创新

中国有 600 多万家社区小店，分布在居民区、医院、学校周围，他们就是十分传统的小企业。阿里巴巴用数字化手段，从采购、货架的布局到对客户做画像，帮助这些小企业提高效率。2017 年 4 月上海交通大学出版社出版了《阿里巴巴 B + 时代：赋能中小企业》一书，在该书的序言中，马云说，"阿里巴巴希望打造生态系统，赋能中小企业，协助他们去销售、去服务，确保他们能够比我们更有力量，确保我们的合作伙伴、品牌和中小企业能够因为我们的科技与创新，而拥有强大的竞争力量"。在当今的平台经济时代，消费世界五光十色，消费需求"呼之即来"。平台赋能消费者，何止在购物、打车、就医、娱乐、求学等领域。迄今为止，能在市场搏击中游刃有余的平台型企业，几乎都是赋能消费者的高手。然而，阿里巴巴从赋能消费者转变成赋能生产者、服务者（社区小店），正在经历一种极富挑战但却极有价值的升级，一种大企业、成功企业、平台型企业绕不开却能走得通的升级，一种让消费者、生产者、服务者都建立信心的升级。显然，在数字经济时代，供给侧结构性改革为这种升级提供了强大的动力。大企业、平台型企业在赋能消费者的同时要勇于赋能生产者（生产商）、服务者（服务商），帮助中小企业实施开放式创新，无疑，这是一种比商业成功更高的追求，一种比市场竞争更有境界的目标。

* * *

案例开发是商学院师生共同推崇的教学方法之一。我曾经于 2016 年 7 月编撰出版过《商业趋势与科技创新案例集》（英文版由上海交通大学出版社与施普林格联合出版，书名为 *China's Technology Innovators：Selected Cases on Creating and Staying Ahead of Business Trends*），书中包含腾讯微信、阿里巴巴、中国工商银行等七个企业的案例；又于 2018 年 1 月编撰出版了《走向数字经济》（英文版由上海交通大学出版社与施普林格联合出版，书名为 *Emerging Champions in the Digital Economy：Theories and Cases on Evolving Technologies and Business Models*），包含科大讯飞、京东、上海中心等十个企业的十一个案例。这些案例都在我给 MBA、EMBA、金融 MBA、EE、智慧医疗创业班以及创业营的课程中得到应用，受到学生与读者的欢迎。

我诚挚地盼望学界的教授、学者，业界的企业总经理，尽快合作，编撰出版中国中小企业开放式创新的案例集，以飨读者。众所共知，中国企业（包括中小企业）是创业、创新案例的富矿！

学者荐语

龚 焱

中欧国际工商学院创业管理实践教授，中欧创业营、创投营课程主任

VUCA 时代（一个充满易变性、不确定性、复杂性以及模糊性的时代），初创企业始终与行业巨头"鲨鱼"同游共竞。《中小企业的开放式创新》从价值创造与价值获取维度出发，对初创企业开放式创新与构建创新网络进行深度剖析，为初创企业提供了一个不确定性时代竞合战略思考框架与行动指南。

朱晓明教授近年来的创新译著已成了系列丛书：2014 年出版的《精准创新》（原著出自哈佛大学出版社）、2016 年出版的《开放式创新》（原著出自牛津大学出版社）、2016 年出版的《家族企业创新》（原著出自麦克米伦出版社）、2018 年出版的《中小企业的开放式创新》（原著出自剑桥大学出版社），值得广大创业者研读，在此推荐。

于 冷

上海交通大学安泰经济与管理学院经济学教授、党委副书记、博士生导师

"不创新就是死路一条"，这对于中小企业意义深远：一方面，受制于自身有限的资源和能力，对成功产品（或者服务）的模仿成为中小企业经营的主要模式，但同质化竞争使得企业盈利困难；另一方面，缺乏专业技术的创新能力和团队，依靠经验发展是多数中小企业存在的基础，似乎大企业才是创新的主角。针对中小企业的困境，本书结合真实的案例，为读者提供了一

个简单、实用的框架，阐述中小企业经理人要"觉醒"——意识到在战略上进行改变和创新的必要性；要"开放"——在企业中引入和推进开放式创新，通过与外部企业，特别是大企业之间的合作竞争、共享资源，开发适合企业自身发展的商业模式，就会更加成功。

刘志阳

上海财经大学商学院创业学教授、副院长、博士生导师

大企业开放式创新，目的在于收获从封闭式创新转向开放式创新的可观创新效益。小企业开放式创新则是为了进行重大调整，以便抓住新的商业机会。只有将企业家精神、商业模式创新与开放式创新活动完整结合起来才能正确理解小企业创新。本书恰恰提供了这样的一种知识架构，对于所有中小企业和创业企业都是十分有益的。

企业寄语

（按照姓氏首字母顺序排列）

曹白燕

健医信息科技（上海）股份有限公司董事长

数字经济时代，因为专业领域的高度可细分、信息互联的高度可触达，运用优质的外部技术或创意，就能最大限度和最快速度发挥自身优势来获得成功。在开放式创新上，中小企业比大企业拥有更高的决策效率和更少的既得障碍，"大"不再优势尽然，"小"却能异军突起。我要向所有中小企业家推荐这本书，它使我受益匪浅，企业领导者的思维方式需要更多这样的启发和指引。作为一家链接保险和医健的跨界科技平台，我将把我在本书中的所得融入到我们未来的战略决策中。开放创新，与时共赢！

范晶晶

中国国际金融股份有限公司投资银行部高级经理

富有创新DNA（基因）的中小企业历来是资本角逐的焦点，证监会对高端制造、云计算、人工智能、生物科技四大行业的独角兽开辟IPO（首次公开募股）快速通道也从一个侧面说明了这个问题。中国经济迈进新时代，国家把创新战略提升到了前所未有的高度。当下，让好企业尽快上市是众多投资机构的使命。至于怎样才能让中小企业的技术创新与商业模式创新走上成功之道，我以为一个开放式的平台和开放型的生态圈是不可或缺的，也相信中小企业家能从《中小企业的开放式创新》一书中找到满意的答案。

侯正宇

博尔捷企业集团董事长

"问渠那得清如许？为有源头活水来"，创新是企业发展的"源头活水"，也是中国改革开放 40 年来蓬勃发展的动力。《中小企业的开放式创新》一书，正是理清了多年来企业探索创新的脉络，研究了中小企业创新的商业模式，为中小企业发展、合作和捕获价值提供了有意义的参照。

蒋　渊

上海至纯洁净系统科技股份有限公司董事长兼总裁

战略选择：要么成本领先，要么与众不同。中小企业毫无疑问在与众不同的路上会走得更长远，而这需要源于持续的开放式创新。"醒来，开放"是一个提点中小企业走开放式创新之路的生动而意味深长的表述。遇见这本书和书里具有操作性的框架，对于奔跑中的中小企业来说，无疑是得到了优质补给。

林利军

正心谷创新资本创始人、汇添富基金创始人

《中小企业的开放式创新》一书深入浅出，有方法论阐述，也有案例剖析。中小企业主也许没机会去商学院、经管学院攻读，但这本手册型的书让他们开始关注商业模式创新与科技创新，关注与大企业合作，关注平台的利用，关注内向型开放式创新、外向型开放式创新或耦合型开放式创新等模式的选择，更重要的是关注开放，无论如何，只有开放才能让企业历久弥新。

林　中

旭辉集团董事长

在资源和能力受制于企业规模的情形下，中小企业如何在为客户创造价值的同时获取利润？怎样通过新业务的持续开发迎接商业模式的创新变化？如何通过大企业的合作将其技术商业化，确保从创新中获得价值？《中小企业的开放式创新》一书通过"开放式创新"理论框架的建立以及中小企业与大企业合作的最佳实践案例，对上述问题作了回答。同时，阐述了一个核心观念，即"中小企业若将商业模式创新融入开放式创新的认知中，一定会更加成功"。

陆 乐
第一反应创始人兼 CEO（首席执行官）

在数字经济时代，如何从供给侧改革出发，创新模式，抓住国家政策的方向和方法，聚焦细分场景独有技术，连通更多互补资源，是各类企业特别是中小企业共同关注的焦点。感谢本书作者维姆·范哈弗贝克博士和译审者朱晓明教授等给创业者带来《中小企业的开放式创新》。"第一反应"是开放式创新的践行者。本书用灵活、开放和联动来寻求共同价值的思路，让我们受益匪浅。

李 飞
哲弗智能系统（上海）有限公司创始人兼董事长

两年前，我曾经拜读过《开放式创新》，今又有幸先睹《中小企业的开放式创新》。选择科技创新或商业模式创新（或二者均选），是企业久盛不衰的不二法门。我注意到朱晓明教授在两篇译审者序中均着墨"创新方法论"一词，我非常赞成。当下，中小企业在竞争中也要设法拥有核心技术，当然不必刻意追求系统的全面的技术。而获取这种技术优势，中小企业要有开放的心扉与视野，大型企业要有赋能中小企业的胸襟与情怀。数字经济年代，一个开放平台的生态系统是所有企业的期盼。

马 蓝
亚太示范电子口岸网络（APMEN）运营中心高级经理

汤森路透和毕马威联合发布的《全球贸易管理调查》显示，只有 23% 的企业充分利用了自由贸易协定（FTA），原因之一是中小企业对于如何通过相关国际贸易规则来降低贸易成本的运用比较有限。开放式创新这一方法论正逢其时，倘若对接由政府或国际组织提供的大型贸易平台了解国际贸易规则，则可放大视野、延扩视距，有效提高 FTA 等国际贸易规则的利用比例，合规地降低贸易成本，从而享受数字贸易带来的福利。本书介绍的中小企业与大型机构或平台进行合作以实现开放式创新的案例，值得跨境贸易类中小企业借鉴学习。

马 爽
上海安越咨询企业管理有限公司创始人兼 CEO

由于从事培训和咨询的工作，本人接触大量的中小企业和创业者，深知创业者的不易和创新的艰难。正如作者所描述的：小企业的经理人大都很辛苦，为了解决每一个经营问题，从早晨忙到深夜。他们也希望通过创新改变现状，但是他们中的很多人处于"否认模式"，没有时间思考或者很难理解战略调整的必要性。作者总结的"醒来，开放"战略描述了小企业经理人成功改变企业命运的路径，抓住了关键点，给创新指明了方向。这本书是一本中小企业创新指导手册，它提供了一个独特的开放式创新管理框架。中小企业经理人可以由此对自身所具有的资源和开放式创新中面临的风险有一个非常全面的理解。本人希望广大创业者认真读这本书，也期望更多的中小企业跨过增长的门槛。

齐俊元
Teambition 创始人

"醒来，开放"是本书的起篇之语，也极大激起了我深入阅读全书的兴趣。本书从全新的理念去指导中小企业开展开放式创新，其中又指导读者对自身动机、创新进程去做讨论，提供了很多真实有趣的案例思辨，对于激发读者灵感、深入思考提供了很好的基础。我作为 Teambition 的创始人，有幸在这个阶段读到本书，获益匪浅。我们将通过与更多合作伙伴互动，加速事业进程，提高事业格局。本书较之通常的经理人读物肯定需要更多耐心，但我非常建议读者静下心来认真阅读，如果在某一章节难获共鸣，可以通读一下几篇序言，也可以回到目录挑选感兴趣的章节先读，再细心阅读其他章节。

宋　烨

小蚁科技联合创始人

互联网时代一切都是开放的和瞬息万变的，我赞成作者的观点："在从技术获取价值的过程中，初创企业与大企业之间的相互依赖越来越强。"在优势互补的情况下，中小企业需要勇气打破认知偏差并着眼长期，将"大卫挑战歌利亚"转为"大卫并肩歌利亚"，使得合作的大企业成为"赋能者"。在价值网络中具有核心节点地位的国际大企业的开放式合作能力，能使中小企业在探索性的前沿领域成为核心圈子成员，奠定企业未来技术创新的高度、深度和国际美誉度。小蚁正是这样地通过与 Microsoft Azure 平台合作探索耦合型开放式创新，不仅提升了机器学习能力的深度、宽度，还使得创新的 AI（人工智能）和数据安全应用服务能迅速得到美国主流企业客户的接纳。

汪承德

联储证券有限责任公司办公室副主任

纵观企业之间技术知识与管理知识相互交流的历史，在二十五年前，因缺乏互联网而令人无法想象：在数字经济的今天，数据经济、平台经济、共享经济、物联经济兴起，一切变得皆有可能，特别是在中国。中小企业可以从内向型开放式创新出发，积累经验后转入耦合型开放式创新，而企业主的开放心态却是起步的关键。术业有专攻，本书是中小企业的开放式创新这一命题的紧靠实际的极佳培训师。

王小明

明醫医疗科技有限公司董事长

掣肘于资金与技术瓶颈的中国中小企业，可否以开放式创新思维为钥，打开知识封锁的暗箱，实现自我迭代与突破？《中小企业的开放式创新》一书，以极具启迪的前沿理论和丰富案例，指明了企业通过开放式创新实现价值创造的有效途径。

姚军红

大搜车创始人兼 CEO

我是中欧国际工商学院的学员，本书的译审者之一朱晓明教授给我留下深刻的印象是他喜欢与创业者长期站在一起，理解每位创业者内心迫切需要什么，不管是互联网领域，还是传统制造业。今天决定创业者成败的关键已不是勤奋与冒险精神，而是创业者对行业、管理、用户等是否有高于同行的认知，以及是否能将这种认知变成众人眼中的现实。《中小企业的开放式创新》的价值在于它贴近创业实践，它从各种创新现象中做出总结，发现最底层的抽象逻辑，从而启迪创业者创造出更多的价值。

朱一帆

凯叔讲故事联合创始人、总裁

创业维艰，难在人才与资源严重不足，光凭一个好想法或发现某个痛点，远不够完成从 0 到 1 的蜕变。相对于大批创业者采用"同质化竞争＋价格战"的方式，"开放式创新"真正能为中小企业找到正确的途径，使得早期项目的成功率大大提高，它既是方法论，又是实操手册。感谢教授推出此本译著，不断在思想上给予我新的营养和力量。

英文版评述

乌尔里克·拉布莫－科勒（ULRIKE RABMER－KOLLER）
欧洲中小企业协会（UEAPME）总裁

借助开放式创新，中小企业可以事半功倍地获取信息和知识。由于规模小，小型企业会更加充分地了解自己拥有的专业知识和需求，也更加熟悉自己所在的网络。和受制于内部组织架构的大企业相比，中小企业在开放式创新的环境中，能够做出更加迅速和灵活的反应。

阿尔弗雷多·德·马西斯（ALFREDO DE MASSIS）
博尔扎诺自由大学、兰卡斯特大学教授

中小企业在创新方面遇到了很多独特的挑战，比如资源不足、财务约束、将创新加以商业化时缺乏配套的资产、在吸引和留住高技能人才时存在困难。中小企业经常借助开放式创新来克服上述的挑战。目前有关开放式创新的著作多与大企业有关。本书将帮助读者更好地了解中小企业开放式创新的独特之处，并为应用开放式创新提供有用、翔实的管理实践案例。

前　言

加州大学伯克利分校哈斯学院助理教授，拉蒙尤以大学 ESADE
商学院信息系统教授，芬兰拉彭兰塔理工大学荣誉客座教授
亨利·切萨布鲁夫

如今，开放式创新已经成了一个时髦话题。2003 年，如果用 Google（谷歌）搜索这个词，人们还找不到任何有价值的结果。但在今天，Google 搜索可以帮你找到数十万条链接。在短短十几年间，开放式创新实现了从"无"到"无数"的巨大飞越。

开放式创新基于这样一个基本理念：有用的知识分布在社会的各个角落，没有一个组织能独占所有的优秀创意或想法。任何一个组织，不管其内部运营多么高效，都需要深入、广泛地与外部知识网络和社区进行合作。实施开放式创新的组织在其行业内使用外部创意和技术已成为常态（由外而内的开放式创新），还有许多企业让企业内部闲置的创意和技术走出去，供其他企业在其行业内使用（由内而外的开放式创新）。

开放式创新确实起作用的案例有哪些？很多企业，如宝洁公司，自豪地宣布名为"Connect and Develop（连接并开发）"的宝洁版本的开放式创新取得了成功。[①]另一个消费产品企业通用磨坊在 12 个月之内分析了 60 种新产品的上市销售情况。分析结果显示：拥有实质的开放式创新元素的产品，其销售量均超过了普通产品一倍。[②]在工业制造部门，近期对一家大型欧洲制造企业内部 489 个项目的调查研究表明，显著涉及开放式创新协作的项目，其财务回报要高于那些不涉及开放式创新协作的项目。[③]

在经济层次上，欧盟创新调查（Community Innovation Survey）进行大量

调查后发现，在同等条件下，拥有较多外部知识渠道的机构在创新方面表现得更为出色。[④]最近对 125 家大企业的调查发现，相较而言，采用开放式创新的企业在创新成果方面较为出色。[⑤]

但是，这些案例都来自大型组织。开放式创新对中小企业（SMEs）影响如何？这方面的调查少之又少。这就是为什么维姆·范哈弗贝克（本书作者）的书如此必要和实用。它正好弥补了创新研究领域的巨大空白。

细心的读者会发现，本书和作者的其他作品一样，充满实用的案例、严谨的观点和翔实的论据。开放式创新确实对中小企业影响巨大。正如作者所言，中小企业缺乏广泛的项目组合以及层层设卡的周密的创新流程。相反，中小企业为了应对经常出现的严峻的竞争压力，会基于项目个案进行创新。

中小企业的创新离不开商业模式创新。不管是在学术上，还是在实践上，这都算得上是重要的见解。在学术上，这有助于推动这一讨论：是否应该将开放式创新概念化，使其成为一个包括商业模式在内的流程？[⑥]在实践中，这也是一个重要见解，因为，如果中小企业的主管和创立者明确地将商业模式创新融入他们对开放式创新的认知中，他们就会更成功。那些研究中小企业的学者，如果他们深入分析中小企业的商业模式以及技术和能力，就会获得更多的收获。[⑦]

作者还提供了一些很好的案例，说明开放式创新（和商业模式创新）不仅仅适用于技术集中的行业。完全不属于技术行业的中小企业也会发现开放式创新相当有用，其对企业的长期发展至关重要。开放式创新是学术和实践领域非常感兴趣的另一个重大发现。

在几乎所有经济合作与发展组织（OECD）的成员国里，中小企业在国民经济中都扮演着越来越重要的角色。不管是研发（R&D）支出、专利授权，还是创造就业岗位，中小企业都处在很多（如果不是大多数的话）经济体的前沿。本书将引起众多学者，甚至各种规模的企业的经理人的极大兴趣。致力于推动 21 世纪错综复杂的经济的政策制定者，也需要本书作为重要参考。

最后，用一句话结束前言部分：这是一本我期待已久的书，衷心希望它能够早日面世。

致　谢

维姆·范哈弗贝克

　　本书是八年来研究中小企业开放式创新的工作成果。此番研究堪称一趟奇妙的旅程，它为管理开放式创新提供了丰富的新思路和新见解。其中实地的研究过程让我接触到很多有趣的公司和经理人。他们的成就让我敬慕不已。我撰写这本书的目的在于将理论与实践结合起来，为中小企业和学术界提供一本值得借鉴的作品。

　　撰写本书的想法开始于受法兰德斯创新区（Flanders District of Creativity, FDC）委托撰写一份关于"中小企业的开放式创新"的报告之际。在斯蒂恩·德·扎特、英格·弗米尔希的帮助下，我完成了这份针对比利时弗拉瑞克商学院的报告。这份报告出版于2011年，我感谢当时在FDC担任增值部经理的简·鲍曼斯在我撰写这份报告的过程中给予的大力支持。我还要感谢哈塞尔特大学授予我"研究教授"这一头衔。这让我拥有更多探索中小企业的开放式创新的时间并撰写本书。我还要感谢商业经济学系主任皮特·鲍威尔和我的同事娜丁·罗杰克斯的不懈支持。尤其感谢尤思曼·穆罕默德，他和我一起讨论各章节，协助我采访企业主管，整理采访记录。我还有幸成为西班牙ESADE商学院、新加坡国立大学的访问教授。ESADE是欧洲第一个全力支持开放式创新研究的商学院。它的前任院长阿方斯·桑科特和现任院长乔纳森·韦勒姆始终支持我推进开放式创新研究。ESADE营造了一个讲授开放式创新、与其他开放式创新学者各抒己见的良好氛围。在新加坡国立大学，我有幸结识康长杰教授。作为一位具有真知灼见的人，他鼓励我提出自己的开放式创新理念。

　　本书强调了开放式创新的重要性。我对中小企业如何进行开放式创新的

1

认识也随着我与其他学者的交流而逐渐加深。非常感谢加州大学伯克利分校哈斯学院的亨利·切萨布鲁夫。亨利也是我在西班牙 ESADE 商学院的同事。我们相识十余年，一起合作出版了两本书，发表了多篇文章。他给我了解开放式创新对企业组织和管理产生的影响提供了巨大帮助。目前，他已成为我在中小企业开放式创新研究方面极富热情的支持者之一。我要感谢他和伊斯蒂夫·埃米拉尔在本书写作过程中及时提出的批评意见。没有他们的支持和反馈，本书不会达到现在的质量。接下来，我还要感谢我的合著者范思卡·凡·德·范兰德、娜丁·罗杰克斯、安德鲁·斯皮特温、杰伦·扬、莫里斯·德·罗德蒙特、艾尔弗雷德·德·马希斯、费德里科·弗拉蒂尼、马迪亚·比安基、阿尔贝托·迪·米尼恩、克里斯蒂娜·罗西、海伦·福格、马西莫·科伦波，他们与我一起合作完成了很多有关中小企业开放式创新的文章。他们的建议和意见让我在深入理解中小企业的开放式创新的过程中受益良多。本书的一个核心主题是中小企业的开放式创新与企业家精神、商业模式的变化密切相关。克里斯·图奇、乔·韦斯特、克里斯托弗·佐特、亚历克斯·奥斯特瓦尔德和伊夫·皮尼厄帮助我加深了对商业模式变化的理解。史蒂夫·布兰克、埃里克·莱斯、萨拉斯·萨拉斯瓦西、丽塔·麦格拉思和伊恩·麦克米伦是启发我将开放式创新与企业家精神联系在一起的主要灵感来源。

本书另一个至关重要的信息来源是接受我采访的小企业（和大型合伙企业）。它们是早期采用开放式创新的企业，与它们高层的交流和讨论让我重新审视最初针对大企业的开放式创新，重新拟定适用于小企业的框架。在 DNA Interactif Fashion（一家服装公司），我见证了时装产品行业的崭新商业模式，虽然它需要数年时间才能形成，但是最终会获得成功。与 DZine（一家国际采购商）的所有者兼经理人德克·吉克里、DNA Interactif Fashion 公司的所有者兼经理人的交流探讨让我大开眼界。另一位商业模型创新和开放式创新管理的"倡导者"是 Curana BAVA（一家生产自行车配件的公司，以下简称 Curana）的所有者兼董事德克·韦恩斯。我们经常交流探讨，这种交流持续了好几年。现在，我们关于新商业模式的挑战的讨论让我们收获颇丰。PRoF（未来病房）的项目协调人简·范·赫克、Boone Wallbeds International（一家家具公司）的所有人兼总经理，以及现在担任 iMinds（数字研究与育成中心）ICON（学术研究人员和业界合作伙伴共同为特定市场需求开发解决方案）项目主任的皮特·范霍文深入地解释了医疗领域内一个名为"PRoF"的大型创新项目是怎样高效运作的。当时是 Devan Chemicals（一家纺织品化学公司，以下简称 Devan）CEO 和研发经理，现在担任 ATSEA Technologies（一家纺织公司）总经理的帕特里斯·范登戴勒，讨论了 Devan 作为一家卫星公司转型成为纺织化工行业技术领导者的运作方式。Quilts of Denmark（一家纺织公司）的两位创立者索伦·罗格斯塔普、汉斯－埃里克·施密特分享了他们成功研发和推出功能性被子的经验。Jaga（雅凯）公司的所有者、CEO、美术总监简·克里克斯也许是我最难以理解的管理者，因为他的思维方式更像一个人类学家，而不是经理人，但是，我惊奇地发现，即使是人类学概念也可能催生高效的管理实践。最后，我还要感谢 Dingens Barometers&Clocks 公司的所有者兼 CEO 保罗·丁根斯，他向我介绍了这家高端气压计公司成功实施了一个开放式创新项目后仍然面临的问题。该公司的这一情况说明对于商业成功来说，开放式创新是必要条件，而不是充分条件。

本书还探索了小企业怎样和大企业共同合作。担任飞利浦厨房用具部门采购工程总监的戈德温·兹瓦恩伯格以及在飞利浦优质生活事业部厨房用具部门担任高级营销总监的马基林·厄延－德里森解释了大型企业怎样将中小企业开发的技术商业化。帝斯曼（DSM）的化学与催化部门的研发人员里纳斯·布罗克斯曼、Isobionics（一家荷兰生物技术公司）的创立者兼 CEO 托因·詹森讲述了初创企业怎样将大企业放弃的技术商业化。我还要感谢 Open Photonics（一家光子学领域服务公司）的首席执行官兼创立者詹森·艾兴霍尔兹。他告诉我中间机构如何为小企业高效应用光子学提供了独特的帮助。最后，我要感谢 FuelUp（一家创新中介）公司的艾丽·范恩、玛丽安娜·费恩斯蒂恩。她们一位是共同创立者兼销售经理，一位是营销主管——感谢她们在我撰写第 6 章时提供的帮助，并详细向我描述了 FuelUp 怎样匹配初创企业和大型企业。

我将这本书献给我挚爱的妻子维尔丽和我们的三个孩子：阿斯特丽德、芭芭拉和阿马德奥。在我写本书的过程中，他们给予了我莫大支持。实地研究、案例研究和本书花费的时间均超出了既定计划，我感谢他们在我完成本书的过程中给予的理解。

目　录

CONTENTS

1

中小企业的开放式创新

1.1 为什么小企业的经理人需要拥抱开放式创新

"不创新就死路一条。"我们经常听到的这句话，道出了企业通过创新谋求生存和持续发展的迫切性。创新不仅对于大企业很重要，对于小企业来说也很重要；不仅对于高技术企业重要，对于中低技术产业企业也很重要。如果你是一家小企业的经理人，你就会知道要求你创新的因素很多：越来越激烈和全球化程度越来越高的市场竞争、潜在的颠覆性技术、新出现的商业模式，等等。然而，与此同时你却感到力不从心，你不知道当前选择的道路是否正确。你可能坚持认为创新只对高新技术公司或大企业有意义。甚至，你认为虽然创新是进取之道，但是你所在的公司没有开启创新之旅所需的必要资源和内部人才。公司从来没有参与管理过创新项目，所以你担心开启创新之旅会造成商业失败和财务损失。似乎有数百个无法否认的不开启创新之旅的理由。

我们来分析一下小企业的经理人可以采用哪些方案来创新，进而改变命运；为什么他们中的少数人通过这种方式成功地改变了经营状况。图 1-1 描述了小企业的经理人在战略上重新定位公司时可以采用的不同路径。经过数年深入观察后，中小企业的商业战略可以概括为"醒来，开放"。它分为两个部分。第一，小企业必须意识到在战略上进行改变和创新的必要性。也就是说，中小企业首先要醒来。第二，它们开始改变之后，还要培养开放式创新思维，将外部和内部竞争力结合起来，从战略上重新定位公司。换句话说，它们必须开放。

"醒来，开放"的第一个要求是小企业的经理人必须意识到公司进行战略调整的必要性。现在有很多小公司面临着严峻的市场形势。近几年的经济危机让很多中小企业的"财务健康"变得不理想，尤其是在那些低成本制造商进入市场之后威胁老牌企业生存的行业里，状况更为突出。另外，政府新出台的法律法规可以在短短几个月之内，将一个有利润的小众市场变成一片红海。高新企业拥有强大的内部优势，但缺少将技术转化为盈利业务的制造能力和分销能力。价值链迅速改变和分化，挤压了小企业的生存空间。数字化和物联网很可能会颠覆很多行业的商业模式。因此，变幻的市场形势迫使小企业要么适应，要么通过新技术或独特的价值主张来重塑其业务。

小企业的经理人往往没有意识到所处行业以及更为广阔的竞争前景的变化。他们中的很多人处于"否认模式"。他们抱持这种态度的原因很多。小企业的经理人大都辛苦工作，为了解决每一个经营问题，从早晨忙到深夜。他们没有空出解决公司竞争地位问题的时间，没有思考怎样才能通过调整战略来提升公司的竞争地位。这些经理人中的大多数人也没有从事战略开发或经营模式创新的经历，因此很难理解进行战略调整的必要性。另外，传统行业的小企业一般缺乏开发新产品、新服务或投资研发的经历。在这些经理人看来，开发新技术是大学、高技术企业、大公司的"专属领地"。

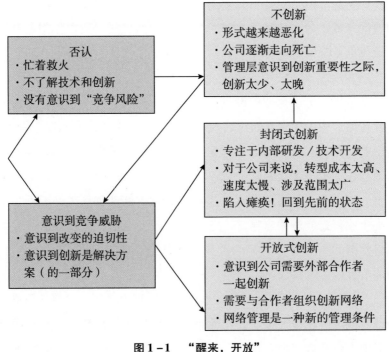

图 1-1 "醒来，开放"

否认调整的必要性会导致公司经营形势逐渐恶化。形势恶化后，管理层就不得不应对长期累积并导致恶性循环的一系列问题，最终公司倒闭或破产。在形势恶化之际，一些公司可能意识到需要调整战略。但是在大多数情况下，这些改变或调整的努力"太少、太迟"，已经无力回天。

其他一些经理人意识到，随着时间的推移，他们当前的经营方式将变得不可持续，必须调整企业在市场上的战略定位。要进行战略调整，就必须创新，尽管这种创新不一定是基于技术的创新。当小企业的经理人意识到创新对于战略实施至关重要时，他就必须决定怎样进行创新。提到创新，人们很自然的反应是提升企业内部的创新能力。但是，主要依靠提升企业内部创新能力来创新的小企业难免会遇到很多问题。其中一个关键问题是企业缺少必要的内部财务资源和技术能力。同时，创新需要一大笔投资，内部的研发活动可能进展太慢，赶不上经营形势的变化。另外，对于一家小企业来说，实现理想调整所需的技术和能力条件未免难以满足。

因此，小企业必须和外部合作者合作创新，开辟新的收入来源，在激烈的竞争中提升企业利润。当小企业意识到面对竞争威胁需要做出调整时，采用开放式创新就成为了一个很自然的选择。采用开放式创新可以给企业带来很多优势。对于那些可能改变竞争规则的项目，小企业和创新合作者分摊这类项目的成本和风险。通过合作创新，小企业可以开拓之前仅靠一家之力无力问津的新市场，可以加快新产品开发和上市的速度，让所有创新合作者享受到先发优势。开放式创新也有很多需要注意的地方：合作创新意味着 IP（知识产权）必须在合作伙伴之间分享。合作创新必须让所有合作者实现共赢，否则合作关系就会变成敌对关系。与其他企业合作，意味着除了公司的内部管理之外，创新网络的管理也是一个非常重要的管理任务。对于小企业管理层来说，管理创新网络是一件很有挑战性的事：管理层需要以与内部管理流程迥然不同的方式与合作方打交道。大多数小企业经理人没有管理创新网络的经历。很多开放式创新项目之所以失败，就是因为没有管理好创新合作网络。

小企业也可以在与大企业的合作中受益：大企业拥有对于小企业技术研发而言至关重要的雄厚资产和能力。在某些情况下，要想使技术商业化，小企业必须和大企业合作。如果大企业有能力将创新型产品成功推向市场，这种合作就给小企业带来极具吸引力的收获。不过，如果与大企业合作，小企业就会面临一些管理上的挑战，如怎样在协作中平衡彼此的角色，处理创新速度的差异，协调管理风格的冲突等，大公司管理的错综复杂可能让小企业管理层无所适从，晕头转向。

技术密集型大企业往往有很多专利从未使用过。这是大公司在创新过程初期申请众多专利的一个副作用。合作过程中还可能出现很多其他问题。对于想要开发新业务的创业者来说，闲置专利可能意味着重大商业机遇。但是，和与大企业合作进行技术商业化的情况类似，和大企业就某项专利进行合作的小企业也要经历一些挑战。

"醒来，开放"是小企业创造和抓住新商业机会所应采取的一个简单的两步走战略。首先小企业的经理人要"醒来"，要意识到战略调整对于企业利润的长期增长至关重要，而且，创新对于创造重大商业机会至关重要。第二，小企业的经理人应该意识到，创新伊始需要一个开放的方法，这有助于解决与合作者沟通交流这一关乎企业发展和商业成功的关键问题。小企业经理人可能不总是采取"醒来，开放"战略。一些经理人虽然开始时无动于衷，但后来也会意识到（有时候可能太晚了）战略调整是非常有必要的。经理人可能首先会寻找闭合式创新的方法，设法在企业内部进行调整，之后才意识到开放创新流程是唯一出路。这种弯路很难避免，考虑到经理人在做有关战略调整和开放式创新方面的决策时要面临大量障碍。本书将为小企业的经理人提供一个灵感来源，帮助他们尽早将开放式创新当作变革的基础，进而避免不必要的弯路。

本书将阐述中小企业的普通经理人怎样将开放式创新用作推进增长、提升利润、强化竞争优势的途径，最终获得利润。好消息是，本书案例中的经理人和绝大多数小企业经理人并没有什么不同，然而，他们正在努力为公司赚取累累硕果。如果他们能做到，你也可以做到！对于你来说，并不存在什么独特的障碍。虽然相对于所有企业，本书开发的案例研究虽然仍属个案，但这并不能排除你所在企业同样可以成功实施开放式创新。你也可以像他们那样成功。深入了解他们的成功经历可以鼓励全世界中小企业的众多经理人开始其开放式创新之旅。

1.2　为什么小企业中的开放式创新不同于大企业

多年来，人们一直在研究大型跨国企业中的开放式创新。这些企业中，大多数拥有庞大的内部研发部门和针对（开放式）项目的运转高效的管理体系。切萨布鲁夫最初用精通技术的大型公司的案例研究定义了开放式创新的概念。①这方面的翔实案例有宝洁公司、飞利浦、IBM（国际商业机器公司）、高乐氏、乐高、联合利华、GSK（葛兰素史克）、强生公司，等等。②相较而言，虽然有关小企业开放式创新的文献资料正在快速积累，但仍显不足且碎片化。③虽然人们对小企业的开放式创新知之甚少，但一些很有趣的发现值得一提。④例如，一些小企业可以从开放式创新中获得相较于大企业更多的收益，因为小企业内部没那么官僚，小企业更愿意冒险，对经营环境的变化反应更快。开放式创新可以让小企业紧跟市场形势，满足客户需求，进而促进企业发展，提升财务表现或增加市场份额。很多小企业认为，开放式创新对于满足空前变化的客户需求、防止企业被竞争者或后来者超越，也必不可少。而在控制、专注方向、成本、能力方面的考虑不那么重要。⑤小企业正在逐渐将开放式创新当作经营活动的一部分，但是有太多的小企业仍然不敢迈出关键的一步。⑥

然而，人们还没有准确理解中小企业如何受益于开放式创新，怎样组织和管理开放式创新。本书将为大家提供一个简单、实用的框架（参见1.3），阐述中小企业经理人怎样在企业中引入和推进开放式创新。这一框架中至关重要的步骤是让小企业的开放式创新活动始终成为广阔的企业战略调整活动的一部分。游离于这些战略目标之外的开放式创新没有什么意义。因此，笔者首先从广阔的战略视角来正确定位开放式创新在小企业中的角色。

笔者在为这本书调研的过程中，还发现，开放式创新同时适用于低技术和高技术行业的小企业。因此，笔者研究了纺织化学、自行车零件、生物技术、光子学等各行业的小企业是怎样管理开放式创新的。小企业的开放式创新不止于新技术开发：虽然技术可能在开放式创新中至关重要，但一些公司在没有将技术作为价值驱动因素的条件下，也成功地运用了开放式创新。

笔者尤其专注于开放式创新的组织和管理，为的是让本书成为小企业经理人的指导手册。接下来几章介绍的管理经验是对在企业内成功开发开放式创新战略的经理人进行30多次深入采访之后撰写而成的。随着采访的深入，笔者意识到，小企业中的开放式创新有其自身的特点，很少能够与有关开放式创新的现有文献匹配。中小企业不能照搬大企业的开放式创新经验。虽然大企业与中小企业的开放式创新存在很多相似之处，但差异也是巨大的，因为小企业的经理人需要一个独特的开放式创新管理框架。

为什么小企业不能照搬大企业的经验？笔者接下来将提供一些原因，说一说小企业的经理人为什么不能采用针对大企业制定的开放式创新指导原则。第一，小企业没有创新项目组合，因此没有必要将所有创新活动放入一个封闭或开放的创新漏斗中（这是开放式创新的书籍和文章中最常用的直观化描述方法）。第二，关于小企业开放式创新的研究只有在广阔的商业模式（创新）框架下进行才有意义。在那些人们必须对创新结果负责的大企业，开放式创新这种经营惯例发展得很好。而在小企业中，情况并非如此，这是因为在小企业中，开放式创新是战略调整的直接结果。小企业的开放式创新只有成为促进公司发展、提升公司竞争力的一部分时，才有意义。第三，小企业的开放式创新的管理者是企业家或创立者，而不是分管开放式创新的副总裁或经理人。在小企业中，开放式创新和企业家精神是一枚硬币的两面：实施开放式创新是这些公司的企业家精神中不可或缺的组成部分。这还需要将企业家精神与开放式创新文献结合起来才行。第四，小企业的开放式创新采取的是网络的形式，这种网络的管理方式与大企业创新网络的管理方式截然不同。依靠私人关系、信任、快速决策、非正式沟通是小公司与其创新合作者交流合作的主要特点。这与大企业的开放式创新治理截然不同。

大企业与小企业之间的上述四个不同之处意味着后者的开放式创新与前者的开放式创新截然不同，并且，大企业的开放式创新管理原则不应该成为小企业开放式创新管理原则的蓝本。相反，开放式创新的实施者一定要摆脱最初为大企业设计的开放式创新框架，而采用为小企业设计的框架（参见

1.3）。接下来的几章将集中介绍这一框架的具体元素。笔者将使用多个小企业案例来说明经理人应该怎样高效地管理开放式创新。

1.3 给中小企业的开放式创新建模

深入采访成功实施了开放式创新的小企业主管，让笔者获得了有趣、意外的收获。开放式创新对小企业有什么好处？小企业怎样建立并管理与合作者的关系？当经理人讲述他们的经历时，笔者发现，这些经历与先前所了解的大企业的典型案例大不相同。小企业的开放式创新需要自己的框架。小企业一定要摆脱现有文献中有关怎样管理开放式创新的指导原则，因为这些指导原则建立在大企业的案例研究基础之上。大企业引入开放式创新项目，为的是收获从封闭式创新转向开放式创新带来的可观效益。相反，小企业目前对这种开放式创新没有兴趣。它们进行开放式创新是为了进行重大调整，以便抓住新的商业机遇，提升利润率。以其有限的财务和人力资源、薄弱的技术力量，小企业不得不寻找外部创新来源。这种对外部知识的寻找，要求小企业扮演一个新的领导者的角色：创新网络管理者。这是最为困难的工作，因为大多数小企业经理人只有管理自己所在公司的经历。

图 1-2 提供了一个理解小企业如何进行开放式创新的简单模型。该模型标出了与不同研究领域相关的几个方块：只有将企业家精神（左侧的两个方块）、战略与商业模式创新（右侧最上方的方块）、开放式创新活动（右侧最下方的两个方块）结合起来，才能正确理解小企业的开放式创新。图中的箭头从该图的左上角指向右下角。

图 1-1 提到，开放式创新之旅一般开始于小企业经理人意识到需要战略调整的那一刻。这个过程的第一步是意识到必须寻找新的商业机会。此时，小企业经理人要扮演企业家的角色，要能够预先洞察某个产品或商业模式所蕴含的创业机遇（左上方的方块）。这位企业家要坚信，这一洞察虽然很有价值，但最初的表述并不明确。以 Quilts of Denmark 公司为例（案例研究 7），这家公司的两位创立者认为，"优质睡眠提供者"可以成为一个有趣的价值主

张，但在项目初期，他们也不明白什么样的睡眠才算是优质睡眠，也不知道在保证优质睡眠方面，被子可以起到什么作用。DNA Interactif Fashion（案例研究3）也是这种情况：该公司创立者德克·吉克里、赫博·费恩劳坚持认为，针对时尚产品提供虚拟的、更为高效的购物方案蕴含着巨大的商机。但是，他们花了五年多时间，就最初的想法多次调整方向，才成功开发出商业模式来。[⑦]这些创业洞见不仅仅是想法。这些企业家坚信，他们的想法完全建立在多年的行业经验和他们收集的有关（商业）趋势和新技术信息的基础之上。同时，企业家也极力向别人阐述自己的初始洞见。这源于他们的创业热情。这是他们个性的一部分，也是他们经验认知（Experiential Learning）的一部分。他们对此深信不疑，而这一信念正好可以成为一波又一波"挫折之浪"的"防波堤"。

企业家还要在深入表述这一初始创业洞见方面扮演关键角色，即他必须创建一个商业模式，并制定创造价值的战略。[⑧]这一初始创业洞见只是一个商业构想（Business Idea），深入细化之后才能成就商业模式创新（图1-2中右上方的方块）。一个商业构想往往包括一系列未经检验的假设，如史蒂夫·布兰克所述。[⑨]这些假设只有接触潜在客户之后才能得到检验。这些假设中的一个或多个很有可能是错误的。如果事实是这样的话，企业家就需要对这些假设做出调整，然后继续检验这些假设。布兰克也使用了"Pivot"一词。这个词可以表示小企业商业模式中任何一个维度的改变。这些维度包括客户群体、渠道、收入模式/价格、资源、活动、成本、合作者、客户获得等。[⑩]这样，阐述商业模式成了一个需要一再重复并要投入很多时间的过程。当小企业预见到一个颠覆性的经营模式之后，它们必须反复测试和调整上述假设，以获得一个可行的主张和商业模式。

一个普遍的错误看法是"技术开发是价值创造的源泉"。切萨布鲁夫证明，商业模式对于释放新产品或现有产品的潜在价值至关重要。[⑪]技术本身没有经济价值。只有公司借助某个商业模式完成技术开发和商业化，技术的经济价值才能体现出来。受访的公司经理人强调，在中低技术行业里的小企业实现利润增长过程中，扮演主角的是商业模式，而不是技术。本书里研究的大多数小企业不具备创新所需的内部技术能力，但它们建立了新的商业模

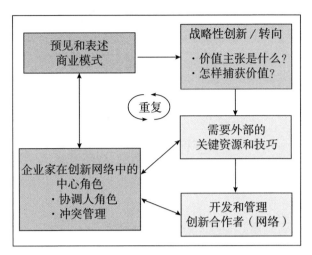

图1-2　用以理解中小企业开放式创新的模型

式，这可以帮助它们利用存在于其他组织内部的技术或者与合作者共同开发出来的技术。它们与若干合作者建立了一个开放式创新网络，利用合作者或其他组织的各种能力，为客户创造价值。换句话说，开放式创新可以为中小企业创建新的商机，通过运用开放式创新，它们能够开发商业模式，而自己无须掌握相关技术。小企业可以通过与拥有相应能力和资产的合作者建立创新网络，来利用外部技术将新的产品或服务商业化。

作为战略调整或商业模式调整的直接结果，小企业将开放式创新引入这一框架。小企业定义整体战略调整，进而促使它们寻找外部关键资源和技术。当中小企业专注于对商业模式进行重大调整，以抓住新的商机，提升利润率时，它们往往缺少实施这一调整所需的能力和财务资源而不得不寻找创新合作者（图1-2的右侧中部方块）。这一寻找过程会催生一个与多个创新合作者建立的长期关系网络。

创新网络不会自然而然地建立起来。只有当有志创建网络的企业家不断地苦口婆心地唤起潜在合作者对某个新商业理念的热情，并让这些合作者相信，虽然存在一定风险，但彼此都能获得可观收益时，创新网络才能建立起来。在与创新合作者协调合作时，小企业从合作中获取利润，不得损害合作者。如果合作者感到其对创新网络不放心，价值创造就无从谈起，合作最终也会破裂。建立创新生态系统可以让小企业及其合作者获得可观收益，但是创新网络管理至关重要。企业家必须扮演网络协调人这一新角色，确保战略调整成功进行（参见图1-2左侧下方的方块）。管理创新网络是小企业开放式创新的关键过程：创新网络只有在合作者相互信任，目标透明的情况下才能正常运转。创新网络的成功取决于合作伙伴之间坦诚的沟通和相互信任。作为创新网络的节点（Nodal Point），企业家还必须明确规则，以便为合作者提供支持，并在合作者出现背叛行为时给予惩罚。在创新网络中，合作伙伴有时可能关系紧张，因此，企业家需要具备管理冲突的高超技巧。

本节内容可以总结为以下两点。第一，运用现有商业模式（创新）框架不是一件可有可无的事情，因为开放式创新是这一商业模式的核心。现有的商业模式（创新）框架不够重视战略合作者，或者只是将这些合作者视作框架中的一个模块，而没有深入分析战略合作者与其他模块的相互影响。因此，一旦小企业通过开放式创新项目调整了商业模式，一定要深入分析商业模式框架中的细节如何作相应调整。

第二，通过开放式创新进行的商业模式创新不仅会让合作企业产生潜在收益，而且还会增加技术引入和技术合作开发的成本。[12]企业一方面要考虑商业模式创新带来的新收入流，另一方面还要考虑建立和管理外部创新网络的成本。另外，小企业在抓住新商业机会方面资金有限，可能需要把开放式创新分为连续的几步来实施，步步为营，循序渐进。

1.4　本书的思维结构

本书接下来的篇幅主要分为两个部分。第一部分，即2~5章，详细介绍了图1-2中的各个部分。第二部分，即6~7章，集中介绍小企业怎样和大企业一起合作创新。

图1-2中的模型表明，商业模式占据着小企业开放式创新研究的中心位置。第2章分析了小企业的商业模式创新，分析了小企业怎样开发在为客户创造价值的同时赚取利润的战略。越来越多企业面临产品的同质化（Commoditization）挑战，不得不寻找新的方法来为现有客户群体和新客户群体创

造价值。笔者还专注于"体验经济"（Experience Economy）的作用，这是一种在小企业中创造价值的有趣方式。

第3章专注于商业模式创新的变化。一些公司通过商业模式创新取得了最为出色的成就。它们通过几个连续的步骤，实现了这一点。在小企业里，新业务的开发通过逐步发现新业务模式的方式来实现。在一些情况下，作为企业资产，声誉和品牌也可以在一个或多个步骤中加以使用。

在第2、第3章，笔者没有详尽阐述开放式创新。第4章则不同，在第4章，笔者详细介绍了小企业该怎样通过开放式创新来创造和捕获价值。小企业内部缺乏必要的资源和能力，所以不得不从外部寻求创新合作者。与完全依靠自己相比，开放式创新能够为中小企业创造更多的价值。获取价值对小企业来说不是一件容易的事情，但是，笔者调研的大部分小企业都成功地想出了新的方法，运用新的商业模式创造了可观的利润。笔者发现了很多价值捕获机制，比如，动态技术领先机制，该机制可以结合来自不同技术或应用领域的专业知识、声誉和平台优势。第4章还强调企业要平衡不同创新伙伴之间的价值捕获。

第5章分析了小企业怎样建立合作伙伴关系和创新网络。对于大多数小企业来说，建立和管理创新合作伙伴关系是一个新挑战。它们不习惯分享信息，不习惯和合作伙伴一起校准目标、管理销售额大于自己公司数倍的创新网络。管理开放式创新是一个挑战。在这一章里，笔者剖析了中小企业管理创新合作关系和网络的几个极佳案例。小企业及其创新合作者之间的合作存在几个特点：私人关系扮演着重要角色；协作规则往往是非正式的；合作建立在信任的基础上。通常，一位企业家负责创新网络的管理工作；该企业家扮演该网络的领导者往往是因为他是发起者，或者因为他过去曾经做过某些推动者或冲突管理者的工作。对于企业家来说，作为企业家中心职责的网络管理这一概念是陌生的。很多企业在最终成功驾驭这一角色之前经历了很多困难。

在第6、第7章，阐述的重点转移到了小企业和大企业的协作上。小企业越来越多地成为大企业的创新合作伙伴。在第6章，笔者探索了为什么小企业要与初创企业、大企业合作，为什么后者愿意与前者合作。笔者还关注了大企业物色初创企业以及初创企业物色大企业的过程。最后，大卫与歌利亚的谈判很可能不是一蹴而就的。因此，第 6 章结尾，笔者提出了小企业需要和大企业深入谈判的很多事项。第 7 章提供了两个示例。一个旨在说明有经验的企业家怎样确立一个项目，怎样获得大企业的技术许可，怎样用这种方式确立一个能产生利润的项目。在这一示例中，笔者专注于建立与开发相关技术的大企业之间的良好关系，对于打造成功商业项目的重要性。另一个示例阐述的是相反的情况：一家小型工程公司将其技术以许可的方式转让给一家大企业，供对方开发一种新产品。在这一示例中，笔者分析了怎样通过谈判与协议让双方都能从新技术中受益。

第 8 章探索了小企业运用某些创新中介机构的服务进行创新的可能性。明确专注小企业创新的创新中介机构并不是很多。本书详细分析了 Open Photonics 和 FuelUp 两个案例，为的是说明小企业如何在与这些创新中介机构的合作过程中受益。创新中介市场还有很大发展空间，笔者衷心希望更多组织能够为中小企业创新提供服务。

最后，笔者提供了一个简短的指南，希望能够帮助小企业经理人在其公司内部实施开放式创新。这是有关本书要点的一个实用总结，不过，针对有意运用开放式创新网络开发新业务的经理人，笔者将这一总结表述为一系列建议方案。

本书是在深入研究一些实施开放式创新的小企业的基础之上完成的。因此，在本书中，笔者另外引入了一些案例研究。这些案例中的每个案例都能很好地诠释这些小企业实施开放式创新的经过。案例研究中除了企业实施创新经过之外，还有企业产品图片、公司网站链接。每次笔者介绍与这些案例中的一个或多个案例相关的具体研究论题时，都会系统地提及这些案例研究。在每一章后面都有本章的知识要点。在你与创新合作者开始一个新项目时，这些知识点可以成为你用来核对自己知识掌握情况的知识清单。这些知识点列在每一章结尾之处，你可以随时快速复习自己学过的东西。

本书是一个大型项目的核心部分。笔者开发完成了一些教学案例，还有一些案例即将完成。笔者还将为教师和学员提供教学注释。考虑到许多小企业的管理者对启动和实施开放式创新感到为难，因此亟须开发出在实践课程和培训中讲授开放式创新的教学指南。

　　笔者还打算开发一系列多媒体案例和一本指导手册，帮助培训师在全球范围内（在线）传播本书中的基本理念。这些项目将在本书出版之后着手进行。

2

中小企业商业模式的创新

分析小企业的开放式创新，首先要广泛研究这些企业里的商业模式创新，因为开放式创新只能被看作是有助于企业实现占领目标的一个元素。小企业实施开放式创新是为了用新方式为客户创造价值，获得更多利润。因此，在逻辑上，商业模式创新是第一位的，开放式创新的作用取决于它在实现这些战略目标过程中扮演的角色。为了理解开放式创新与商业模式创新之间的关系，笔者将在2.1中介绍各种小企业怎样通过调整商业模式来规避同质化陷阱；2.2将专注于着手进行这种商业模式调整的不可或缺的初始创业行动；2.3描述一些企业为了向客户提供更多价值，怎样从产品或服务转向体验；2.4探索了推动中小企业实现商业模式重大调整的各种驱动因素；2.5提供了一系列关键要点。

2.1　用以规避同质化陷阱的商业模式创新

很多小企业面临着市场的同质化压力。每个产品或技术都有一个生命周期。在某个时间点上，价格竞争和同质化就会开始成为主导市场变化的因素。当价格竞争成为主导力量时，激烈的价格战和行业洗牌就会发生。小企业没有打价格战的实力和规模，除了寻找新出路，将自己的产品或服务差异化或利用目前业务之外的新增长机遇外，没有其他选择。

新发表的有关商业模式创新的管理文献显示，过去十年小企业可以通过不同方法来重塑其产品或服务，抓住新的增长机会。商业模式定义了企业为客户创造和提供价值的方式。商业模式一般包括若干环环相扣的元素：企业创建一个客户价值主张，明确实现价值①所需要的关键资源和流程并设计利润模式，随着价格竞争逐渐主导一个行业，商业模式的财务可行性会遭受侵蚀。这样，企业就会实施所谓"战略创新"或"商业模式创新"，寻求为客户创造价值的新途径。业务的成功源于满足客户真正的（虽然往往是隐蔽的）需求，但是客户价值主张也必须要为公司创造价值。接下来，企业必须确定要实现既定盈利能力，必须要掌握哪些关键技巧和资源。成功实现商业模式创新的企业可以在竞争中获得独特的地位，其他竞争者很难模仿它。

　　研究人员开发了很多战略来解释企业如何通过战略创新来获得独特地位。金、莫博涅[②]开发了蓝色海洋战略，约翰逊[③]提出了企业白色空间理论。白色空间指的是公司当前业务范围之外，借助其他商业模式才能加以运用的商业模式。奥斯特瓦尔德和皮尼厄向大家普及了商业模式创新。他们采取的办法是将它分为九个基本方块。有的方块会影响收入，有的方块会影响成本。奥斯特瓦尔德和他的同事在他接下来的一本书里专注于怎样设计有吸引力的价值主张。[④]研究管理方面的很多其他作者都提出了设计商业模式的方法和框架。

　　竭力规避同质化陷阱的小企业必须改变当前的商业模式，为客户提供更多价值。相较于大企业，中小企业根据它们关于理想战略的深入看法、观点或基本洞见，会出于直觉开发新型的商业模式。笔者采访的所有小公司里，开放式创新往往内嵌入公司广阔的战略目标中。开发创新流程、获取和开发新战略、与各种合作者建立创新网络，这些创新活动只有放在公司整体的战略背景之下才有意义。因此，在深入分析小企业怎样管理和组织开放式创新，应对这些挑战之前，笔者先在本章和下一章讲述小企业创新的战略。

　　技术开发在笔者采访的这些小企业里扮演着至关重要的作用——甚至纺织、家具、自行车配件等所谓"低技术"行业里的企业也是如此。但是，技术本身是没有价值的。技术只有被商业化后，它的经济价值才会显现出来。[⑤]决定一项新技术价值的因素是商业模式，因为商业模式会成为企业创造客户价值、捕获客户价值的一部分。因此，科学研究和技术不是这本书的主要研究对象。新的科学发现和新技术可能是开放式创新战略内的关键因素，但是脱离了小企业的战略和商业模式开发，这一因素对解释企业怎样创新、为什么能够成功推出新型增长战略没有帮助。

2.2　初始商业理念或愿景的作用

　　开发初创企业商业模式或再造小企业商业模式，往往需要公司对自身怎样为某一特定客户群体提供价值形成基本的洞见。确定客户价值主张⑥可能轻而易举，但也可能是一个很有挑战性的过程，需要投入几个月甚至几年时间才能完成。下面是几个例子。

当前，越来越多的大型制造公司将它们弃之不用的研究项目拿出来与外部经理人和潜在的投资人分享。比如帝斯曼就是一家专注于高性能材料和生物技术领域的大型的创新型荷兰公司，它曾向一位在飞利浦工作过的资深经理人托因·詹森推介了一套新开发的生物技术的流程。这个项目可以为世界范围内的食品、饮料、香料香精行业开发一些芳香物质，生产成本只有常规生产技术成本的一半。帝斯曼之所以放弃这一项目，是因为根据公司评估，相关市场太小，公司的确也无意做大香料香精业务。在詹森于 2008 年建立的初创企业 Isobionics 公司的案例中，针对客户的价值主张（案例研究 8）相当简单。公司当初打算以低于市场价的价格向香料香精领域的客户提供现有产品。公司的客户价值主张很明确，即借助帝斯曼自主研发的新型生物专利技术，在确保质量的情况下，大幅削减现有香料香精产品的生产成本。⑦因此，无须奇怪的是，托因·詹森仅仅花了一周的时间就确定了这个项目。

在另一些案例中，小企业花了很长时间来确定新型商业模式的客户价值主张。大企业可能要通过深入分析市场趋势，发现有应用前景的新技术或类似活动来寻找新的商业机会。小企业没有这种系统分析新型增长机会的内部资源。于是，笔者采访的大多数小企业只是简单地依靠一个基本的洞见。往往是企业创立者、CEO 或者高层经理人决心开发一种新的商业理念。在笔者调研的几个案例中，这个过程往往开始于发现某个趋势或需求——经常是甚至连目标客户都没有明确说出来的隐蔽的需求。以 Devan 为例，这一小型家族企业建立于 1977 年。帕特里斯·范登戴勒担任公司经理。他决心让公司成为纺织化学行业的一家高度创新型企业，专注于纺织品越来越强的功能性，让纺织化学品越来越具有可持续性。范登戴勒的战略导向看起来很简单，但是要将这一战略导向变成成功战略，推动公司成为全球行业领导者则困难得多。如今，Devan 是一家技术公司，它使用化学品和工艺来修复、保护和改善纺织品的外观。该公司的技术包括快速温度调节、抗菌、污渍释放、阻燃方案、潮气管理和感知应用。这一创新让公司超越了其他竞争者，包括更大规模的竞争者，实现了增长，并增强了公司盈利能力。这一创新还催生了一个动态目标，因为竞争者会不断模仿 Devan 的某些创新技术。不过，从第 3 章可以看出，该公司通过开放式创新战略，正在逐渐走向成功。

可持续性是 Devan 战略的另一个关键理念。公司预测，化学品的广泛使用将危害人体健康和环境，因此顾客对可持续解决方案的需求将大大增加。可持续性深深扎根于公司运作的每个部分，甚至包括产品标识。管理层将可持续性要求融入每个决策中（企业可持续性）。该公司生产的产品力争把对环境的影响降到最低（产品可持续性）。公司推出了让最终产品越来越具有可持续性的新理念和新产品（理念可持续性）。这样，在 Devan 案例中，该公司领导人信奉的两个关系密切的关键词成了成功抵御同质化的长期战略的基石。但是，这两个关键词的选择，是建立在帕特里斯·范登戴勒对这个行业的数十年了解和多年行业经验的基础之上的。他的战略选择建立在对行业及其动态深入认识的基础上。

在另一些案例中，类似的关键词或基本商业洞见为中小企业催生了新的战略。Quilts of Denmark（案例研究 7）是一家生产被子和枕头的丹麦公司。这家公司由索伦·罗格斯塔普和埃里克·施密特创建于 2000 年。他们在床上用品行业都有 20 多年的工作经验。两位创立者打算颠覆欧洲传统的、高度同质化的被子和枕头产品。20 世纪 90 年代，棉被和羽绒被生产企业对市场前景的预测越来越差。大多数欧洲生产企业是小型家族企业，而零售企业不断整合，市场力量越来越向零售企业方向转移。虽然众多零售商合并成为采购能力更强的大型集团，但它们主要通过价值竞争增加市场份额。作为这些大型零售集团价格竞争的结果，被子生产行业的平均利润率迅速下降。

在索伦·罗格斯塔普和埃里克·施密特创办这一企业之初，西方社会越来越重视优质的夜间睡眠，顾客愿意为高质量的睡眠支付高价格。于是，两位企业家将公司定义为"优质睡眠提供者"，这完全不同于其他被子生产企业只强调产品特点的做法。他们希望提供优质睡眠的想法来自他们的经历及他们对自己所在行业和专注于最终用户的其他行业（如保健、美容行业）的深入了解。

虽然他们认为提供优质睡眠有助于发现新的商机，但是两位企业家都不知道什么样的睡眠才算是"优质"的睡眠。接下来，他们走访了位于丹麦医院内的几家知名的睡眠研究所，包括根本哈根大学格洛斯楚普医院睡眠研究所。他们发现，在临床分析方面，睡眠问题是现代社会面临的严峻问题。他们了解到，睡眠质量会影响人的生活。有数据显示，7000多万美国人存在睡眠问题，这一问题每年要花费美国社会数十亿美元。另外，他们还了解到，美国每年由于司机驾车时睡觉造成的车祸大约56000起。科学家认为，这一趋势是人们晚上上网、看电视等原因造成的。在咨询睡眠专家的过程中，索伦·罗格斯塔普和埃里克·施密特还发现，在影响睡眠的诸多因素中，温度变化是最重要的因素。这样，让被子里的空间保持固定的温度就成为TEM-PRAKON——Quilts of Denmark 于2003年生产的第一个功能性被子——的关键目标。这一产品颠覆了传统的被子行业。"提供优质睡眠"应该被视为该企业向潜在顾客提出的价值主张。Quilts of Denmark 为被子提供了新的定义。被子一直被人们看作是让人舒适、暖和的用品，但是由于材质的关系，传统被子会将热量封闭在被窝里，导致被窝里的温度变化过大，无法为用户提供优质、舒适的睡眠。另外，公司向潜在消费者提出的这种价值主张并非基于市场调查，这也不是一种以用户为中心的方法，因为消费者无法想象TEMPRAKON这样的功能性被子的各种功能能真正对优质睡眠起到什么作用。可以说，类似TEMPRAKON这种功能性被子的理念是睡眠专家倡导的非常规、跨行业学习过程的成果。

Quilts of Denmark 的案例说明，开发行业内颠覆性的商业模式往往只是始于博闻善思的企业家的一个坚定想法。最初，Quilts of Denmark 创立者不知道提供优良睡眠这一目标是否现实，也不知道被子怎样能帮助人们做到这一点。他们采取了循序渐进的方法，花了三年多时间，才将功能性被子的商业模式彻底敲定下来。这种新被子于2003年上市，恰逢 Quilts of Denmark 建立三周年之际。新被子推出之后，立刻大获成功。Quilts of Denmark 案例也有力说明：**越是在注重价格竞争的行业中，如果小企业能够提供高度差异化的产品，以客户意想不到的方式为他们创造价值，则越能获得更加丰厚的回报。**

Curana（案例研究2）是另一个案例，它告诉我们，开发新商业模型是一个渐进的过程，可能需要好几年。实际上，这是一个永不停止的过程。Curana

是一家积极活跃于自行车配件市场的微型公司，员工不足 20 人，是一家位于比利时鲁瑟拉勒的已经营至第三代的家族企业。Curana 最初是自行车配件的贴牌生产商，加工制造自行车车筐、车座、挡泥板，经常根据客户需求推出新的设计。自从这一市场在 20 世纪 60 年代经历了持续的整合压力以来，Curana 面临的市场竞争愈发激烈。20 世纪 90 年代初期，Curana 是这一市场仅存的为数很少的公司之一。当时，这一市场还没有国际化，但是随着价格竞争越来越激烈，利润率越来越低。20 世纪 90 年代中期，竞争图景发生剧烈变化。山地自行车开始流行，其他新型运动式自行车也很快出现，特别是从中国台湾进口的车数量大增。面对迅速减少的利润，德克·韦恩斯这位 Curana 的 CEO 决定对公司战略进行重大调整。他决定不再继续做自行车配件的贴牌制造商，决定采用 ODM（原始设计制造商）战略。1999 年，Curana 转型成为一家产品驱动、强调设计和创新的企业。该公司不喜欢仿制或者改进市面上已有的自行车配件，因为即使仿制或改进获得成功，也走不出成本效益、价格竞争的圈子。Curana 力图开发不仅对公司来说新颖，还要对整个行业来说也新颖的产品概念。德克·韦恩斯的想法是为每个自行车生产企业创造出独特的产品。这样，公司就可以自己定价，避免价格竞争。这一转型说起来容易做起来难。怎么才能构思和设计出自行车生产企业愿意支付高价格的挡泥板呢？Curana 没有自己的内部设计团队，这让这一想法的实现更加困难。[8]

两位创始人将这一战略的彻底调整寄希望于几个外部创新合作者携手进行的产品开发项目上。2002 年，这一项目最终催生了 B"Lite 挡泥板。开发 B"Lite 挡泥板是一个缓慢而艰辛的过程。在开发过程中，Curana 做出了好几项至关重要的调整。例如，该公司坚持认为塑料挡泥板相较于钢质或铝质挡泥板存在一些优势。在一些劳动力成本较高的国家，后者的加工环节更多，因而生产成本会更高。这时候，某自行车生产企业的一位设计师成为了创新过程中的关键。他的看法是，如果产品不具有足够强的颠覆性，就没有高科技的样子，就不能颠覆自行车配件行业。这位设计师鼓动 Curana 研究庭院座椅行业。在庭院座椅行业，塑料椅子代表低端市场，而结合运用了金属和塑料两种材料的椅子代表高端市场。接下来，该企业了解到，用金属和塑料这两种材料制造挡泥板存在重大技术难题，除非用胶水对部件进行粘接。与多家公司交流之后，两位创始人发现，胶粘法在商业上不可行。于是，该公司与一家聚合物生产企业建立了战略合作关系。虽然存在着技术难题，但最终它们开发出了一项专有技术。经过最后的调整，该产品终于成为自行车制造企业喜爱的高价值产品。B"Lite 产品推出后，人们认为它是一款时尚、具有高科技特点的挡泥板。它由闪闪发亮的铝条与彩色塑料组成。另外，运用自带的智能扣锁系统，这种挡泥板安装起来非常简单。

总的来说，中小企业要想成功创新，首先要构思和开发一个崭新的商业模式。这个商业模式有的简单明了，如同 Isobionics 案例，这个案例阐述了这样一种情况：企业用一种生产成本低很多的产品取代先前的产品，客户获得的好处是显而易见的。但是，在其他案例中，将一个商业模式概念化并将其具体敲定下来是一个复杂的过程，将所有细节彻底落实下来需要好几个月甚至好几年。

到现在为止，笔者分析了好几个开发商业模式的方法。以 Devan 为例，一些公司的商业模式开发始于多年来作为基本指导原则的关键理念。这项理念如果能够系统、持续地作为公司战略一部分予以实施的话，可以发挥巨大作用。类似地，Quilts of Denmark、Curana 的成功就基于公司明确定义想要做什么——Quilts of Denmark 的目标是提供优质睡眠，Curana 的目标是做自行车配件行业里一家高度创新的 ODM。这些小企业有一个共同之处：它们的努力**专注于为某个特定客户群体创造价值**。战略调整之初，它们都有一个明确的或者建立在直觉上的看法，知道客户看重的是什么。商业模式创新首先要有一个明确的客户价值主张。[9]在采访过程中，所有经理人都强调为客户创造价值是催生新业务最重要的元素。但是，这并不意味着询问客户需要什么就可以开发出独特的价值主张。在很多情况下，对于渐进调整来说，询问客户是一个好办法，但是对于那些可以改变竞争规则、可以带来很多利润的商业模式创新来说，这却不是一个好办法。[10]

还有，商业模式无法完全提前预见，确定商业模式需要时间。创新型商业模式有时候很难确定下来，因为需要回答太多问题。目标客户的需求可能很不明确，或者怎样为客户群体创造价值尚不明确。在另一些案例中，关于哪些技术在提供客户价值方面前景最好，公司应该和哪些合作伙伴一起开发商业化新理念，企业怎样确保新业务可以盈利，这些问题仍然存在很大的不确定性。但是，这并不意味着中小企业必须等到有了一个详细的商业计划之后再创新。**颠覆性的商业模式创新是无法通过分析提前计划的，因为在开始时，与成功相关的很多因素人们根本不清楚。所以，中小企业必须通过实验来发现新的商业模式。另外，实验具有"路径依赖"特性，也就是说，先前进行的实验和选择会决定未来商业模式进一步演化的轨迹。**[⑪]**企业在发现商业模式上每迈出一步，都会出现新的机会。**

案例研究 1：Devan

Devan 创建于 1977 年，创立者是德·吉泽尔和范登戴勒两家人。成立之初，这是一家生产纺织化学品的家族企业。现在，这是一家生产纺织和染色辅料的企业。该公司生产的产品包括阻燃剂、涂料、专用化学品。最初，公司负责人是帕特里斯·范登戴勒的父亲，他手下有七名员工。公司年销售额为 200 万欧元。1991 年，帕特里斯·范登戴勒接替了父亲的职位。在接下来的 19 年里，他兼任着两个职位：研发经理和首席执行官，不过，2010 年，他将日常管理工作委托给一位下属去做。

1991 年，在帕特里斯·范登戴勒担任公司负责人之际，Devan 虽然生产和销售纺织品方面的化学品，但完全依赖供应商。Devan 只能在比荷卢经济联盟内生产和销售产品，所以产销数量很有限。范登戴勒意识到这种情况对公司的长期发展不利，于是他带领公司开发自己的阻燃剂。后来，Devan 又进入抗菌技术和活性聚合物领域。公司连续推出新产品，获得了创新型企业的美誉。Devan 不断发展，到 2013 年，公司已经拥有了 50 名员工。Devan 总部位于龙瑟（比利时），在英国、葡萄牙设有研发中心，并在美国设有分支机构。

Devan 是第一家开发出不含卤素的环保阻燃剂的公司。该公司的第二个创新产品同样具有革命性，它具有"非迁移"性质，一旦它被用于某件织物，用户可以随意清洗，这些分子不会被水洗掉。另外，这些化学品还不会"迁移"到皮肤上。这一创新让 Devan 成为欧洲衣料抗菌处理领域的龙头企业。经过这两次成功创新，Devan 收购了一家拥有活性聚合物专利的英国公司。这种活性聚合物能够让衣料中的潮气迅速扩散和蒸发。经活性聚合物处理后的衣料更加节能，例如，聚合物可以让运动衣上的汗水迅速蒸发。

公司的下一步计划是开发微胶囊在纺织品上的应用。这种微胶囊大约 8 微米长，里面装着某种产品，如香水、护肤品、驱虫剂。将这些胶囊粘接到纺织品上，在摩擦作用下，胶囊里的物质就会释放出来，发挥其作用。这项技术的最新应用是益生菌微胶囊。这些细菌生长在纺织品表面，能够防止病原细菌扩散。这些细菌还能够处理尘螨的排泄物，让纺织品具有抗过敏功能。为了进一步改进这一技术，Devan 收购了 Micropolis，这是一个葡萄牙米尼奥大学的创业企业。Micropolis 拥有的一项专利能够让微胶囊具有活性，这样，胶囊表面的分子就可以吸附在纺织品上，而无须其他黏合剂。

范登戴勒认为，Devan 属于创新驱动企业。通过经常开发新产品，公司不断发展。研发是驱动公司发展的引擎。截至 2011 年，Devan 一直在实施一个战略，尽量少向纺织品衣料中添加化学物质，尤其是有毒的化学物质。虽然化学物质的数量减少了，但产品价值却大幅增加。该公司将有利于环境的高科技特种化学物质和技术进行商业开发，为世界纺织品市场增加了价值。

通过专注研发，Devan 没有在生产上投入大量时间和金钱。其他企业也可以生产胶囊和活性聚合物，虽然这些产品是 Devan 的专利。对那些有意抄袭的竞争者，专利为 Devan 提供了某些保护：为了避免模仿，Devan 经理人将最终产品混合配方当作商业机密紧紧控制在手中。该公司属于"轻资产"运作，虽然每年产品销量达到 4000 吨，但公司薪水单上只有 5 名员工。

Devan 在压缩内部生产的同时，战略上主要依靠销售和营销理念。Devan 第一次开发创新产品，源于技术突破带来的机会。客户并不完全了解市场上的化学产品的价值。因为那些产品的价格都很高，顾客购买的积极性不高。于是，Devan 决定从这种"推"模式转换为"拉"模式。它与顾客、价值链下游的其他参与者深入交流，了解具体的市场需求。这样，Devan 形成了良好的声誉，经销商开始造访公司，询问它能否为顾客提供某些新产品。2012 年，Devan 公司 70%～80% 的产品都是通过这种"拉进来"的方式开发出来的。据范登戴勒说，市场反馈对于公司确定研发战略发挥了重要作用。

除了应对市场需求外，Devan 还积极设法将产品技术信息转化为对客户有吸引力的独特的价值主张。实际上，该公司向经销商讲述了一些可以转而讲述给消费者的理念。这些理念态度积极，专注于应用。例如，Devan 不讲"杀菌"，而是开发了"保持洁净"和"积极保健"理念。公司给经销商分发了一些装满宣传资料、贴着各种标签的文件夹，告诉经销商怎样向顾客介绍产品。

针对新开发的每种产品，Devan 只与一个战略合作伙伴合作。这一战略合作伙伴一般是愿意与 Devan 进一步开发该产品的经销商。公司给这一合作伙伴提供为期一年的独家销售权，条件是后者必须至少卖出一定数量新开发的化学产品。独家销售期满后，Devan 的其他经销商也可以经销这种产品。

在很大程度上，Devan 的成功是由开放式创新驱动的。该公司受益于与大学、其他知识合作伙伴密切合作的原因有三个：第一，Devan 规模太小，无力购买昂贵的研究设备和设施；第二，知识合作伙伴在具体技术领域里拥有领先的技术能力；第三，知识合作伙伴拥有很多 Devan 可以与之合作的专家。在比利时，Devan 就曾经与根特大学、Centexbel（比利时一家纺织品研究中心）、根特大学学院合作。在法国，该公司在里尔与法国国立高等纺织工艺学院合作。在德国，该公司与 DWI 莱布尼茨交互材料研究所（位于亚琛市）建立了合作关系。这一知识合作伙伴网络产生了滚雪球效应，因为这些合作伙伴能够源源不断地提出新的科研构想。实际上，Devan 不得不婉拒了一些合作请求，因为如果在建立合作关系上不细加斟酌的话，它就会陷入无休止的、繁杂的基础研究中，很难进入到生产阶段。Devan 的战略是将公司的科研人员分为两个团队：一个团队与当前顾客合作，负责开发短期应用产品；另一个团队负责基础研究，开发长期性的突破性创新技术。

为了推进与合作伙伴之间的可持续合作，Devan 一直追求双赢。一方面，合作帮助 Devan 实现快速创新，保证公司的未来收入；另一方面，知识合作伙伴借助 Devan 进入市场，能够走出理论研究阶段，进入具体应用的开发阶段。另外，依托 Devan 提供给合作伙伴的预算资金，这些大学、研究实验室可以聘用拥有博士学位的研究人员。

据范登戴勒说，弗拉芒大区政府在推动开放式创新方面很积极，政府下属的 IWT（科技创新局）是 Devan 研发工作的一个重要资金来源。Devan 还参与了欧盟支持的一些项目。其中的一个项目被称为"支持中小企业"，它为中小企业与大学合作研究提供资金。在另一个被称为"中小企业合作项目"的欧洲项目中，中小企业与几所大学合作，集中力量攻克一个中心研究课题。

除了财务支持外，欧洲政府还通过立法使中小企业免受不正当竞争侵害。虽然按欧盟出台的REACH⑫（《化学品注册、评估、授权和限制法规》）以及BPD⑬（《生物杀灭剂产品指令》）的要求，生产产品需要花不少的费用，然而这两项法规对于整个行业，特别是中小企业意义重大，因为这两部法律禁止非法拷贝创意。REACH条款的目的是保护环境和人们的健康，让社会远离化学产品可能带来的风险，推广替代测试方法，在内部市场免费循环使用某些物质，提升竞争力和创新能力。

通过专注研发，创建具体的销售和营销战略，运用开放式创新，Devan确立了自己稳定的市场地位。为了稳固自己的这一地位，该公司严格遵循了几项原则。第一，公司专注于核心能力。虽然一些技术也能用于其他领域，但Devan只专注于纺织领域，因为经营者认为"我们了解纺织市场，我们了解客户，我们了解最终产品"。第二，范登戴勒遵循了不断创新的战略，角度独特地定位公司，用这种方式避免同质化压力。当某个产品的利润太低时，Devan就不再对该产品感兴趣，因为公司无法继续在这一产品上保持竞争优势。于是，公司会寻找高度创新产品的小众市场。因此，范登戴勒希望Devan一直保持比较小的规模，这样可以保持快速决策、灵活决策的优势。

2013年9月，Devan公司被转让给该公司的多位主管和一位私募股权投资者注册的企业，即位于比利时根特的Pentahold公司。公司所有权的这一转让标志着该公司进入了一个新的阶段。先前管理团队的大多数人继续留任效力，但帕特里斯·范登戴勒离开了这家公司。

私募股权投资者对Devan发起的收购让它的企业文化和战略发生了改变。新的管理层对战略和运营进行了一系列的变革，从而让企业变得更加专业化，而且有别于其他小型的家族企业，管理层采用了不同的经营模式。这一系列变革的重点在于理顺企业的架构，将研发更充分地融入企业之中，并设立相关机制，促进研发项目产出商业化的成果。不过，将研发充分融入到企业之中也许会让新技术的探索性研究工作缺乏自由。

考虑到对方具有长远的战略眼光，因此管理层选择了 Pentahold NV 作为投资方。传统的私募股权公司通常在短期内让所投资公司的价值最大化，短短几年时间后，会将企业出售以获利了结。Pentahold NV 公司的目标更远大，并关注所投资公司的长期增长。这样的合作可以让 Devan 能够朝着创新驱动的战略方向继续走下去。

离开 Devan 之后，帕特里斯·范登戴勒与八个合作伙伴开展一个欧洲研发项目，开发大规模海藻养殖技术。通过研发发现这一想法前景非常好之后，范登戴勒于 2015 年受命与八个合作伙伴组建一个合营企业，制订一个高效的共同决策机制。

2.3 超越产品和服务的创新：体验经济对于中小企业创新的相关性

新产品或新服务可以用其他方式为客户创造价值。企业可以增加产品的功能性和可靠性，可以为顾客提供更多便利，也可以降低成本进而降低产品或服务的价格。在当今的服务经济中，很多中小企业将附加服务打包在产品里，为的是通过提升顾客价值换取较高的产品价格。虽然在很多行业里，销售附加服务是一个可行战略，但本书中分析的一些成功的中小企业倾向于通过向顾客提供原创体验这一渠道来获得价值。

派恩和吉尔摩[14]详细分析了怎样将"体验"变成一种新商品。每种服务的体验各不相同，因为体验不同于有形产品。体验往往无处不在（例如娱乐行业就是如此），但作为中小企业战略创新的一个重要驱动因素，体验通常在很大程度上并未受到重视，制造行业和服务行业都是如此。随着产品和服务越来越同质化，体验成为企业为客户创造价值的下一个步骤。对于规模经济和范围经济成为获得和延续竞争优势的那些成熟市场来说，中小企业越来越难以从经营中获利。从下面的案例中，我们可以看出，一些中小企业通过将现有产品或服务转化成有价值的客户体验，从而实现盈利增长。

Curana 公司是一个很有趣的例子。挡泥板以及其他自行车配件本是普普通通的产品，可是这家公司借助这些配件让骑自行车变得有吸引力，让消费者乐此不疲。现在，很多消费者将自行车看作他们生活的一部分。例如，骑山地车、赛车、休闲车的用户和65岁及以上的用户都可以找到自己喜欢的自行车款式。设计时尚的自行车配件有助于塑造自行车的独特外观。越来越多的消费者开始根据自己的自我形象购买自行车。自行车、轿车甚至跑步装备都反映了消费者的特点、消费者想怎样看待自己以及消费者希望别人怎样看待他们。在自行车行业，这个行业倾向于将自行车配件与骑车人的装备（眼镜、鞋、头盔等）组合在一起，强调骑车人购买自行车及配套装备的行为是在选择一种生活方式。这些产品应该能够反映出消费者的自我形象认知。

现在，"By Curana"是一个品牌。消费者在给自行车制造企业施加越来越多的压力，要求它们将Curana的配件整合入它们生产的自行车中。Curana品牌已经成为一项战略资产不过就是这几年的事，这是Curana管理层一系列决策所产生的结果。首先，如前所述，德克·韦恩斯力主设计和生产B"Lite。这是一款由亮闪闪的铝条与彩色塑料制造的具有高科技外观的挡泥板。Curana的这款B"Lite产品是作为ODM产品为一家名为Accell Group的主要经销商设计的。虽然该产品的增长率和盈利能力都超过了公司预期，但Curana还是退出了ODM战略。Curana的创新战略完全属于主动出击型，也就是说，Curana根本不等经销商提出要求就抢先更新理念，使用新材料，设计和制造新的配件。为了提早应对变化，Curana还推出了一个先发设计流程，通过探索社会变化及时尚趋势、技术和材料新动向等趋势，及时发现自行车用户和价值链合作伙伴体验方面的问题和需求。采用这一先发设计流程的目的是确保Curana一直能够创造出不同于市场上已有产品的卓越产品。这种独特的设计流程催生了深受那些寻求产品差异化的自行车制造企业欢迎的原创配件。这进而增加了Curana产品的知名度。很快，公司获得了好几项设计和创新大奖。Curana现在用优质、原创、诚信来推广其品牌，进一步强化市场地位。消费者喜欢购买带有Curana配件的自行车。人们喜欢购买诚信企业生产的货真价实的产品。即使竞争者仿制一些配件，但人们依然可以通过品牌标识辨认出仿制品。这样，Curana从OEM（原始设备制造商）角色中退了出来，根据消费者提供的参数和价格设计和生产自行车配件。从OEM转型到ODM让

Curana 能够提供定制化产品，实现自主定价，为客户创造价值。然而，作为 ODM，该公司也需要实现相对于其他 ODM 的差异化。因此，Curana 选择采用主动设计战略，向自行车制造企业提出自己的设想和配件模型。这种创新的不走常规路线的理念让 Curana 成为一个知名品牌。当今，大多数欧洲自行车生产企业竞相与 Curana 合作，将 Curana 的配件整合入它们的产品中。这样，对于 Curana 来说，力量的平衡发生了巨大改变。15 年前做 OEM 的时候，Curana 没有任何市场定价权。现在，它不但掌握了自己的命运，还决定了自行车制造行业的发展方向。

案例研究 2：Curana

20 世纪 40 年代，德克·韦恩斯和吉尔特·韦恩斯的爷爷在比利时阿尔多耶创建了 Curana。20 世纪 90 年代，德克·韦恩斯和吉尔特·韦恩斯作为公司第三代领导者接管了企业。创建之初，该公司只制造自行车框架，1946 年公司开始多样化经营，生产自行车配件。到 20 世纪 60 年代公司传到第二代领导人中，公司采取了保守的经营策略。公司通过 OEM 方式为一些比利时自行车制造企业生产车筐、车座、挡泥板。随着时间的推移，来自自行车制造企业的价格压力日渐增加，配件提供商的日子越来越难过。20 世纪 90 年代，Curana 成为比利时市场上为数不多的自行车配件制造企业之一。

20 世纪 90 年代初，德克和弟弟吉尔特作为第三代领导者，开始接手管理 Curana。[15]他们继承公司之际，市场图景的巨变初见端倪。几年之后，山地车上市，这让自行车行业恢复了生机。自行车市场转向了全球竞争，欧洲自行车制造企业开始在国际范围内引入廉价的配件。大多数自行车配件生产企业无法承受这样致命的竞争压力。

接下来的一个重大变化是用来制造自行车配件的原材料的变化。例如，挡泥板不再只用钢铁制造，而是结合运用铝和聚丙烯。艰难生存的 Curana 面临着来自欧洲各国企业越来越激烈的竞争压力，这些企业将海量塑料挡泥板推向市场。

随着市场形势迅速恶化，总经理德克·韦恩斯在 1999 年决定对经营战略做出重大调整。在过去将近50年里，Curana 一直是一家生产驱动的自行车配件制造商，始终按照客户提供的参数制造挡泥板、行李架。德克决定构思、开发和生产对于这个行业来讲完全陌生的产品，例如相对于钢铁、铝生产的挡泥板有一些优势的塑料挡泥板。不过，Curana 不满足于照搬或改进市场上已有的自行车配件，而是想要开发对这个行业来说全新的概念。这样的话，公司就可以自行定价，避免价格竞争。但是，德克·韦恩斯意识到，公司还没有准备好面对这一新挑战，因为公司之前从来没有设计或自行开发过一件产品。

德克·韦恩斯与附近的设计公司 Pilipili 签订委托协议，向对方征询有关开发新式塑料挡泥板的建议。但是，后来这一项目没有产生什么实际结果。一段时间之后，德克在 Batavus 公司（这是一家荷兰自行车制造企业，当时是 Curana 的主要客户）见到了一位设计师。这位设计师很怀疑新设计的塑料挡泥板的质量和外观。他感觉这一产品不具有革命性，不具备足以颠覆自行车配件行业的时尚的高技术外观。他建议结合使用金属和塑料两种材料，这样既保证了强度又显得外观独特。为了落实这一想法，Curana 与 Pilipili 再度合作。双方共同设计出来的挡泥板看上去不错，但在如何将铝或钢与聚丙烯材料合成起来这一问题上出现了难以克服的技术障碍。最后，合作伙伴选择了一种上下是两张薄层铝，中间是一层聚丙烯的夹层材料。这一被称为 B"Lite 的成果是一款外观简洁、具有高科技感，由闪亮的铝条和彩色塑料做成的挡泥板（见图 2-1）。运用自带的智能扣锁系统，这种挡泥板安装起来非常简单。另外，外层镀有聚丙烯的金属铝可以导电，节省了车灯的导线。

Curana 将 B"Lite 的理念介绍给 Accell Group。这是一家专注于自行车设计、开发、生产、营销和销售的跨国集团公司。Accell Group 的管理层对 B" Lite 的设计理念很感兴趣，Accell Group 同意购买一大批 B"Lite，但是有两个条件：Accell Group 要两年的独占购买权，并且 Curana 必须证明公司能够在 2001 年将这一新型挡泥板投入生产。如果 Curana 能够在限期内生产出产品，那么这一交易可以给 Curana 带来显著的收入增长。接下来，Curana 联系了很多家注射成型企业，但是它们都对这一想法持否定态度，因为将这种夹层材料和塑料结合在一起是一种尚未开发过的全新流程。在与一家聚合物生产企业合作失败之后，德克·韦恩斯找到了当地另一家注射成型企业 Anziplast。

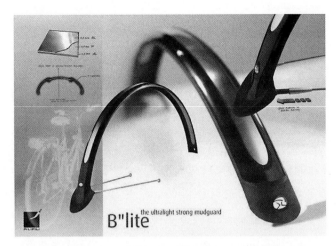

图 2 -1   B" Lite

资料来源：Curana 公司网站。

这家公司的总经理积极面对这一挑战，公司员工夜以继日地忙碌，攻克这一技术难题。两家公司后来终于生产出了这种挡泥板，Curana 开始向 Accell Group 供货。

B" Lite 是 Curana 的第一个重大成果：投产后第六年，公司销售收入增加至先前的四倍。随后几年，公司还引入了同样成功的其他产品，如 C - Lite 和 D - Vide。另外，公司将设计出来的系列产品进行延伸，进入护链板、行李架等配件领域。采购配件的自行车生产企业开始意识到，Curana 是它们实现利润增长的一个重要合作伙伴。因此，Curana 很快成为欧洲所有先进自行车生产企业的战略合作伙伴。

B" Lite 的开发对于扭转 Curana 的形势至关重要。公司调整定位，将自己定位为产品驱动的生产企业，专注设计和生产能够与竞争者实现完全差异化的全新产品。公司的创新战略属于 100% 的主动出击型：Curana 将自己定义为新材料、新理念的开发者，为自行车生产企业、经销商、消费者创造更多价值。创建以来，公司从产品供应商发展成为高度创新解决方案的开发商。

据 Curana 管理层透露，自 1999 年起，公司内外经历了三次战略调整。1999 年之前，Curana 是一家原始设备制造商，只是向欧洲的一些自行车生产企业供应自行车配件。自从 1999 年公司决定专注设计、创新，开发塑料、金属两种材质的挡泥板之后，Curana 转型成为原始设计制造企业，简称 ODM，公司战略是为某些自行车生产企业设计和生产产品。通过与一些创新合作伙伴密切合作，Curana 现在通过创新设计，推出行业全新产品为客户创造更多价值。公司还可以自主制定价格，拥有决定自己利润的巨大优势。

2006 年，Curana 进一步微调了公司的经营战略，建立了一个内部设计事务所。这时候，设计已经成为公司的核心业务。Curana 逐渐发展到管理层所称的"拥有自有战略的生产商"（OSM）阶段。为了不断开发新理念，公司与创新合作伙伴合作，不断探索新趋势、全球变革、时尚趋势、新材料、新技术、设计动向。现如今，Curana 积极推出设计解决方案，在多种自行车配件的设计上推陈出新。通过不断向市场推出新产品，该公司成为欧洲自行车市场不可或缺的一部分。

2008 年，Curana 又实施了一项重大战略措施：管理层决定采取"拥有自有品牌的生产商"（OBM）战略。在接下来的几年里，公司获得了多项设计和创新奖项，其中包括声誉极高的"欧洲设计管理奖"（2008 年）和"亨利·范德维尔德设计奖"（2010 年）。Curana 在提供创新理念方面的受欢迎程度日渐加深，让一些自行车生产企业产生了与 Curana 进行战略合作的兴趣。其他自行车配件生产商对 Curana 的设计能力产生了兴趣，请求合作。除了经销商和竞争对手外，最终用户也注意到了 Curana 的配件。随着最终用户不断要求获得正牌 Curana 配件，Curana 开始用"拉进来"战略，在其产品上打上"by Curana"标识。

在过去的十余年里，Curana 完成了这些商业模式调整，与众多创新合作者建立了一个合作创新网络。如今，它是由 20 多个创新合作伙伴组成的创新网络的协调人，集设计能力和创造性于一身。这一创新网络不但能确保自己的长期发展，还能提升整个欧洲自行车行业的发展前景。德克·韦恩斯在开发和管理这一合作创新网络中扮演了牵头者的角色。因为创新网络中的参与者相互了解和信任，所以这一创新项目采用了非常新颖的运作方式，其创新效率要比 Curana 的竞争对手高很多倍。创新实力与合作伙伴之间在开发新设计、新产品之间的沟通交流密切相关。针对创新网络的运作，韦恩斯与各位合作伙伴开发了一系列高效的管理协作创新方法。大家一起开发了"开卷管理"技巧、分配 IP 的方法、冲突管理战略，以及其他推动合作的方法。

2009 年，韦恩斯还希望将产品卖到售后市场。公司员工的一个想法是生产漂亮的自行车包和将自行车包固定到自行车上的新颖系统。德国一家小型公司申请了一个磁性固定系统专利。Curana 打算用这种系统将自行车包固定在行李架上。这一磁铁制造商和 Curana 商定了一个合作协议。根据协议，Curana 可以获得在世界范围内独家试用这一技术的许可。但是，这一合作很不顺利，因为这家磁铁生产企业占有了 Curana 合作初期提供的一些创意并申请了相关专利，所以双方缺乏信任。Curana 为开发的自行车包和固定系统确定的品牌为"MagIQ"（见图 2-2）。Curana 在 Eurobike（欧洲自行车展贸易博览会，欧洲的自行车行业大型博览会）上推出了 MagIQ，引起了参会者的极大兴趣。

德克·韦恩斯意识到，只有当 MagIQ 成为自行车的新标配时，它才能称得上是真正成功的产品。必须尽可能多地让自行车包和行李架生产企业采用这一产品。于是，他联系了欧洲一家大型的自行车行李架生产企业。这家企业又联系了一家自行车包的市场领导者和一家固定系统的领导者。三家企业要求获得这个系统的独占使用权，但 Curana 不愿意授予它们独占使用许可。同时，那家德国磁铁制造商的一个股东离开了所在的企业，导致该企业与 Curana 关系逐渐恶化。这一合作协议一直没有正式签署，并最终胎死腹中。

2014 年，Curana 开发了一种无须使用磁铁的新型固定系统并申请了专利。这一产品再次使用 MagIQ 这一商标，在 2015 年的欧洲自行车展贸易博览会上推出。这是一款针对行李和配件的紧凑型紧固系统，与当时市面上的其他系统不同之处在于它简单易用。它的另一个重要优势是消费者只需按一下按钮，就可以将配件固定成任何角度。

这种新型 MagIQ 的开发者虽然是 Curana，但所有生产商都可以生产该产品。

Curana 还设计了使用 MagIQ 的名为"buZZ"的一系列高端自行车行李箱（见图 2-3）。不过，公司也允许行李箱生产企业和其他相关产品的生产企业使用这一系统，形成世界范围内令人兴奋的开放式自行车固定系统。这一固定系统可以用于各种自行车包和车筐，也可以用作 DIY（自己动手做）工具，将提包固定在自行车上。给家里的自行车装一个适配器，就可以使用这套系统。Curana 还可以通过实体店或网络销售这种适配器。

图 2 - 2 MagIQ

资料来源：Curana 公司网站。

图 2 - 3 buZZ

资料来源：Curana 公司网站。

2015 年下半年，Curana 设法将 MagIQ 纳入 OEM 解决方案，即将该系统集成在行李架、前叉等部件上。公司将这一系统集成在行李架、前叉等部件上，一些自行车生产企业表现出对这种系统的浓厚兴趣。由于该系统成功与否取决于 OEM 的接受程度和与之合作的行李架供应商能否将该系统成功集成入它们的行李架中，因此到了 2016 年年初，MagIQ 是否能够成为一个新标准，是否能够在市场上获得成功，仍然是一个未知数。

案例研究 3：DNA Interactif Fashion

2006 年，一位客户找到德克·吉克里——一位土木工程师，同时也是领

37

先的数字标牌系统公司 Dzine 的创立者——向他寻求一个满足其时装店需求的数字化方案。这件事给德克很大触动，他想：可否设计一个虚拟店铺，让消费者可以不必亲临实体服装店就可以试穿衣服？数字系统应该可以帮助消费者在虚拟店铺试穿和选购衣服。为了推进这种愿景，德克与比利时专注于3D（三维）扫描的 Eyetronics（一家提供高分辨率扫描服务的供应商）建立合作伙伴关系。后来，他向法兰德斯（比利时）地区的科技创新机构 IWT 介绍了他的想法。IWT 同意进行可行性研究，可是该项目后来因为吉克里和 Eyetronics 团队拿不出具体的实施方案而搁浅。

两年后，也就是 2008 年，吉克里遇到了赫博·费恩劳。费恩劳有 ICT（信息通信技术）方面的工作背景。他创立了好几家公司，当时正在寻找新挑战。他听吉克里介绍想法之后，立即产生了浓厚兴趣。他制作了一个关于这个想法的视频，介绍他们打算怎样进一步实施这个项目。他打算针对每个消费者开发一个虚拟模特，这个模特可以试穿这家服装店库房里的所有衣服。这样，消费者就不需要前往实体服装店，一件又一件地亲自试穿店铺里的衣服了。当这一虚拟模特穿着某件衣服走猫步时，消费者就可以看到这件衣服的穿着效果。来自 Eyetronics 的德克·吉克里等人对于赫博·费恩劳的愿景很感兴趣，他们请他落实 IWT 可行性报告的调查结果。不久之后，DNA Interactif Fashion 成立。费恩劳开始与店铺主管、销售人员、设计师、消费者交流。在每次交流过程中，他都要为每个可能的合作伙伴寻找潜在附加值。他发现，零售商可以节省下很多昂贵的店铺空间，因为公司不再需要大面积的店铺。设计师可以不再提供专门为消费者试穿的衣服样本，进而节省资金。消费者可以避免购买到买回家永远不穿的衣服。

但是，经过数次失败之后，人们发现，Eyetronics 没有能力开发它设想的扫描仪。它开发的设备大小和一间屋子差不多，而且成本高得让潜在客户很难接受。费恩劳继续寻找其他解决方案。不久，费恩劳解除了与 Eyetronics 的合作协议，另找了一个合作伙伴。最终，他与服装行业资助的一家美国非营利组织建立了合作关系。该组织已经开发了一款试衣间大小的扫描仪。DNA Interactif Fashion 获得了在全球服装市场独家销售这一设备的权利。现在，它们可以着手深化想法了。

这一新概念被称为 iStyling，由几个部分组成。从技术角度上看，该扫描仪是全球范围内的新式扫描仪。消费者走进扫描室，计算机就会设计出这位顾客的虚拟模特，让他或她"试穿"所有衣服。

在实践中，顾客的虚拟模特图像被打到一个 3D 屏幕上，顾客可以看到它的不同角度以及走动、举手投足时的样子。公司还可以给这种模特配上相应的发型、肤色和其他特征，让该模特与顾客极其相似。在整个过程中，设计师都要在场，为顾客提供有关何种颜色与顾客体型、肤色相配，何种款式更能衬托顾客气质的建议。设计师还要分析顾客的体型，选择最适合顾客的衣服。

2010 年，费恩劳和吉克里开始实施一项商业计划，提出了各种方案。他们打算将 iStyling 概念卖出去，但也愿意单独销售扫描仪。例如，他们设想销售用于科学研究或用于其他与服装试穿行业没有关系的扫描仪。

开发者面临的一个挑战是如何将各种服装款式数字化。要想启动这一项目，DNA Interactif Fashion 需要拿到服装系列的所有款式。可是品牌服装企业不愿意透露设计款式，这是一项防范抄袭的传统控制手段。不过，费恩劳还是找到几个合作伙伴，分别是 Offshore Legends（一个很有前景的比利时品牌）、Scabal（套装生产企业）和 Scapa（另一个成功的比利时国际品牌）。一开始，这些公司要将穿在模特身上的所有衣服进行 3D 扫描后上传到系统，这个过程需要花费大量时间和金钱。后来，开发团队改变了策略：用计算机辅助系统将 2D（平面图形）图片转换为 3D 格式。虽然这种方法更快一些，但大多数品牌仍然不愿意透露它们的设计款式。最后，开发团队设计出一个软件系统，可以用衣服正面和背面照片生成 3D 图片。这个方法可以节约很多成本。为了继续寻找创新的解决方案，2015 年，该公司还利用服装生成企业的 CAD（计算机辅助设计）系统制作 3D 图片。另一个解决方案是开发高级的能够给人一种出自知名设计师之手感觉的服装款式。与 2010 年相比，2015 年服装的屏幕显示效果有了大幅提升。

2011 年 3 月，DNA Interactif Fashion 团队在比利时几大购物中心之一 Kortrijk 商城新建的 K 座推出了第一家 iStyling 精品店。当时，扫描一件衣服的时间已经从 2009 年的 58 秒缩短为 20 秒，扫描完成后，系统即可生成模特的 3D

形象。一个月之后，公司在比利时根特的 Inno 商城开了第二家 iStyling 精品店。在这一店铺里，顾客花 75 欧元就可以进行扫描并获得设计师的完整建议。顾客和商场主管都很兴奋：据 Inno 计算，自从顾客可以进行身体扫描后，他们在这家商城的人均消费额从 50 欧元增长到 450 欧元。

虽然 iStyling 概念的实施和扫描仪的安装在几个欧洲国家里进展顺利，但费恩劳发现，时装行业比预想的要保守，欧洲人接受这一创新的速度很慢，需要对这一战略进行调整，于是费恩劳开始在国外扩展 DNA Interactif Fashion 业务。2013 年，DNA Interactif Fashion 与一家名叫 ［TC］² 的公司成立了一家合资企业。合资企业名为 ［TC］²DNA Holdings。［TC］² 是一家缝制产品行业的企业，公司拥有很多行业专家。该公司专注于有望改变整个行业的先进技术。这家合资企业对 iStyling 起到了巨大的推广作用，因为美国市场迅速接受了这一概念。［TC］² DNA Holdings 与中国长园和鹰智能科技有限公司合资办厂，制造并向中国、韩国、日本销售人体扫描仪和 iStyling 系统。这家合资企业名为"YDT"，中文意思是"非常合身"。长园和鹰智能科技有限公司是中国量身定制的时装行业的大供应商之一，该公司还销售裁剪设备和 CAD 系统，因此，它可以为 iStyling 进入亚洲市场提供很好的纽带作用。

这两家合资公司为 iStyling 进入全球市场提供了很大便利。越来越多的欧洲、美国和亚洲顾客在 iStyling 系统上注册。随着技术进步，扫描时间进一步缩短到 7 秒钟，这进一步增强了该系统对零售商的吸引力。2015 年，公司开始研发一项新技术，希望能进一步缩短扫描时间。针对不同的文化特点，扫描设备因地域的不同而有所不同。扫描设备只在相应的区域内生产和销售。2015 年，公司在欧洲、美国和中国建立了数据中心。

据费恩劳说，随着零售商的成本压力越来越大，iStyling 对于时装行业越来越重要。他发现，iStyling 可以帮助零售商应对三个挑战。第一，零售商租金高，而销售价格越来越低。有了 iStyling 系统，只需租用较小的店铺空间就可以，因为店铺无须挂出太多样品，可以将这些节省下的空间用来存储货物。第二，顾客越来越喜欢从网上购物，零售商也喜欢在网上卖货。但是网购服装的退货率高达 50%。了解了顾客的具体尺寸之后，iStyling 就可以帮助零售商将退货率从 50% 降到 6%。退货带来的成本很高——大约是一件衣服的

35%——因为退回来的衣服需要干洗、重新包装、如果标签丢失的话要重新系好标签，还要放到仓库里原来的位置上。第三，iStyling 能够让零售商提早应对市场变化。一般情况下，零售商的经营活动是被动的：零售商坐等顾客上门，而顾客要的裤子可能已经没货了。有了 iStyling，零售商可以彻底改变经营方式：如果每个尺寸的裤子还有库存，零售商就可以用 iStyling 的顾客数据库主动为这批库存寻找和联系买主。这样，iStyling 可以给零售商提供很多好处。

随着互联网逐渐普及，iStyling 让消费者上网去挑选和订购自己中意的衣服越加便利。顾客到指定店铺扫描了具体的身体参数之后，就创建了一个侧面像。然后，顾客将这一侧面像上传到网络，自己无论在什么地方，都可以通过网络或智能手机应用访问它。顾客还可以查询店铺，用智能手机或操作手柄在店铺里虚拟试衣，还可以要求零售商送货上门。零售商可以立刻派人将成衣送货上门。这可以很好地取代传统的买衣服方式。在传统模式下，顾客要到服装店里去选购，如果中意的衣服没货，顾客需要订购，等到到货之后，再跑一趟店铺，整个过程非常耗时。如果顾客想要购买一件定制的衣服，iStyling 就会将顾客的订单连同针对这位顾客的理想款式和尺寸数据发送到制衣厂。制衣厂根据虚拟模特的情况和尺寸选择布料，裁剪加工，将做好的衣服寄送给顾客。

虽然重点仍然是在全球范围内宣传 iStyling 概念，开发团队还打算开发一些其他项目。由于合作伙伴数量增加，这越来越成为一件有挑战性的事情。对于费恩劳和吉克里来说，管理合作伙伴是保证各方向同一个方向努力的关键任务。DNA Interactif Fashion 积极坚持掌握最新的技术，让 iStyling 概念始终领先于潜在竞争对手。在这方面，它的一个潜在方案是将顾客的所有衣服进行数字化。另一个潜在方案是和一些品牌合作，向顾客提供更为广泛的购物体验。到目前为止，DNA Interactif Fashion 没有真正的竞争对手。2015 年，一些扫描仪制造商进入市场，服装产品的在线销售额迅速增加，但是没有一家公司像 DNA Interactif Fashion 那样可以提供全方位的产品和服务。

2.4　中小企业创造价值的多种方式

当市场需求突然迅速发生变化时，小企业就会面临挑战。例如，20 世纪
90 年代自行车行业的迅速变化很快就开始对 Curana 的竞争力产生威胁。为了
应对市场变化，Curana 首先对商业模式进行了创新。实际上，Curana 调整了
商业模式，采用了 ODM 模式，后来又采用了先发设计战略以应对竞争。这一
战略调整为产品创造了价值，也给企业带来了大量利润。

不过，需求方的变化有时候是渐进式的。例如，企业越来越意识到开发
环保产品或可持续产品的重要性以及健康保健产品在人们生活中的重要地位。
Devan 的理念是成为纺织化学品行业里的创新企业，引入对环境危害更小的化
学产品。类似地，Philips（飞利浦）公司的 Airfryer（空气炸锅）的快速空气
循环技术能够让顾客煎炸出比普通煎锅煎炸出的薯条少 80% 油脂的脆薯条。
Airfryer 可以用来煎炸很多食品，比如零食、鸡肉和其他肉类，而且操作简单，
制作出的食物营养丰富。依托 Airfryer 这一产品，Philips 顺应了消费者越来越
重视营养而又不想牺牲口感的趋势。Philips 没有开发 Airfryer 这项技术，而是
雇佣了一位独立工程师（参见第 5 章）。另外，Quilts of Denmark 的创立者将
公司战略建立在这一基本看法上：消费者将健康和优质的睡眠看得越来越
重要。

因此，市场和消费者行为的变化对于小企业发现创业机会至关重要。同
样，新技术和颠覆性的技术进步也为小企业提供了类似机会。很多风险投资
公司支持的高新技术初创企业纷纷出现，为的是探索基于新技术应用的一些
商机。Isobionics 是一家有潜力改变传统产业（如香料香精）竞争动态的初创
企业。生物技术能够大幅降低这些物质的生产成本，可能催生新一轮的竞争，
进而让市场在十年内发生很大变化。有趣的是，小企业，如 Isobionics，可以
借助外部技术实现成功。Isobionics 通过许可转让获得了帝斯曼公司的技术，
和帝斯曼的研究人员密切合作，开发了属于自己的第一批香精。

Devan 还力争成为纺织化学品行业里的技术领导者。Devan 经常超越时

代，先开发阻燃技术，接下来开发先进的天然过敏原控制技术和抗菌技术。在这方面，大多数技术是公司与大学、研究实验室、知名供应商等知识合作伙伴合作开发的。新技术因此可以为纺织、家具、自行车、食品等所谓低技术行业里的小企业提供机会。

科学或技术驱动的战略能够让小企业结出硕果，但这需要小企业具备几个条件。第一，小企业借以经营获利的市场很小（至少最初是这样的），不足以引起大公司的兴趣。第二，随着模仿者的廉价产品进入市场，企业的技术领导地位受到侵蚀。因此，技术领导地位成了一个不断向前推进的目标，这要求小企业能从一个技术机会跳跃到另一个技术机会。第三，当新的技术发现推动竞争时，小企业只有与众多知识合作伙伴合作才能繁荣发展，因为小企业自己没有独立开发这一技术所需要的技术资源和财务资源。不过，在引入外部技术时，小企业也面临着极大挑战，因为小企业往往缺少发现、转移外部创意和技术并将其高效吸收入公司内的能力。它们必须雇用具有相应技术背景的人才，来充分了解、吸收和利用大学、研究实验室或大公司开发的科学技术。最后，小企业必须确定采用什么方式从相应技术中获利。有时候，将技术进行许可转让或卖出去利润更大，但有时候，出售融入了这种技术的产品可以获得更多利润。采用哪个方案取决于知识产权制度的力度和互补性资产在相应行业中扮演的角色。

企业监管政策的变化是推动中小企业商业模式创新的另一个重要驱动因素。有时候，新的政策法规可能会增加企业经营的固定成本，让规模太小、无法消化这些成本的企业出局。在其他情况下，法律法规可能会给小企业带来新的机会，对那些大型的传统企业造成威胁。从这一角度上说，欧洲的水银气压计行业是一个有趣的案例。1990年，保罗·丁根斯创建了一家玻璃制品公司，生产玻璃仪器。这家比利时公司后来发展成为欧洲最大的玻璃仪器公司。20世纪90年代中期，依托制作一系列新颖的水银气压计，Dingens Barometer & Clocks 在这一市场的顶端占据了牢固的位置。2008年，欧盟的德国委员冈特·费尔霍伊根禁止在非专业领域使用水银气压计之后，该产品的销售立刻陷入停滞。很多欧洲的水银气压计生产商入不敷出，企业破产，因为这一禁令的执行没有给这些企业提供任何补贴。

但是，Dingens Barometers & Clocks 继续留在了这一行业，探索为高端市场生产新型气压计的可能性。面对破产风险，重新设计气压计是公司的唯一出路。在一些创新合作伙伴和法兰德斯的 IWT 子公司的帮助下，公司开启了开放式创新之旅。丁根斯打算与哈塞尔特大学、知识合作伙伴 Sirris（一个专注用技术和市场帮助企业的非营利组织）合作开发一款全新的仪器。这种新型气压计应该具有水银气压计的优点（精确、读数清晰、耐用、美观），但里面没有水银。另外，新产品不仅要"生态友好"，还要简单易用。丁根斯和合作伙伴查询了包括航天、食品等多个行业的资料。他们试验了各种方法，其中包括一项在航天航空上应用了几十年的技术，使用能够根据气压不同准确反映飞机高度变化的高真空金属盒。金属盒膨胀的测量精确度可以达到 1 毫米的几千分之一。八个金属盒结合在一起就可以准确测量压力数值。为了将这些微小的压力变化清晰地显示到记录天气数据的仪器上，金属盒必须与能够准确反映这些变化的某种液体相接触，让测量范围达到 50 厘米。这个设计不仅要相当精确，而且还要做到不管专业用户还是普通用户都容易上手。这款气压计使用的薄膜最初来自食品行业。在食品行业中，人们用这种薄膜来过滤营养物质。简单地说，综合使用多个行业的已有技术可以在欧盟禁止水银气压计后掀起气压计行业的一场革命。丁根斯称这一创新产品为"Innova-celli"（意为"创新的托里拆利气压计"）。这一创新产品在后文中有详细介绍。在第 3 章里，笔者将说明 Innovacelli 还代表了一种可以用于新型、新颖应用的技术。

因此，法律环境和经营环境的变化是推动小企业尝试不同商业模式，改造或升级业务的动力，但是，我们还必须通过分析价值驱动器来解释中小企业开展的成功的商业模式创新。根据不同行业里驱动利润的不同方式，相较于大企业，小企业可能具有更多优势。

小企业之所以有明显优势，是因为它们能够迅速应对市场变化和消费者需求变化，向顾客提供定制化的产品和服务。这种优势在 B2B（企业对企业）行业尤其明显，比如，小型塑料包装公司可以不断发现客户中新出现的包装需求，不断创新地提供新的包装方案。通过这种方式，小企业可以成为客户的首选供应商。大企业不屑于模仿这种战略，因为客户化解决方案意味着小批量生产或运作。另外，全面客户化需要管理层和生产部门花费大量时间去开发解决方案。

新技术还可以为小企业提供很多机会。新技术的最初应用往往是在市场的边缘或在小众市场而非主流市场。只有技术已经成熟，复杂性大幅降低，便利性显著提升之后，主流顾客才会购买具有颠覆性的产品。创新首先从细微处开始，它会为小企业在无法吸引大企业进入的尚处于酝酿阶段的市场中运作提供良好机遇。在后文中我们可以看到，在开放式创新途径中，小企业不再独立开发技术。因此，开发基于技术的商业机会不应局限于大学和公司的项目部门。初创企业可以利用经营管理上的灵活性、应用技巧或对市场动态的把握去商业化它们从大学、技术先进的大型公司获得许可的技术。Isobionics 就是这样做的，这家公司从帝斯曼获得了一项后者不打算使用的技术。Isobionics 将这项技术推向市场的速度让技术的提供者和投资者都大吃一惊。

另外，相较于那些在某个行业或领域运作的大企业，小企业的专业化能力更强。专注于某个独特的应用可以让小企业迅速将市场需求与顾客对该企业知识合作伙伴的某项技术的需求联系起来。小企业可以成为创新的领跑者，因为它们知道怎样选择合适的技术提供方并将提供方的专业知识组织起来，为客户解决问题。这种"关系资本"对于解释它们为什么能够成功至关重要。Devan、Quilts of Denmark 和 Curana 都是小企业运用这一战略的成功案例。

一些小企业通过将产品或服务转化为体验来规避同质化竞争压力。Jaga 的首席技术官（CTO）简·克里克斯这样阐述这一理念："Jaga 的产品不仅可以温暖你的家，还能温暖你的心。"人们购买 Jaga 散热器，因为他们关心环境，或者因为他们想在家里或公司的休息区域里摆上一个设计时尚、外观新颖的散热器。这样，购买散热器成为了一件有关价值观、身份、客户自我形象的事情。类似地，Quilts of Denmark 竭力让自己成为"优质睡眠提供者"而不是一家做被子的生产商。DNA Interactif Fashion 完全改变了人们的购物体验，该公司将购买服装变成了设计自己着装风格的体验。借助专家的个性化建议，这种体验最终改变了顾客的着装风格。

2.5　关键要点

（1）分析传统行业里中小企业的开放式创新，首先从构思和开发一个新型商业模型开始。（商业模式会定义一家企业通过为特定客户群体创造和提供服务盈利的模式。）只有在战略大目标的背景下进行分析，才能正确评估中小企业开放式创新的价值。

（2）公司新战略目标的分析应该在商业模式创新框架中进行。

（3）这些中小企业都有一个共同点：它们努力专注为某一目标客户群体创造价值。最初，小企业会对客户看重的是什么有一个明确或基于直觉的看法。企业要进行商业模式方面的创新，首先要确定一个明确的客户价值主张。

（4）要想通过改变竞争规则或高利润商业模式来为客户创造价值，询问现有客户往往行不通。

（5）有时候，商业模式简单明了，而在其他情况下，将商业模式概念化并明确表述出来则是一件很复杂的事情，可能需要数月甚至数年才能将一个作为商业理念的客户价值明确表述出来。创新的商业模式有时候很难确定，因为客户的需求可能不明确，或者在运用什么技术、应与哪些合作伙伴合作上存在诸多不确定性。

（6）中小企业不能等到有了成熟的商业计划之后再创新。可以改变竞争规则的商业模式创新是无法通过分析提前计划的，因为在开始时，与成功相关的很多因素根本不被人知晓。所以，中小企业必须通过实验来发现新的商业模式，这是一个发现驱动的过程。

（7）大多数中小企业使用商业模式创新来应对产品的同质化竞争。它们可以增加产品的功能性和可靠性，或者可以生产为客户提供更多便利的产品。中小企业还可以将更多服务打包入原有的产品中或者为客户提供原创的体验。

（8）将受到同质化威胁的业务变成针对客户的原创体验，对于中小企业来说是一件困难的事情，但是，从长远来看，这也是一个能够带来更多利润的战略，一个大幅增加企业在行业中影响力的战略。

（9）驱动变化的因素多种多样，下面举几个例子。

·市场上出现了新的替代产品和竞争者——竞争激烈程度显著加深。

·公共政策改变了市场形势，迫使中小企业彻底调整经营战略。

·市场需求在缓慢而持续地发生变化，即人们越来越关心可持续性和健康，这影响了长期市场需求，为创新的中小企业提供了良好的业务机遇。

·对于高新技术初创企业来说，有潜力颠覆行业中老牌企业的新技术是有趣的业务驱动因素。这些企业不一定非要自己独立开发这些技术。

（10）在开发新产品或新服务方面，相较于大型企业，中小企业具有以下优势。

·中小企业比大型企业更为灵活。在应对市场变化的速度扮演决定因素的情况下，小企业可以击败大企业。

·新技术的用武之地往往在市场边缘或小众市场，而不是在主流市场。创新首先从细微处开始，它会为小企业在无法吸引大企业进入的尚处于酝酿阶段的市场中运作提供良好机遇。

·小企业在某一领域的专攻能力强于大企业，小企业更能够向客户提供定制服务。

·小企业可以为客户提供全新的体验。这些为客户提供价值的颠覆性方式需要时间来形成。在这个过程的初期存在太多的不确定之处，因此它对大企业没有足够的吸引力。

3

从动态视角看待模式创新

随着时间的推移，商业模式在不断变化和发展。因此对商业模式的创新进行分析时，不要止于对其进行特定时间的研究，也要开展动态的观察。在本章中笔者将分析中小企业商业模式创新的一些方面。首先，笔者要分析调整商业模式的可能性。这种调整或变化不会一蹴而就，而是循序渐进，分多次进行，直到能摸索出一个更有吸引力的价值主张、利润率更高的商业模式。第二，笔者研究了小企业发现新应用的过程，为了解决当前产品市场上的某个问题，小企业会引入一项新技术，随后新的应用产生。第三，笔者分析了为什么中小企业往往不太愿意通过多样化开展新业务，哪怕它们有这方面的技术能力。笔者深入研究了客户和创新合作伙伴在这个过程中扮演的角色。最后，为避免同质化，一些中小企业已经在这方面树立起声誉或品牌。小企业虽然往往缺少打造品牌的经济实力，但是它们可以通过成本较低的非常规方式来打造声誉或推广产品。

从动态视角看待商业模式创新，对于理解小企业开放式创新网络的变化也很重要。

3.1 逐步发现新的商业模式

在上一章里，笔者描述了 Curana 怎样从 OEM 模式迭代到一个利润更高的 ODM 模式。考虑到这一战略转变带来的利润增长，大多数中小企业经理人都愿意持续维持新型的 ODM 战略，但 Curana 公司的德克·韦恩斯并没有这样做。在短短十年间，他进行了三次战略调整。他为什么这样做？像韦恩斯这类型的经理人不断尝试新的商业模式，每一种新模式都建立在前一种模式的基础之上。新的商业模式能带来新的商机，而这一转换可能孕育着第二次或第三次改变商业模式的可能性。这是一个"路径依赖"的过程，因为将旧的商业模式调整成为另一个利润更高的模式的机会，只有在前一个商业模式完全落实之后才能看到。因此，中小企业对商业模式的调整是一个循序渐进的过程。[①]

为了说明这一点，笔者以 Curana 为例，运用德克·韦恩斯推荐的一个示意图进行阐述（见图 3–1）。该图诠释了 1999～2010 年该公司的商业模式创新。Curana 这家生产自行车配件的小型家族企业建立之初是一个典型的 OEM：根据比利时和周围国家自行车生产企业提供的规格要求，生产钢制挡泥板和其他自行车配件。Curana 的客户（自行车生产企业）决定价格，Curana 不能提高价格，因为客户可以轻易找到其他愿意提供配件的厂家，而且这些厂家的价格往往更低。随着 20 世纪 90 年代全球化日益加剧，这些 OEM 厂家面临的形势越来越糟糕。市场势力越来越向自行车生产企业倾斜。这就是韦恩斯要改变公司商业模式的原因。

OEM	>	ODM	>	OSM	>	OBM
原始设备制造商		原始设计制造商		拥有自有战略的生产商		拥有自有品牌的生产商
· 价格压力 · 技术驱动 · 不增加价值		· 自行定价 · 设计驱动 · 增加价值		· 愿景驱动 · 先发设计方案 · 创新		· 形象驱动 · 可靠性&原创性 · 来自客户的市场拉力

图 3–1　Curana 循序渐进的商业模式创新

该公司通过新产品开发项目完成了从 OEM 到 ODM 的转变，最终催生了 B"Lite 挡泥板。[②]当时，Curana 只了解自行车市场，只知道怎样生产钢制自行车配件。B"Lite 的开发得益于 Curana 与 Pilipili、Anziplast、Accell Group 的密切合作。Accell Group 承诺，如果 Curana 及其合作伙伴在约定日期之前成功生产出 B"Lite，该公司就会以约定的价格购买这一产品，进而承担了销售这一产品的商业风险。B"Lite 能够让 Curana 将商业模式从 OEM 模式调整为 ODM 模式。在 ODM 模式中，设计流程是让产品实现差异化、让公司获得定价权的因素。依托 ODM 模式，对产品和价格的控制权回到了 Curana 手中，因为客户愿意为独一无二的设计支付高额费用。B"Lite 是 Curana 的第一个重大成果。B"Lite 推出之后，该公司的营业额只用了短短六年便增加到先前的四倍。在 B"Lite 成功的鼓舞下，管理层接下来推出了时尚的、具有高科技外观的其他挡泥板和自行车配件。公司的客户意识到，和 Cuaran 合作已经成为公司成功的一个因素。在接下来的数年里，Curana 已经成为所有知名欧洲自行车生产企业的战略发展合作伙伴。

大多数小企业经理人倾向于 ODM 商业模式，因为他们主要关心的是怎样避免陷入同质化陷阱和价格竞争。可是，Curana 被视为 ODM 之后，该公司却再次改变了战略。设计和创新成为公司的核心活动之后，公司可以提供新颖独特的产品，占据更多市场份额。于是，公司在 2006 年再次采取了一个大胆行动——因为设计已经成为公司的核心，所以公司建立了自己的设计部门。Curana 逐渐过渡为管理层所谓的"原始战略管理"模式。为了不断开发新创意，Curana 不愿意坐等客户的要求或订单，而是将目标放在**先发创新战略**上。

在这一阶段，Curana 采用一种四步骤的循环方式来管理设计活动。第一个步骤是"**探索**"。公司不断探索社会风向变化、流行趋势、技术和材料的新发展方向，同时还要研究自行车用户和价值链上合作伙伴的问题和需求。为了配合这些探索活动，Curana 还要知道怎样管理设计和创新活动。因此，它要加入很多网络体，例如，学习网络、设计网络、研究项目网络，等等。第二个步骤是"**设计**"。一旦发现了有价值的创意，公司就会开发一个简单的产品模型。从这个过程中，Curana 可以了解到有关以后开发阶段的重要信息。在概念和款式设计阶段，公司要对创意进行微调，直至初始创意变为最佳创意。接下来是系统设计阶段。在这一阶段中，公司要从生产装配角度对这一概念进行分析。在定义概念、设计款式、设计系统的过程中，Curana 不断与生产合作伙伴、知识和设计中心、模具制造商、材料专家交流。第三个步骤是"**推广**"。Curana 组织了多次信息发布会，在潜在客户中推广它的新创意。通过这种方式，公司可以从潜在客户中获得有价值的反馈。如果反馈是消极的，Curana 就会根据这些反馈对概念进行重新设计。如果反馈是积极的，公司就会进入下一个阶段，将相关新式自行车零件的概念*"付诸实践"*。对于 Curana 来说，这最后一步开始于与（外部）设计伙伴协作，开发相关概念的高端、三维版本。经过虚拟实验和实体检验之后，公司与外部的生产商、模具制造商、材料专家等合作伙伴协作，准备将相关产品投入生产。

使用所谓 OSM 模式时，Curana 首先要根据全球趋势、新材料和新技术、设计动向确定一个愿景。这是一个愿景驱动的方式：公司与潜在客户的交流要放在这一过程的下一个阶段中进行。在这一模式中，客户仍然很重要，但并不是推动公司创新的因素。现在，Curana 可以不受客户提出的产品规格的限制，创造出行业中独一无二的自行车配件。为了实现这一战略目标，公司积极与设计圈、创新中心合作。这些公司的管理层、设计师受邀向 Curana 介绍设计、开放创新、介绍知识产权管理方面的体验。在短短几年内，Curana 成为了行业内极具创新实力的企业之一，并成为了欧洲自行车制造企业*"离不开"*的配件提供者。OSM 模式为公司在经营方面提供了更多的自由空间——因为公司不必再受限于客户提出的项目——对于进一步实现相较竞争对手产品差异化来说，这是一个新途径。

2008 年，Curana 转向 ***OBM 模式***。这时候，公司在行业内被视为新潮流的领导者，这促使公司建立起基于品牌的战略。公司获得了几项声誉卓著的创新和设计大奖后，创新能力得到公众高度赞扬。用户开始知晓 Curana 的自行车配件，抓住最终用户的心变得越来越重要。目前，公司开始将"骑自行车"宣传为一种生活方式，而自行车和配件对于打造骑车体验至关重要。提供这种体验的原创性也很重要。客户想要领先的设计品牌，而不是廉价的模仿品。出于这一目的，公司开发了商标"ByC"，表示"By Curana"，发音与"bike"（自行车）相同——为的是建立与最终用户的直接联系，创建"拉进来"的需求。

虽然 Curana 在十年之内进行三次战略调整的行为看似有些操之过急，但这其实是该公司的发现驱动增长的战略选择。1999 年，韦恩斯没有针对未来十年的完美的商业计划或宏大设计。开始的时候，可变因素太多，他无法知道 Curana 是否能够成功。但是，韦恩斯不断寻找能够带来利润的新的商业模式。运用一个产品开发项目，他不但成功推出了 B"Lie，还启动了 ODM 商业模式。不过，B"Lite 的发现不是一蹴而就的，其轨迹不是一条直线。该公司及其合作伙伴不断探索新的解决方案，尝试各种方案，因为分析规划未来道路发展过程中有太多不确定因素。[③]不断尝试和调整项目方向对于发现驱动型增长至关重要。

小企业要循序渐进地发现创建和捕获价值的新机会，这条路上迈出的每一步对于下一步来说都是必不可少的。我们再看看图 3 - 1 中的那四个商业模式。Curana 采用了 ODM 模式之后，它就提升了设计技巧，创建了创新网络，而这些技巧和创新网络对于后续设计、开发和生产新产品不可或缺。只有这个时候，Curana 公司才意识到，它可以通过转换到 OSM 模式和"**先发创新战略**"，继续深化产品的独特性（和针对客户的价值）。这一战略上的调整为公司提供了更多行动自由（不必再被客户牵着鼻子走），公司通过开发自己的款式和设计获得了更多利润。当 Curana 处于该模式时，由于 Curana 声名鹊起，竞争对手很难复制这一战略。最后，当 Curana 采用 OBM 战略之后，公司充分利用了它的声誉和新建立的品牌。Curana 将它的产品定位为针对其他公司仿制品的原创产品。如果 Curana 当初不主动设计自行车配件，就永远不会有新颖、原创的产品。因为这一变化，公司被整个行业视为趋势的领导者，进而催生了基于品牌的战略。

这些循序渐进的措施将该公司推到自行车配件市场的领先地位。每一次战略调整都强化了 Curana 产品的独特性，进而对模仿者提出了更大的挑战。从 OEM 过渡到领导行业趋势的知名公司，Curana 获得了更多选择战略方向的自由，获得了更多的市场占有率。相较而言，如果公司一直坚持 ODM 商业模式，一些公司可能已经成功地模仿了 Curana。

Curana 循序渐进的商业模式调整还让公司获得了独特的市场地位。Curana 开发了新的概念和设计，但通过有形产品来销售这些概念和设计。Curana 及其创新网络一起发明、设计、开发、申请专利、制造自行车配件。Curana 不是一家专门的设计事务所或普通的自行车配件的生产企业。通过将这些能力融入它的创新网络，通过将这些技巧融入全新、时尚的自行车配件中，Curana 开辟了自己的市场空间。Curana 的市场地位很独特：自行车行业的上游企业无法模仿这一战略，因为它们只能提供 Curana 所能提供的解决方案的一部分。同样，自行车生产企业也不能像 Curana 驱动创新网络中的合作伙伴一样，驱动上游企业一起协作。换句话说，创新网络是让企业实现产品差异化的强大工具。④创新力量蕴藏于协作网络中，而不是在网络中的个体身上，因此，除非企业建立了自己的创新网络并像 Curana 那样成功地管理该网络，否则，模仿 Curana 几乎不可能。

3.2 发现新应用的过程

很多中小企业从现有市场上寻找解决问题的方案。当产品在市场上面临压力的时候，企业往往会通过引入某项新技术来解决问题。企业在问题解决、市场地位得到巩固之后，可能会发现这项新技术的新商机。引入新技术之后，发现它的新应用是一个缓慢的过程，而且在大多数情况下新应用是企业意外发现的。

以 Dingens Barometers & Clocks 为例。2009 年，该公司推出了 Innovacelli 气压计。该款无水银的新型气压计是与几个创新合作伙伴协作开发的。之前欧盟禁止水银气压计的生产。Innovacelli 气压计采用真空金属容器来感应气压的变化。八个真空盒结合在一起，就可以极为精确地测量哪怕是最细微的气压变化。这些变化传导至玻璃毛细管里的液体中，令气压计可以精准显示气压。因为测量结果很准确，所以这一新产品完全可以替代准确性独占鳌头达数个世纪的水银气压计。在欧盟禁令之前，水银气压计销售收入占 Dingens Barometer & Clocks 营业额的 80%。

令人意想不到的是，这项新技术还提供了另外一些可以转换为新商机的技术优势。第一，水银气压计要想有效，长度必须至少达到 90 厘米，而 Innovacelli 的长度可以压缩到 40 厘米。这带来了意外的好处：现在，该气压计可以稳稳地立在桌子上而无须其他支撑，甚至可以经受地震的冲击。这对于拓展日本市场尤为重要，保罗·丁根斯在日本出差时意外发现了这一点。他发现，在房屋较小而传统的大型气压计放在室内显得不协调的地区，小型气压计尤其受欢迎。

第二，之前 Dingens Barometer & Clocks 一直通过零售商在 B2C（企业对消费者）市场上销售气压计。公司负责人丁根斯得知，水银气压计在美国一直是被禁止销售的，专业人士用的是机械气压计。他通过美国代理人了解到，很多专业用户不相信他们手中的气压计。机场、血检、肺病治疗、癌症治疗过程中调整直线加速器、发动机等，都需要非常精确地测量气压。气压随着高度的变化而变化，而机械气压计对于高度的变化不够敏感。[⑤]一些医院、NASCAR（纳斯卡赛车）[⑥]机构甚至与丁根斯联系，请他开发一款能够根据具体高度调整的 Innovacelli 气压计。于是，他设计了一款刻度可调节的简单系统，可以让气压计适用于各种高度。

丁根斯最初希望能够每年通过 B2C 市场销售 1000 个到 2000 个 Innovacelli 气压计。据他计算，美国有大约 5900 家医院从事放射性、肺病和血气分析。如果每家医院需要 2~5 个气压计，B2B 市场将数倍于 B2C 市场。B2B 市场更有吸引力，还因为公司可以直接向终端用户销售产品，而不必与中间蚕食利润的经销商、进口商打交道。

案例研究 4：Dingens Barometers & Clocks 的 Innovacelli 气压计

Dingens Barometers & Clocks 是一家为高端市场生产高精度气压计的小型比利时公司。丹尼斯·丁根斯和妻子于 1965 年创建了这家公司。一开始，该公司只生产气压计框架，而气压计中的精密部分都从外部采购。15 年后，该公司开始生产水银气压计，包括精密测量部分和框架。

1990 年，保罗·丁根斯，即丹尼斯的儿子，接管了公司，创办了一家玻璃制品公司，生产玻璃仪器。丁根斯扩大了经营范围，增加了木制品制造、喷涂、框架制作和设计业务。高端气压计的推出打开了新市场，公司走向成功道路，实现了强劲发展，建设了新的办公楼。

可是到了 2000 年，形势发生了变化。亚洲生产企业引入了廉价的、制作工艺更为简单的数字气压计。虽然高端市场仍然相对稳定，但这一新的竞争性产品影响了低端市场。为了弥补销售额的减少，Dingens Barometers & Clocks 开始以 OEM 的方式生产钟表和框架。这一战略逐渐显现出效果，可是到了

2007 年，公司遭遇了另一个重大打击，欧盟的德国委员冈特·费尔霍伊根禁止日用消费产品中使用水银。由于这一禁令，公司利润降低了 80%，公司不得不面临严峻的财务挑战。

接下来是一段不稳定的时期，只有保罗·丁根斯认为公司能够渡过难关。2008 年，比利时 VOKA（一个法兰德斯地区商会）告知 Dingens Barometers & Clocks，一些合作伙伴可以帮助该公司开发不含水银的新型气压计。丁根斯约见了比利时林堡创新中心。在这次见面中，外部顾问和 Dingens Barometer & Clocks 管理层进行了头脑风暴，构思了新的战略。保罗·丁根斯决定开发一种新型高精度气压计。接下来的战略调整简直是天翻地覆：他不仅"清洗"掉了所有与他意见相左的人，还开除了 20 名员工中的 13 名以缩减开支。这是一个成本很高、很痛苦的过程。

同时，在比利时林堡创新中心的帮助下，丁根斯向 IWT 提交了一份项目建议书。2009 年 1 月，IWT 批准了这个项目，为该项目提供 45% 的资金。除了 IWT 的支持外，公司还获得了一笔贷款，可以解决剩余部分 80% 的资金问题。另外，考虑到公司当时艰难的财务状况，这对丁根斯来说是一个重大的冒险投资。

有了上述支持，丁根斯与两个知识合作伙伴密切合作，开发了一种新型仪器。这两个知识合作伙伴是哈塞尔特大学和 Sirris。后者是比利时技术行业的"集体中心"。这一开放式创新活动的结果是一款新型气压计，即 Innovacelli（见图 3-2）。这一创新产品具有水银气压计的所有优势，它精确、读数容易识别、耐用、美观，而且有利于环保。

Innovacelli 的开发基于一些已经在航空业运用了多年的技术。在行进中的飞机上，高真空金属管对压力变化反应很灵敏，能够准确指示飞行高度。这种金属管膨胀的测量准确度可以达到一毫米的千分之几。为了将气压变化反映到仪表上，该气压计中的金属管要与能够准确反映气压变化的液体接触。

丁根斯最初的目标是开发一种没有水银、有利于环保和可持续发展的气压计。除了实现这一目标外，公司的这种产品还提升了精确度和易用性。Innovacelli 在好几个方面超越了最初的水银气压计，Innovacelli 的独特之处在于它能设定高度。轻轻转一下旋钮，这种气压计就可以设定应用高度。这一点

图 3 - 2 Innovacelli 气压计

资料来源: Dingens Barometer & Clocks 公司网站。

不同于水银气压计, 后者设定高度的方法要复杂得多。

所有这些优势为公司提供了额外的商业机会, 比如, Innovacelli 可以解决美国医院相关工作的迫切需要。美国医生在不愿意使用水银气压计这一点上比他们的欧洲同行更加直言不讳。医生在进行血气分析、治疗肺病、癌症过程中都要使用气压计。在开发出 Innovacelli 气压计之前, 达到环保标准的气压计只有数字气压计, 但数字气压计对于这种职业应用来说不够精确。美国大约有 5900 家医院, 对于 Dingens Barometer & Clocks 来说这是一个很有吸引力的市场。

换句话说, 借助创新合作伙伴的帮助, Dingens Barometer & Clocks 将水银气压计危机变成了一个机会。创新合作伙伴的帮助对于成功开发 Innovacelli 至关重要: 创新中心推动了 Dingens Barometer & Clocks, 提供了后者急需的各个技术领域的知识。知识合作伙伴——哈塞尔特大学、Sirris ——起到了至关重要的作用, 它们提供了广博的知识、系统的研究、研发经验, 将产品提升到更高的技术层次。两个合作伙伴不仅让产品满足了精确度、可持续发展、读数易识别等标准，还使产品简单易用、容易设定、携带方便。

2010 年 Innovacelli 获得商业上的成功。这一产品非常受客户欢迎，产品一上市就获得了极大成功。然而，从第二年，也就是 2011 年开始，Dingens Barometer & Clocks 遭遇了极大困难，这是因为黄金价格波动导致珠宝市场面临生存困境，而在一些国家里，珠宝经销商正是 Dingens Barometer & Clocks 依赖的传统经销商。2001 年，黄金平均价格创下历史新低，达到每金衡盎司 271.04 美元，2007 年价格逐渐上升到每金衡盎司 695.39 美元，2011 年上升到 1571.52 美元，2012 年上升到 1668.98 美元，2013 年下降到 1411.23 美元，2014 年略微下降到 1266.40 美元。[7]黄金价格的飙升让很多消费者对黄金首饰望而却步，转向仿制品。虽然仿制的珠宝风行一时，但仿制品的利润很低，珠宝商无法从仿制品上赚钱。黄金价格的持续走高愈发侵蚀珠宝商的利润，很多传统的小珠宝商纷纷破产。在荷兰，珠宝商数量仅为 2008 年前珠宝商数量的三分之一，欧洲各国的情况大同小异。对于 Dingens Barometer & Clocks 来说，形势十分严峻，因为很多气压计是通过珠宝商渠道销售出去的。

在线销售是一个不错的销售渠道，不过，在那些公司与经销商合作的国家里，保罗·丁根斯不愿意通过互联网销售产品。Dingens Barometer & Clocks 通过公司网站引起了消费者关注，但实际销售量还是通过这些国家的经销商实现的。因此，在继续与经销商合作和分享利润的同时，互联网销售为公司带来了利润的小幅攀升。不过，这时的 Dingens Barometer & Clocks 对先前合作过的零售商 Nature et Découverte 提出的一个新方案很感兴趣。这家零售商建立了一个网站。Dingens Barometer & Clocks 可以通过这个网站销售气压计，不过要将销售额的 20% 交给 Nature et Découverte。

开拓 B2B 市场比最初预想的要困难得多。医院喜欢这种产品，订单很快从全世界涌来，可是销售额却没有像预想的那样迅速增长。出现这种情况有几个原因：第一，Dingens Barometer & Clocks 没有经济实力去参加展销会以推广 Innovacelli，而这些推广方式对于产品销售来说非常必要。第二，与一个重要经销商协作向医院推销气压计的项目失败了，由于该经销商的代理人热衷于向医院销售数百万美元的机器，而对销售 Innovacelli 毫不上心。第三，即使是医院这一市场，公司也花了两三年时间才让销售额有所起色。医院的决策过程很慢，支付过程往往需要两到六个月的时间。第四，保罗·丁根斯发现，公司很难从医院中找到合适的合作伙伴。他最初联系了医生，可是他们对这项业务不感兴趣。他还得知，在医院里负责气压和气压计的不是医生而是理疗师。在利润方面，医院仍旧是最具吸引力的市场，不仅因为这里没有竞争对手，而且在技术上，Innovacelli 可以很方便地设定任何高度，极具吸引力。2015 年，Dingens Barometer & Clocks 一直想办法提振医院市场，可是公司在专业推广 Innovacelli 方面缺少时间和资金。

保罗·丁根斯对形势的评价是："Innovacelli 不缺商业方案，最大的困难是解决比销售产品更为迫切的问题，比如解雇冗员、与债权人打交道。这占用了很多本该应用在业务上（如增加销售、拜访经销商）的时间。这些问题更为迫切。这是我们面临的重大挑战。"

AirFryer 是发现新应用的另一个案例。2010 年，Philips 向市场推出 AirFryer，当时是为了取代欧洲消费者用于煎炸法式薯条和其他食品的传统炸薯条机。AirFryer 最初被视为相较于传统炸薯条机而言更为健康的炸薯条机器。AirFryer 的定位是食品煎炸工具市场上的高端产品，价格为 199 欧元。

然而，Philips 很快意识到，这一设备中的快速空气循环技术——该设备中有一个网架和风扇，可以让高温空气快速在食品周围流动——需要消费者采用独特的操作方法。煎炸方式也要随之进行重大调整。Philips 投入大量时间和精力教消费者怎样用 AirFryer 制作出美味酥脆的食品。消费者不得不学会一种全新的炸制方法，因为这种空气炸锅完全不同于常规的炸薯条机。有了AirFryer，炸一锅现切薯条只需半勺油，用 12 分钟多一点的时间就可以完成。如果是现成的可以直接炸的法式薯条，消费者在 9 分钟内就可以炸出酥脆的薯条。

然而，更重要的是，AirFryer 的快速空气循环技术可以让从鸡腿到大虾在内的很多食品的外表产生一层酥脆的金黄色表皮。能够用 AirFryer 煎炸的食品远不止排骨、汉堡、鸡胸、冻鸡块。可用 AirFryer 煎炸的食物品种之多也是它深受亚洲和南美顾客欢迎的重要原因之一：法式薯条是一种典型而传统的欧洲食物，除了炸法式薯条之外，亚洲人还要煎炸很多东西。因为最初在欧洲的销售额没有实现既定目标，所以 Philips 公司的管理层迅速开始将它推向欧洲以外的市场，并且将煎炸对象调整为典型的当地食品。AirFryer采用了先前无法预知的全新的煎炸技术。这种技术一旦出现，企业就应该马上意识到有关的新商机，这对于将这一新颖的技术变成重大商业成功产品至关重要。

AirFryer（及其竞争性产品）可以用来烹制很多食品，这将在整体上改变未来十年的煎炸和烹制习惯。Philips通过My Kitchen健康新厨法网站与消费者交流，很多消费者已经尝试了用AirFryer来煎炸和烹制食品。AirFryer的"粉丝"还自主开发了Facebook（脸书）网页。通过社交媒体与消费者交流对于跨国公司来说是一个新的挑战，不过，主管们很快意识到，这些方法对于获得产品反馈非常重要。另外，Phillips还和Mora这样的大型快餐公司合作，一起推广小吃和AirFryer，向消费者解释如何更好地使用该设备制作各种冷冻食材。

使用AirFryer的食品间隔配件，消费者可以同时煎炸多种食材而不会串味——没有人想让炸出来的苹果煎饼吃着像比目鱼或鸡块，闻着像大虾。AirFryer还设计有空气过滤器，可以控制油烟味，不让整间屋子充满快餐店的味道。用AirFryer做出来的食品不但美味健康（公司的重要销售噱头），而且AirFryer的附加功能也很有趣。食品分层设备能够让消费者用AirFryer给家人做出一顿完整的饭，能够让小吃生产厂家在做快餐的时间里做出食材搭配多样的点心。

总的来说，Philips开发出的这款产品能够煎炸出和传统油炸食品一样美味但营养程度更高的食品。因为它采用了完全不同于传统的油炸技术，所以能为消费者提供很多新颖的烹制方法，并促其养成新的烹制习惯。但是，这些烹制方法是公司推出这款产品时没有想到的。一开始公司只将AirFryer定位为欧洲（主要运用于欧洲）传统煎锅的高端替代品。当消费者尝试使用这一设备以及市场上的其他参与者，如小吃生产厂家构想新的市场机会时，AirFryer及其快速空气循环技术在烹调方面的各种可能性才最终出现了。自从AirFryer于2010年上市以来，它已经成为全球同类产品中销量最好的产品。销售增长最快的地区是亚洲，这显示出AirFryer在煎炸最初设想的法式薯条之外的巨大潜力。在未来的十年里，公司将继续研究以AirFryer或类似煎炸设备为中心的"生态系统"。发现新技术的新商业应用是一个缓慢的渐进过程，在推出新技术的产品之初很难预料。

3.3　是否进行多样化经营

即使有机会进入主营业务之外的领域，很多小企业仍始终专注于原有的产品市场和客户群体，而不愿进行多样化经营。在这方面，最有意思的例子莫过于 Curana。虽然该公司在过去十年内数次调整商业模式，但它始终专注于向自行车生产企业提供解决方案。类似的，Jaga 经过十年的转型之后，仍旧是一家散热器生产企业。Quilts of Denmark 始终专注于被褥和枕头市场。但是，这些企业长时间积累的创新和设计能力为它们提供了一些进入其他市场的机会，例如，Curana 曾受邀设计照明设备。

就技术方面而言，多样化经营对于小型创新公司来说是完全可以实现的，但它们始终只做核心业务有两个原因。第一，新产品市场对于它们来说存在一些特有的挑战。比如，照明设备是一个受安全法规严格监管的领域，而 Curana 这样的公司缺乏相关的专业知识来应对法规监管方面的挑战。第二，公司的声誉与其所处的"生态系统"包括公司的客户，密切地联系在了一起。跳出其所在的开放式创新网络，公司将无法运用它的声誉。公司不得不从零开始，打造合作者网络和客户网络。[8]虽然开放式创新网络能够让企业用全新的方式为客户创造价值，但是，它同时也将企业捆绑在现有的创新合作伙伴和客户上。简而言之，创新网络可以扩展能力，但同时也束缚手脚。

Devan 同样高度专注于纺织化学品行业。目前，它的客户群体仍旧和过去20 年一样。虽然产品有所变化，但客户群体没有变化。公司从相对简单的纺织行业化学应用转换到了高级产品。以 Probiotex 为例，它是 Devan 近期推出的产品。该产品引入了含有非致病性细菌孢子的微胶囊。微胶囊裂开之后，这种细菌孢子就可以附着在织物表面。它可以吞噬掉织物表面不被人需要的物质，如尘土、尘螨的排泄物，从而让衣物更干净卫生，过敏反应发生次数减少。多年的研发工作减少了这个行业化学产品的使用量，新产品更加环保，能为大家提供更为卫生和健康的生活环境。该公司在极力开发更为复杂的化学产品应用方式的同时，始终专注于同一批客户群体和应用。

另外，创新合作伙伴与该公司签订了长期合作协议，形成了一个稳定、可靠、相互熟识多年的创新网络。随着时间的推移，这极大地提升了协作创新的效率。

PRoF 是本书中唯一一个不走这一路线的例子。PRoF 是一个以客户为中心的联合体，不应该将它等同于主要为了向某一客户群体提供产品或服务的合作伙伴"生态系统"。PRoF 提供了一个关于医院病房、个性化住房、医疗服务的新思路。PRoF 商业模式将多家能力互补的企业联合在一起，共同为某一终端群体（病人或老年人）开发一个新的创意或理念。PRoF 成功地将这一概念从病房调整为个性化住院服务、老年人的关护场所，最终变为术后恢复室。在这里，有几个方面一直没有变，包括专注于特定顾客群体、将某些合作伙伴联合到这一联合体中（同样的领先公司）。另外，相较于独自运作或将这一协作局限于合作伙伴自己的价值链内，这些合作伙伴可以通过 PRoF 这一联合体获得更高的知名度。

在以上所有案例中，我们看到小企业一般不进行多样化经营。它们始终坚持和先前的创新网络或客户群体在一起。

创新网络一方面推动企业开发新产品或新服务，但同时也是限制企业进行调整和多样化经营的因素。

案例研究5：Jaga——注入人类学元素的创造和开放式创新

Jaga 是一家位于比利时迪彭贝克的散热器制造公司，该公司拥有约 450 名员工。公司生产线专注生产有利于环保、外观美观的散热器。公司产品分为三类：节能型、美观型、高性能型。公司用基于技术、设计以及 Jaga 称之为"从摇篮到摇篮"（一种可持续发展的视角，目的是让地球更美好。它的工作方式是，从产品设计伊始就考虑原材料的安全循环利用，以养分管理替代传统的垃圾管理）的服务理念，为市场上的高端客户提供产品。但是，这一愿景经过 30 年的漫长过程才最终形成。

1962 年，简·克里克斯和加斯顿·克里克斯建立了名为 Jaga 的中央供暖设备公司。Jaga 是一家规模一般的家族企业，主要为比利时哈瑟尔特周边地区的本地建筑安装市场提供服务。20 世纪 60 年代后期的需求过剩导致散热器公司无法为不断扩张的建筑市场提供足够的产品。兄弟俩看到这一商业机会，在 1970 年开始生产一种新型的散热器：输出热量高、款式经典且价格合理。此外，它的送货速度也快。事实证明，这一简单战略是成功的，公司在接下来的几年里实现了迅速扩张。

1974 年的全球能源危机是公司经历的第一个打击。高企的油价对建筑市场产生了巨大冲击，进而极大地冲击了散热器市场。Jaga 的销售额下降了 25%。但是，Jaga 的管理层和工程师迅速行动，探索出了节能型新产品。公司推出三种新产品：加热泵、空气除湿器、电池冷却系统。对一家规模一般的家族企业来说，战略的重大调整需要一笔数额巨大的研发投资。不过，这一调整最终获得了成功。然而没过五年，能源价格下降到先前高点的三分之一，节能理念突然不再受宠。这让 Jaga 再次陷入了巨大的财务困境。

20 世纪 90 年代，在公司需要变革图存的时候，简·克里克斯的儿子接手了公司，担任 Jaga 的董事。他对 Jaga 进行了重大调整。他着手提升公司的创造力，为公司员工内部创业提供充分的自由空间。

公司愿景体现了简·克里克斯对世界和社会的看法。他拥有人类学学历背景，经常用人类学和哲学语言来谈论企业管理。他对世界的看法可以概括为五大价值观。每个价值观都对应着一种原型，就像每种原型都可以在现实社会中找到对应的角色一样。他坚信，每家企业只能通过这些原型的相互作用进行创新和发展。这五大价值观、五种原型和它们的作用，如表 3-1 所示。[9]

表 3-1 简·克里克斯在管理企业方面的五大价值观

价值观	原型	原型的作用
尊重自然	绿色工程师	尊重自然和生物圈
唤醒艺术家	艺术家	唤醒人们的艺术天分
梦想未来	有远见的人	想象我们的未来，打造实现这一未来的可持续性途径
培养情绪	激励者	培养情绪，鼓励人们合作
搭建桥梁	领航员	搭建灵魂的桥梁

资料来源：改编自 Kriekels J. (2013). Innovate or die, Lannoo：Tielt, Belgium，第 21 页

对于简·克里克斯来说，管理 Jaga 这样的创新型企业意味着什么？首先，**模式意味着人**：这是有关创造性经济以人为中心的愿景。创新和创造的关键资产不是技术或创意，而是驱动创新的人。公司成功创新需要各种技巧，只有将五种模式结合起来，创造型经济才能成为可能。这意味着，公司不应该只专注于理性思维和线性思维，而是要将理性思维与创造性、梦想、情绪结合起来。这还意味着，公司之所以必须采取开放式创新是因为并非所有创新参与者都愿意受雇于公司：简积极联系和劝说艺术家、建筑设计师、研究人员、工程师等外部合作伙伴与公司合作。在创造型经济中，开放式创新是一种"默认设置"。

下面，笔者将描述克里克斯发起的，基于人类学思维的三个开放式创新项目。其中的体验实验室和产品节是培育消费者与产品的共鸣、鼓励 Jaga 与外部合作伙伴合作的项目。Uchronia 项目是意欲打破地域藩篱的项目。

为了强化 Jaga 品牌，2002 年，公司推出了"体验战略"。第一步是建立一个"体验部"，负责产品推广活动，向潜在客户和利益相关者推广 Jaga，传播 Jaga 理念。体验部的第一个重要成果是 2005 年开发的用于工程师和销售人员工作的体验实验室[①]。体验实验室是一个独特的用于科研的气候实验室，员工在其中主要从事不同供热和冷却系统之间的比较研究和模拟工作。实验室包括一个 600 立方米的人工气候室和一个多功能的观察室。人工气候室里有两个相同的检测室，用于比较检测。人工气候室可以模拟极端气候条件，如 $-30℃ \sim 50℃$ 的温度，可以同时测量人工气候室和检测室的一些参数，如气温、墙壁温度、热源直接辐射下黑球辐射温度、水温的流动与回流、二氧化碳水平、潮湿度等。控制室的气候测量员总计要捕获和记录 120 项测量数据。所有数据都用直观的图形表现出来并显示在观察室的屏幕上，因此参观者可以在观察室实时了解到检测情况。在实验室（该实验室经过欧洲多所大学的检测和认证）里，工程师模拟不同的气候条件，计算供热的时间和成本（有时候使用 Jaga 散热器，有时候不用）。这样，不仅产品的设计情况一目了然，产品的技术优势也一览无遗。

体验部在支持工程师的同时，还有利于公司与技术合作伙伴、供应商、客户之间的协作。在体验实验室内，大家共同合作，开发新技术和新型的供热系统。该实验室既是科学检验中心，也是一个开放的工作场所，每个人都可以在此提出新的概念。对科学家而言，它也是开放的，他们可以在这里对个人的研究进行模拟。通过向科学家圈子开放实验室，Jaga 可以和科学家合作，让自己的产品在技术方面一直与时俱进。例如，Jaga 很早就可以检测技术合作伙伴提出的新技术——而竞争对手可能很久以后才听说这些技术。另外，潜在的大客户可以检测 Jaga 系统相对于市面上的其他竞争方案的有效性。基于这样的合作，Jaga 赢得全球范围内的一些大型建筑项目的订单。这些项目包括伦敦的 PWC（普华永道会计师事务所）新总部大楼，伯明翰的邮箱（Mailbox）百货购物中心、马德里的西班牙电话公司大楼、莫斯科的俄罗斯联邦大厦。[11]

2007 年 6 月，克里克斯还组织了一次 Jaga 的产品节，模拟了"集体智慧"。他要求所有 Jaga 员工以及供应商、艺术家网络提出他们对未来 Jaga 产品的想法。没有任何推理上的限制，设计的东西不一定是散热器，但必须是关于散热方案的新颖想法。大家必须在六周之内，在纸上写下关于自己发明或设计的产品创意或原型的说明。公司会在一个正式的大赛上对这些产品创意进行评估并给予奖励。大赛分为职业设计师和非职业设计师两个组。对于非职业组，大赛组织者将提供技术资源和相关指导。虽然通知的时间很短，但组织方还是收到了 119 个创意。组织方在迪彭贝克 Jaga 工厂附近的一个大厅里当众展示了这些创意。其中的 49 个项目来自非职业设计者。

这次活动给人们的一个启示是，对现有散热器的一个简单的调整就可能意义非常。产品节催生了好几个对于 Jaga 来说很有价值的新项目，这证明公司可以极大地受益于员工个人和创新网络的创造力。

Jaga 从这些创意中选择了数十个创意，将其列入 Jaga 的产品订购目录。这些项目中有一个名为"Play"的项目，属于一个儿童友好的散热器概念（见图 3-3）。根据顾客卧室的内部设计，散热器的彩色和移动部件可以实现定制。它的设计考虑了儿童安全：散热器外表不会很烫，也没有尖锐的棱角。这一款产品迅速成为 Jaga 最成功的产品。产品节活动最大限度地激发了 Jaga 员工的创造力，提升了 Jaga 员工的士气。公司在无须支付巨额研发成本的前提下获得了一些非常不错的创意。

图 3 – 3　"Play" 散热器

资料来源：Jaga 公司网站。

　　最后，Uchronia 项目是克里克斯用于打通"不同世界"的多个项目中的一个。在他看来，大多数企业在利用外部资源知识方面没有获得成功。他看到了从外部社区引入创意的潜力。这方面的成功经验已经被 ICT 行业所证实。2005 年，Jaga 开始设计 Uchronia（希腊语意为"永恒"）社区的蓝图。

　　为了着手推出 Uchronia 社区，Jaga 参与了 2006 年的火人节。一年一度的火人节举办于美国内华达州的黑石沙漠。据克里克斯说，火人节的理念与公司推出 Uchronia 社区的目标相似：集合众人的创意打造新型的艺术形式。Jaga 参加这一节日，向全世界宣告自己的产品。43 个比利时人（其中包括 Jaga 员工、劳工代表、合作伙伴）用长 150 千米的木料做了一个巨大的人偶。该人偶占地 60 米×30 米，高度为 15 米（见图 3 – 4）。这件艺术品的灵感来源于比利时艺术家阿纳·奎兹和小简·克里克斯。建造和焚烧这件艺术品意味着 Uchronia 项目正式启动，同时也获得了媒体的巨大关注。在火人节期间，Jaga

图 3 - 4　2006 年火人节上的 Uchronia 项目

资料来源：Jaga - Uchronia 网站。

还推出了 Uchronia 社区网站（www. Uchronias. org）。任何人都可以在这个网站上免费注册成为"Uchronian（梦想者）"。这个网站分为三个重要板块：一个可以互动的论坛，人们可以在这里交流想法；一个项目网页，人们可以介绍进行中的项目，交流项目实施过程中的细节；还有一个创意页面，上面是对一些知名创新领导者的采访内容。但是，Uchronia 社区从未真正落实。网络社区专家认为，"创造性"这个概念过于宽泛和抽象，很难调动起人们的热情。很明显，将火人文化迁移到 Uchronia 网站上并非易事。

作为投资性商品的生产商，Jaga 由于始于 2008 年的持续性经济下滑而在 2011 年面临财务困境。财务形势的恶化还影响了员工队伍。在 2008 年后期，Jaga 没有解雇任何员工，只是要求员工减少工作时间，而后者为了避免被裁员，接受了临时下岗措施。Jaga 企业与员工之间存在着牢固的关系。全体员工愿意共同分担危机带来的压力，而不是让一部分员工被裁掉。随着危机的持续，2011 年 3 月，Jaga 管理层制订了一个计划，准备解雇相当一部分员工。但是，克里克斯——公司的所有者决定不解雇员工，而是裁撤一半的管理人员。后来，克里克斯将公司分拆为一个个小部门，让它们独立进行设计、生产和销售运作。

3.4 打造和运用声誉和品牌

一些被采访的小企业积极打造自己的品牌以树立声誉，这是它们产品差异化战略或从以产品为导向战略过渡到以体验为基础战略的一部分。打造和推广公司品牌是这一调整的必然过程。一些小企业围绕原创想法、价值观或体验来打造公司品牌。打造积极的品牌有时候需要耗费大量资金，中小企业往往没有进行这种投资所需要的资金。因此，它们往往要借助外部组织的声誉，这可以让它们的品牌打造活动在资金上变得可行。首先，中小企业可以设法获得多个正规组织的标签。这些组织对中小企业产品进行认证，证明它们符合健康、技术品质、环境标准、安全标准等要求或标准。其次，中小企业可以通过获奖来打造品牌。Quilts of Denmark、Jaga、Curana 都是通过获得知名机构颁发的奖项来打造品牌的，这些奖项极大提升了这些小企业的知名度和品牌。最后，杂志文章、简短的电视或网络采访、会议发言也对提升公司起到推动作用。

例如，Quilts of Denmark 开发了一种名为"TEMPRAKON"系列产品的功能性被子。咨询了一些睡眠专家组成的审查委员会之后，Quilts of Denmark 决定生产可以减缓被子里温度变化的功能性被子，为消费者提供优质的睡眠。公司最后发现了一项很有潜力的技术。该技术开发于 1988 年，最初是三角研发公司为美国国家航空航天局（NASA）生产宇航服和宇航手套而开发的。后来，美国航天基金会对 TEMPRAKON 床上用品进行了认证，允许该产品使用"航天技术认证"标签。这一标签的使用可以让 Quilts of Denmark 的 TEMPRA-KON 系列被子实现相对于潜在模仿者产品的差异化。自从公司于 2000 年建立以来，Quilts of Denmark 还获得了丹麦政府、乐堡基金会等组织颁发的创新奖项。另外，Quilts of Denmark 产品通过了 Oeko－Tex 标准认证中产品中的化学物、染料测试，丹麦防过敏哮喘健康组织的过敏物质测试，面料防敏防螨认证及 Downfresh 认证（填充材料符合欧盟卫生标准）。公司创立者之一汉斯－埃里克·施密特频繁受邀在会议上解释 TEMPRAKON 的成功之道。这也在一定程度上强化了公司的声誉，提升了功能性被子的市场需求。

Curana 的例子说明小企业可以用另一种方式在不到十年的时间里打造出强大的声誉。该公司获得了好几项设计和创新方面的奖项，例如，它在 2008年获得了声誉卓著的"欧洲设计管理奖"。同年，公司的 D－Vide 产品还获得了 IF 包装设计奖。新型的护裙网、C－Lite 挡泥板、护链板获得了两项 IF Eurobike 奖。2009 年，公司设计的一款有后灯的轻型行李架获得了著名的"亨利·范德维尔德设计奖"。除了获奖外，自行车行业内外一些杂志上的专业文章也提升了 Curana 的知名度。这些新闻通讯来自大学、知识中心以及法兰德斯设计协会旗下的刊物，等等。和 Quilts of Denmark 案例一样，Curana 的首席执行官德克·韦恩斯也是一位口才极佳的人，他经常在研讨会和其他各种会议上阐述设计、企业家精神和开放式创新。这些活动有助于公司获得更大的国际知名度和作为顶级设计企业的强大声誉。

散热器公司 Jaga 是另一家从其他角度诠释如何打造公司声誉的例子。首先，Jaga 经常与阿纳·奎兹、约里斯·拉曼等建筑师、设计师、艺术家合作。这种与创造性人物的深入交流给公司带来了源源不断的新颖想法。第二，Jaga 的各种产品获得了不计其数的奖项。例如，Playradiator——一种用于孩子房间内的彩色散热器——于 2011 年获得了亨利·范德维尔德设计奖。英国纽伯里新建的圣巴塞洛缪学校使用了 Jaga 的安装有低水位热交换器的 LST 散热器。2011 年，这所学校赢得了著名的"绿苹果环境奖"中的建筑奖。另外，Jaga 参加了在内华达州黑石沙漠举办的火人节等多项活动。2006 年，Jaga 公司由首席执行官简·克里克斯领导的比利时华夫饼项目赢得了"最佳艺术装置奖"。这些奖项说明小企业完全可以提升创造力、技术水平，将产品的可持续提升到出色的水平。这些奖项一旦融入小企业的销售战略中，就能够驱动企业发展，增加企业利润。

Jaga 的成功与简·克里克斯积极创新、不因循守旧、深受大家欢迎密切相关。作为 Jaga 的所有者，他组织了大量极具创新意义的项目，成为国内外知名的创新偶像。他也因此先后受邀参加多个会议并作为嘉宾发言，阐述他关于创造和企业家在企业界应扮演什么角色的争议性看法。克里克斯还被一些国际创新管理组织任命为评审委员会成员，这些组织包括"欧洲设计管理奖"评选委员会。这一奖项颁发给运用设计为客户创造价值、深谙商业化产品设计的欧洲企业。当某位企业主管成为创造和创新偶像时，他就成为了开发新商机的另一项资产。

在打造企业品牌方面，Jage 绝对不同寻常。不过，这也说明了创新文化对于推动企业发展是多么重要。2010 年，公司因为原材料价格，尤其是铜的价格迅速上涨而面临亏损境地。面对这种形势，大多数公司缩小了创新和创造性实验的规模。Jaga 管理层团队打算裁掉一部分员工，但克里克斯作为企业所有者不愿意这样做。他辞掉了一部分高层管理人员，将公司塑造成一家结构扁平化的企业。他的想法是建立 25 个小型利润中心，授予它们较多的自主决定权，鼓励它们提升创造力，以客户为导向。2014 年，经济危机仍在持续，公司不得不解雇一部分员工，但是克里克斯不愿意大批裁员，他认为员工身上蕴含着丰富的技术知识和创造性，是公司的宝贵资产。在经济不景气时保护员工还有一个好处：可以增加员工的忠诚度，让员工队伍为了企业发展更努力地工作。公司经济状况好转后，即使大企业用高薪挖人，Jaga 员工的离职率也一直很低。

3.5 关键要点

（1）成功的中小企业不会一劳永逸地坚守一种商业模式。它们会不断**探索**新的商业模式。每一种新的商业模式的建立都是在前一种商业模式的基础上强化，提升其价值主张和盈利能力。这是一个**路径依赖的过程**，因为只有当前一种商业模式全面实施之后，彻底改变这种商业模式，提升其盈利水平的机会才会被发现。在商业模式创新方面，分析规划未来发展道路存在太多的不确定因素。中小企业应循序渐进，一步一个脚印地调整商业模式。

（2）商业模式创新的目的是创造更多价值，增加利润。有时候，进行多方面调整才能增加利润。前面强调过，创新的中小企业可以通过增加**控制节点**和**提供独特的产品或服务**来提升利润水平。在 Curana 案例中，公司获得了用以实现与竞争对手差异化的多个控制节点。另外，它的自行车配件很独特，使用了其他任何竞争对手都无法模仿的新颖设计和新材料。

（3）如果企业在当前市场上面临严峻问题，它就会寻找解决这些问题的（技术）方案。针对新技术**发现新的应用**是一个缓慢的过程，它往往是在这项新技术被开发出来并商业化了一段时间之后才出现的，而且往往是意外出现的。

（4）小型创新型企业不容易进行多样化经营。它们一般会坚守先前的市场、客户群体和合作伙伴。多样化经营需要企业从零开始打造声誉，开发新客户。

（5）开放式创新网络帮助企业用全新的方式为客户创造价值，但也会将企业捆绑在现有的创新伙伴和客户上。**创新网络可以扩展企业能力，但同时也对企业有所约束**。

（6）小企业必须使用相对廉价但正当的方式来打造强大的声誉或品牌。这些方式包括认证、奖项、会议演讲、媒体报道、借助大型合作伙伴的声誉，等等。

4

中小企业怎样通过开放式
创新创造和捕获价值

在前面几章里，笔者探索了中小企业怎样通过调整商业模式提升长期竞争力，但没有讲到创新合作伙伴在推动或支持这些调整中扮演的角色。在本章，笔者将分析中小企业怎样运用开放式创新开发新的商业模式。商业模式创新对于想要提升竞争地位的中小企业来说至关重要。[①]商业模式在开放式创新中扮演着中心角色，因为持续从合作伙伴那里引入创新技术或与合作伙伴协作可以为焦点组织增加价值。[②]但是，当前的商业模式文献只将合作关系局限于外包协议或收购某类资产。因此，现有文献的一个重要缺陷是没有分析**开放式创新、与外部合作伙伴协作怎样为中小企业的商业模式创造价值**。

商业模式说的是中小企业怎样为某个特定客户群体创造价值和它怎样捕获这些价值中的一部分。开放式创新使用员工中善于创新的那部分人创造和捕获价值。首先，笔者将分析被采访的企业怎样与创新合作伙伴共同创造价值。其次，笔者将分析与这些合作伙伴的协作怎样帮助中小企业通过使用合作伙伴的关键资产、资源或地位来捕获更多价值。接着，笔者将集中阐述中小企业创新合作伙伴网络的管理。创造和捕获价值从来不会自动完成，只有当中小企业牵头组织和管理创新网络时，价值才会实现。最后，笔者将介绍一些解决问题的方法，比如小企业如何摆脱对与提供技术者签订的知识产权协议的依赖。

4.1　中小企业怎样通过开放式创新创造价值

本书中介绍的小企业都与创新合作伙伴共同创造价值。一些小企业有充分的理由与多个合作伙伴合作开发，并将新的商业创意商业化。开放式创新文献在大量介绍大企业如何开放其内部研发实验室的同时，没有介绍小企业如何用开放的方式寻求创新、寻找新商机。小企业没有独立开发技术的能力和财务资源，往往受到资金少、专业员工缺乏、创新组合小等问题的制约，创新的风险难以稀释。中小企业必须依靠创新网络物色它们所需要的创新资源。现在，开放式创新比以往任何时候都更加重要，因为技术越来越复杂，产品生命周期越来越短。当前，由于存在互联网和其他数字通信技术，小企业往往更容易找到、联系到外部技术中心并与之合作。

中小企业创新通常有如下典型障碍：财务束缚、竞争对手抄袭、知识产权保护能力欠缺、生产设施和分销网络等互补性资产的缺失、一流设计方案和制造技巧的欠缺、技术落后、缺少对产品进行专业商品化的管理能力。[③]因此，小企业用各种方式进行开放式创新也就是自然而然的事了。但是，*问题主要是：它们怎样通过开放式创新来创造价值？* 中小企业怎样与其创新合作伙伴通过创新为客户创造价值？

为了发现针对某一客户群体创造价值的新形式，小企业应该寻找"价值驱动器"即价值创造的源泉。小企业应该提升商业模式调整带来的价值总和。例如，减少客户的材料成本（Isobionics）、提升时间效率、解决问题（DNA Interactif Fashion）、增加客户产品或服务的吸引力（Curana、DNA Interactif Fashion）、增加新的功能和情感价值（Quilts of Denmark、Curana 和 Jaga）。在每个案例中，中小企业都需要与其他组织建立强大的合作伙伴关系，共同开发新产品或新服务。由于财务上的制约因素及技术能力欠缺，笔者采访的那些企业都需要与具备互补性技巧或资产的合作伙伴共同合作。

中小企业与哪些合作伙伴合作，在很大程度上取决于这家中小企业现有的知识基础和它想要开发和商业化新产品或新服务所需要的技巧。笔者研究的大多数中小企业非常依赖价值链合作伙伴和一些知识合作伙伴，比如大学、研究实验室、知识中介等。这种对价值链合作伙伴严重依赖的一个原因在于大多数中小企业属于低技术和中技术行业。在这些行业里，创新往往是发现新市场机遇的结果，技术推动起到的作用很小。中小企业着手开放式创新之初都有一个关于如何更好服务客户的新理念。在一些案例中，客户自己发现了问题；而在其他案例中，企业家发现了新理念。

更为激进的创新要求将更多的新合作伙伴引入创新网络。DAN Interactif Fashion 就是一个例子。赫博·费恩劳考虑彻底颠覆顾客购买时尚产品的购物体验，进而考虑颠覆传统的店铺设计。该企业必须与多个合作伙伴合作，共同开发两种基本技术（展示技术和3D扫描技术），让虚拟购物成为可能。除了很多技术提供者外，DNA Interactif Fashion 还要和时装零售商、时尚行业的其他机构合作。因为最终产品是一种集可视化、3D扫描及其他不同领域于一身的解决方案，所以 DNA Interactif Fashion 与很多战略合作伙伴合作，共同建立了一种新型的虚拟购物和"试衣"体验。这一创新取代了很不方便或尴尬的试衣过程。不过，由于很多合作伙伴先前从来没有涉足过时尚行业，因此这一协作没有那么顺利。

同样，Quilts of Denmark 极大地改变了被子行业。消费者不再将该公司与传统的被子生产企业相提并论。Quilts of Denmark 将自己定义为优质睡眠提供者，开发出一套使用 PCM（相变材料）技术的功能性被子，将睡眠专家的宝贵意见与能够改善睡眠的 PCM 技术结合在一起。起初，公司创业者只有一个简单的想法——提供优质睡眠有助于发现新的商机，但公司的创业者（两位创业者都在被子和枕头行业具有20多年的从业经验）不知道"优质睡眠"意味着什么。因此他们拜访了丹麦医院（如哥本哈根大学的格洛斯楚普医院）里的一些知名的睡眠研究机构。在这些睡眠专家和理疗师的帮助下建立了一个顾问小组之后，他们发现，在临床医学上，睡眠问题是现代社会的一个重大问题。他们还了解了睡眠治疗会对人们的生活产生什么影响。顾问小组给出的结论是，公司应该专注于控制被子里的温度，这是十分影响睡眠治疗效果的因素之一。一旦将目标确定为减少被子里的温度变化，将被窝变成一个"舒适区域"之后，接下来要做的就是寻找正确的技术。最终，公司发现了相变技术。该技术最初由三角研发公司1988年为美国航空航天局开发。Quilts of Denmark 的创立者之一汉斯－埃里克·施密特联系了美国国家航空航天局，后者让他去联系 Outlast（一家智能纺织品解决方案提供商）——这一技术的许可持有人。

Quilts of Denmark 必须解决两个技术问题。第一，Outlast 使用的材料很硬，不适用于被子和枕头。这里的难题是如何在被子和枕头中加入相变材料，而不会影响被子的柔软和蓬松程度。Outlast 和 Quilts of Denmark 合作开发了一个解决方案，将 PCM 封装入很小的微胶囊里。这些微胶囊里装满了一种特殊的蜡。这种蜡能够根据周围温度吸收和释放热量。每块被子的布料上含有数百万个可以相变的微胶囊。微胶囊不但可以喷涂在布料的表面，还可以在被子加工过程中被注入被子的纤维中。由于 Outlast 是这一项目的技术伙伴，因此它的技术能力对于开发这种微胶囊至关重要。

第二，Quilts of Denmark 必须开发出正确的微胶囊组合。在人处于睡眠状态时，最理想的环境温度是 28 ~ 30℃。[④]升降温的速度和最终温度可以通过特定比例的微胶囊组合来实现控制。根据化学组成的不同，不同胶囊里的蜡的熔点也不相同。Quilts of Denmark 使用临床医学方面的知识来开发微胶囊组合，为人体提供最佳的温度环境，让被子内的升温和降温不会太快，以保证舒适的睡眠。Quilts of Denmark 尝试了各种微胶囊组合，在医学专家的帮助下对样品进行对照和测试。最终，第一批功能性被子 TEMPRAKON——在 PCM 技术与睡眠舒适度方面的医学专家的深入洞见的帮助下，获得了成功。通过广泛联系与床上用品行业没有任何关系的合作伙伴，Quilts of Denmark 得以推出被子市场上的高溢价产品。

开放式创新对于 Curana 实现商业成功也很关键。没有外部合作伙伴的协作，自行车配件生产企业不可能在 1999 年实现甚至开启战略大调整。该企业寻找新的理念，开发其生产系统，不过它迅速建立了一个广泛的创新网络。最终，每个合作伙伴都对这一行业的创新动力做出了贡献。为了开发和生产 B" Lite —— Curana 的第一款设计时髦的挡泥板——这家企业仅与 Philipili、Anziplast 合作。Curana 还采用了 VKC（一家专门从事新材料开发的法兰德斯知识中心）的技术专长。后来，公司与很多供应商、设计社区、知识中心的客户建立了密切的合作关系。

与外部合作伙伴合作拓展价值链的长度（从设计、生产到销售），让企业意识到不与合作伙伴合作就无法发现的新机会。开放式创新是 Curana 的直接战略结果：采用率先主动占领市场的新理念，企业必须站在开发新产品、使用新技术和新材料的前沿。相应地，Curana 也要开发依靠一己之力无法开发的理念，要根据公司内部没有的技术从外部寻找合作伙伴。开放式创新的优势也很明显：简单来说，合作伙伴具有更多的知识，可以更快地提供成果，可以开发出高度创新的产品，大家可以在技术和专长方面实现优势互补。通

过合作，Curana 可以以更低的成本获得快速发展。另外，Curana 的创新网络
让它能够获得巨大的知识和专长"池子"，而这一"池子"可以转化为一流
的客户解决方案。对于加快创新过程，融合新设计与新材料来说，创新网络
是一个功能强大的工具。在这方面，Curana 的创新网络树立了一个很好的榜
样，让人们知道，即使是 Curana 这样的小企业，与创新合作伙伴合作也会获
得可持续的竞争优势。这一案例还说明了创新网络如何才能成为创新的焦
点：⑤Curana 创新网络的创新能力不仅扎根于网络成员个体的能力和技巧，还
来源于它们作为合作伙伴的合作方式。它们相互了解，相互信任；它们在共
同开发新产品过程中建立了一个成熟规范的流程，因此能够用比竞争对手更
短的时间开发和推广新颖的设计和产品。这种方法还催生了相较于独立开发
大多数产品的竞争对手而言更为出色的结果。这种创新方式还很难模仿，因
为利用创新网络成功是一个需要长期学习的过程，需要公司深谙网络管理之
道（参见第 5 章）。

Jaga 展示了中小企业通过开放式创新创造价值的另一种方式。公司一开
始就提出了一些提升公司创新水平的简单想法：用两座独立的房子来模拟所
有气候条件，计算供热时间和成本，形成被称为"Jaga 体验实验室"的检验
室。该实验室向科学家开放，供他们进行有关气候模拟的个人研究。通过向
科学家开放实验室，Jaga 与科学家建立了联系，在其他同行之前了解有潜力
的新技术，进而占据了有利的竞争位置。体验实验室让 Jaga 得以接触有潜力
的技术，其中包括可以用来开发二氧化碳排放量很低的散热器的技术。这种
与全球科学家的协作也催生了与世界各地建筑公司的协作。另外，潜在客户，
如建筑公司、供热系统的安装公司也可以测试 Jaga 生产的散热器并与市场上
的竞品进行比较。因为 Jaga 在节水、二氧化碳低排放领域拥有多年经验，所
以大多数实验的结果表明，相对于竞争对手的产品而言，Jaga 的产品在这两
方面更胜一筹。

Jaga 还探索了有关刺激员工、外部合作伙伴积极性的措施。2007 年，公
司推出了 Jaga 产品节。Jaga 鼓励公司员工、供应商针对未来 Jaga 的产品提出
自己的创意。这里没有预设的限制：这些创意也可以与散热器无关，只要和
供热方案有关就行。参加者必须在六个星期内发明、创造并在一张纸上展示

自己的产品原型或产品创意。在最后的大赛上，参赛者分为职业设计师和非职业设计师两个小组，由评委对提交上来的产品创意进行评估和授奖。组织者还为非职业设计师提供了额外的技术资源和指导。虽然通知的时间很短，但组织方还是收到了 119 个创意，其中的 49 个来自非职业设计者。多个评估小组对提交上来的原型产品进行了评估：每个进口国都有一些代表参加产品节，就相应产品在他们国家的销售潜力进行打分；研发部门根据设计、技术、创造性进行打分；公司管理层根据产品在（不久的）将来的销售潜力和生产上的可行性打分。

产品节上最受欢迎的创新是一款对已有散热器做出重大改进的样式简单的产品。Strada 散热器顶上有一个仪表板，用户需要定期将它拆下，清洁里面的电池或是更换氧气过滤层。在取下仪表板的时候，大多数人会使用螺丝刀，进而损坏机器的油漆表面。公司根据产品节上的一个创意，给机器上安装了一个很小的弹出装置。这样，用户就可以很容易地拆下仪表板，而无须使用工具。这个装置在按下后一点也不起眼，但是在弹出后就可以当作把手用。另一个值得一提的项目被称为"Play"，这是一个"儿童友好"的散热器理念，这款散热器的部件是彩色的，可以随意拆卸，改变设计方案。这款设备还做到了"用户友好"：发烫的部件被设计在设备内部，孩子在摆弄该设备时不会被烫伤。

产品节是一种竞赛模式和工具，它以极低的成本极大地释放了公司内部的创造性。这种活动简单易行，任何企业都可以组织，但是，只有当个体的创造性对于企业竞争力具有决定性影响时，这种方法才有效。这一办法与 Netflix（网飞）、IBM、L'Oréal（欧莱雅）、LEGO（乐高）等企业组织的众包或竞赛异曲同工。⑥不过，依托囊括了供应商、艺术家、客户和最终用户的在线平台，企业可以将产品节理念延伸到（外部）众包活动中。

医疗部门是一个监管很严的部门，小企业根本无法依靠自己的力量给该部门引入创新的理念或产品。因此，一家比利时家具生产企业的首席执行官简·范·赫克建立了 PRoF。这是一个由 30 家医疗部门的供应商、300 家医疗组织组成的联合体。虽然 PRoF 合作为客户创造价值，但是其价值创造流程很难和 Curana 或 Quilts of Denmark 相比。后者建立了典型的"生态系统"，为特定客户开发和商业化创新产品或服务。⑦相较来说，PRoF 预见了创新的想法，知道未来的老年人病房或住所应该是什么样子，这是一个源于病人体验的以病人为中心的联合体。我们从个人经历知道，我们不会把医院与宾至如归的感觉联系起来。以其第一个项目，也就是未来病房为例，PRoF 源于病房应该以客户为中心这一理念，通过一系列关键词对这一理念进行了分析：应该怎么改变病房来为所有利益相关者提供价值。在这个案例中，利益相关者是病人、护士、医生、病人家属，等等。

PRoF 的设计遵循一条原则：能够随着病房理念的发展而发展并且与所有利益相关者关系融洽。这样，PRoF 被设计成大小两个联合体。小联合体由可靠的建筑设计师、室内装修师、病床生产企业、护士呼叫系统等组成。2015年，小联合体由 30 家生产企业组成。这些生产企业都能够提供独特的、对于开发病房新概念而言不可或缺的产品或服务。这些成员在这个项目中有商业利益，它们进行了投资。大联合体则包括了用户群体，比如护士、医院管理层等。2015 年，大联合体有 300 名成员。

小联合体发轫于大联合体第一次开会时提出的 20 个关键词。这些关键词由大联合体中具有丰富医疗领域从业经验的成员提出。小联合体运用这些关键词设计并实现了一个新的病房概念，将它转化成为一些具体的产品和系统。大联合体的会议经常对这一概念进行检验和跟踪。企业吸取客户群体的反馈，经常对产品进行相应完善。最终的概念病房完工后，向媒体和公众展示之前，先向大联合体成员展示。

例如，护士抱怨自己只有 50% 的工作时间花在真正的护理工作上，其他时间都被管理事务和其他任务所占用。小联合体获知这一反馈后，在运用智能监控和通信系统建立 IT（信息技术）系统过程中考虑了这一问题，最终增加了护士真正做护理的时间，减轻了病人对护士的依赖。

一年之后，新病房建成，2010 年 7 月 1 日开始向医疗社区进行展示。小联合体里的生产企业为病人和用户群体创造价值的方式，是它们作为个体生产企业无法实现的。医院市场属于契约市场，法律法规很严格，几乎没有创新的空间。PRoF 联合体可以让成员不必考虑法律法规，而是用创新的思维来看待病房，考虑如何大幅增加病房为所有利益相关者创造的价值。所有产品和服务的创新必须与这一新的病房概念相一致并融于后者中，后者来自于亲身体验过病人和病房的那些人在总结他们面临的巨大挑战时给出的关键词。将不同产品和服务融入一个新的病房理念，还意味着这些产品必须相互契合，能够让病房条件实现显著提升，而且能够在病房中展示产品的用法。

概念病房提供了一个平台，用户群体可以借此共同打造医疗部门的未来。概念病房体现了生产企业和用户群体合作创新的力量，它通过各方协作逐步建成。这种协作和逐步建设过程本身就是创新。打造概念病房没有商业目的，因为这些用户群体反对商业运作：如果概念病房能够将这些用户群体的想法融合在一起，用户群体就可以实现自己的梦想；如果让商业思维污染了概念病房的开发，肯定会破坏用户群体的良好初衷。小联合体的 PRoF 成员也组织商业活动，但与病房概念的开发完全分开。相较于个体生产企业强力兜售产品或器材，这种方法在为客户创造价值方面是一个标志性变化。

案例研究 6：PRoF——以客户为中心的大联合体中的开放式创新

20 世纪 80 年代以来，简·范·赫克一直担任一家位于波佩林赫（比利时）的名为 "Boone International" 的家具生产企业的总经理。他意识到，要想保持企业竞争力，就必须多样化经营。随着政府在医院和医疗方面投入的增加，他意识到，医院家具市场是很有商业前景的。虽然这是一个监管严格的契约市场，但范·赫克成功地进入了这一市场。从此，Boone International 逐步拿到了为比利时医院和养老院提供家具的大合同。在与众多医院供应商的合作过程中，范·赫克注意到，供应链上所有企业都在依靠自己的力量独自创新。因为在这个监管严密的市场中，每家企业都面临着同样的阻碍创新的政策限制，所以这些孤立的创新努力往往无法实现真正的成功。

为了克服这些限制，范·赫克着手于 2009 年建立了一个由生产商、建筑设计师、用户群体、大学、护士、护工和病友会组成的联合体。他联合多个创新的具有互补性的医疗部门供应商建立了一个供应商群体，目标是每年合作开发一个创新项目。这一群体是一个以用户为中心的联合体，医疗领域的需求是这一年度项目的重要考量。该联合体于 2009 年，在来自不同组织的 12 位代表参加的一个头脑风暴会议上推出。与会者各抒己见，指出市场存在的问题并提出了解决方案中应该具备的关键元素。确定这一群体的身份是一个系统的过程。开始的时候，该群体专注于针对医疗行业的新技术应用。虽然目的是以用户为中心，但是该群体仍旧是以产品和技术为导向。群体成员全面了解了各方面的信息之后，才提出了"病房"这一创意，同时也提出了"PRoF"这一缩写词（Patient Room of the Future，未来病房）。联合体运用"病房"这一中心主题为参与者共同构思医疗行业的新应用，始终将用户需求放在重要地位，提供了一个实用的平台。合作过程的价值在于参与者可以互相学习，彼此提供不同方面的专业知识。

PRoF 项目建立在集中的跨领域研究基础之上。该团队的一个目标是发现医院病人的需求和问题。医疗行业不断面对由病人、护工、探病者提出的各种问题。病人想要更多的隐私、自主权和自由选择权。护工和探病者不仅想要照顾病人，还希望医院能够提供让他们陪在病人身边或在病人身边休息的基本设施。另外，医院医护人员还面临着每天病人越来越多，病人住院时间越来越短，需要提高工作效率等困境。当时，PRoF 的目标是在 2010 年之前设计一个病房的改进版，在 6 个月内将这一概念成果展现给公众。

简·范·赫克强调合作伙伴之间相互信任的重要性，营造了一个开诚布公、精诚合作的氛围。他将合作团队分为两个联合体（见图 4-1）：一个是成员较少的执行团队（小联合体）；另一个人数较多，被称为"智库"或大联合体。这种划分是有必要的，因为小联合体要赚取利润，而大联合体中的医疗体系的参与者关心的是病人和老人的福祉，赚钱是其次的。两个联合体之间的互动依照不同阶段来进行：最初由大联合体（用户）发出"头脑波"（突然的奇妙想法），结构化的头脑风暴过程可以产生大量关键词。小联合体中的建筑设计师可以通过这些关键词来开发初步的概念病房。用户可以提出关于这一概念病房的反馈。小联合体的成员共同合作，将这一病房变为现实。接下来，小联合体将这一病房初次展示给大联合体成员，大家共同进行讨论，最后展示给公众。

两个联合体内部都不分上下级。其理念是：所有合作伙伴对于创新过程都同等重要，有同等的决策权。据范·赫克说，经常有合作伙伴提出反馈。

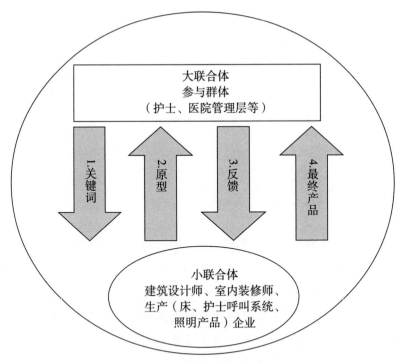

图 4 – 1　PRoF 联合体的结构

决策是大家一起讨论和反复斟酌的结果。范·赫克因为牵头管理这一联合体而承担了领导者的角色。作为协调人，他召集合作伙伴，安排会议，确保每个人都被邀请到。他还安排了严格的日程表，确保项目能够按时推进。通过这种方式，团队成员每次碰头都能目睹项目进展。这继而激励大家畅所欲言，全身心地投入这个项目中。

范·赫克坚持，除了这些琐碎的协调管理任务外，联合体是一个自我管理的组织，所有成员都积极主动地在限期内完成任务。这种自我管理建立在大量不成文的规则上。例如，小联合体成员的产品或服务必须相互补充以避免竞争。大小联合体规模上 9∶1 的比例保证了 PRoF 中非营利思维占主导地位。创新规则规定，各生产企业必须参与每个新型概念病房的开发。这一规则确保了小联合体中每个成员的深入参与，因为生产企业如果不参与概念病房的开发，就会被联合体外的竞争性公司取而代之。市场引入规则规定，小联合体成员必须在项目推出之后的六个月之内将它们的创新引入市场。这一规则确保 PRoF 项目不只是一个展示项目。

到了 2015 年年底，联合体开发出四个概念病房。2010 年 7 月 1 日，在波佩林赫（比利时）举办的一次大规模的公共关系活动上，未来病房概念被介绍给 Boone International。众多建筑设计师和室内设计师设计了一个概念病房，为病人和护工的需求提供解决方案。其结果是一个有家的温馨感，同时拥有多项最新技术创新的现代病房。2010 年成功推出了未来病房（PRoF 1.0）之后，合作伙伴再次合作，开发一个新项目，即未来个性化住房（PRoF 2.0），它的目标用户是老年人。这一想法来自这一认知：医疗部门面对的老年人越来越多，医疗设备无法满足不断增长的需求，而且政府提供的财政支持有限。2011 年 7 月，联合体展出了第二个项目，向人们介绍怎样调整生活环境来满足老年群体的特殊需求。PRoF 日渐受到欢迎，项目开发成了一个停不下来的过程。2012 年，联合体推出了 PRoF 3.0：未来个性化护理病房；2014 年，推出了未来病人康复病房。自从 2013 年起，联合体发布创新病房的同时还举办了一年一度被称为"主题日"的活动。在这一活动上，领先的科研机构、建筑设计师、创新医疗机构的董事、联合体成员纷纷发表对未来医疗产业的看法。

PRoF 在成立初期的六年里发展迅速。2011 年，联合体中合作伙伴成员超过了 60 个，2015 年超过了 300 个，其中包括 30 家生产企业。2014 年 3 月，PRoF 第一次派成员在德国汉诺威举办的国际老年护理保健用品设备展览会介绍产品。汉诺威之行非常成功。PRoF 获得了 2014 年老年人护理创新大奖。

然而，PRoF 的成功和发展也带来了一些问题。企业发展要求企业扩展资金来源。到目前为止，小联合体的所有成员都贡献了会员费。PRoF 打算向国外扩张，可是无法确定应该走一条什么样的国际化道路。随着 PRoF 日益专业化，仅靠增加概念病房已经不足以继续维持大家的创新热情。PRoF 开始设法拓宽创新领域和创新方式。例如，2014 年，联合体设立了第一个 ProF 教席，以此增强与学术界之间的协同，系统化地应用新的学术观点。与学术领域建立密切联系是获得新观点，用专业化方式解决医疗部门问题的一种有趣方式。作为这项措施的一部分，联合体给自己提出了一个挑战：举办 2015 年 PRoF 大奖赛。联合体接受老年健康领域（医疗、护理、老年群体等）的所有创意。

联合体表示要继续举办 PRoF 大奖赛。通过与知名大学共同组织活动，PRoF 可以从国外，甚至在全球范围内，寻求新创意。

PRoF 还微调了自己的头脑风暴方法，将它包装为"PRoF 思维路径"。这一方法在医疗部门之外的领域充分验证过，对于志愿项目很有效。例如，PRoF 成员发现，借助几个关键词，有人就可以评估出一个人对于做志愿工作的意愿有多强烈。2014 年 11 月 5 日—6 日，在比利时召开的"世界创意论坛"（Creativity World Forum）上，组织者在 2200 位嘉宾身上检验了这一方法。

4.2　开放式创新怎样捕获价值

4.2.1　开放式创新怎样提升盈利能力

为了盈利，参与开放式创新活动的企业不但要为其客户创造价值，还与他的开放式创新伙伴创造价值。只有在小企业能够创造出更多利润的时候，开放式创新才有意义。开放式创新可以通过不同的方式提升企业盈利能力。小企业可以将自己的技巧与其他企业、机构的能力结合起来，去开发依靠一己之力无法开发的新产品。Jaga、Curana、Quilts of Denmark、PRoF、DNA Interactif Fashion 的案例说明了自身资源有限但拥有创新网络的小企业可以怎样开发出受客户青睐的一流产品或概念。它们这样做不但能开辟出自己的市场空间，还能提升价格和净收入。

开放式创新活动会产生额外的费用，因此需要考虑创造出额外的收入。开放式创新的成本包括寻找合作伙伴、与它们建立战略关系的成本。技术协作意味着相较于内部研发而言更多的沟通、交流和对话。如果涉及知识产权的话，企业还需要花费成本和精力来谈判知识产权所有权和许可协议、保密协议（NDA）以及其他法律协议。

实施开放式创新的中小企业可以以高效利用通过其他方式难以利用的财务资源来加快增长、减少投资成本。如果小企业和大企业或知名大学、研究机构一起合作创新的话，就会容易从当地、本国政府或外国政府取得拨款、补贴或贷款。利用合作伙伴的声誉效应，即所谓的"光环效应"，企业可以有效减轻开发新业务的资金压力。Isobionics 是一个很好的例子：通过与帝斯曼公司的合作，Isobionics 很快就得到了建立和迅速扩展公司所需要的资金。Dingens Barometers& Clocks、Curana、Devan 在获得政府机构的研发拨款方面，都受益于合作伙伴的声誉。

PRoF 则是一个特殊的例子，生产企业组成的联合体不愿意政府拨款，因为那样会限制联合体选择战略方案的自由。联合体成员每年缴纳会费，用实物捐助来开发概念病房。会员都不会就投入的时间向 PRoF 索要报酬。

开放式创新如果获得成功的话，还会带来另一个收获。协作创新会催生价值很高的知识产权，而知识产权又可以商品化，促进合作企业发展。以 Curana、Jaga、DNA Interactif Fashion 为例，在创新连续获得成功，公司获得知名度和声誉之后，这些公司开发了自己的品牌。反过来，引入创新产品，开发（公司）品牌，可以增加公司的价值。因此，根据具体情况成功实施了开放式创新的小企业往往是私募股权企业和大企业青睐的收购目标就不令人意外了。例如，2013 年，Devan 被比利时私募股权投资者收购。2014 年，帝斯曼在 Isobionics 中获得了大多数股权，由此获得了将来收购小企业的选择权。通过许可方式从大公司获得某项技术，然后用这项技术成立初创企业，可能成为帝斯曼将来的一项新业务。

4.2.2　捕获价值的具体战略

笔者在 4.2.1 里泛泛地介绍了一些小企业怎样从开放式创新中捕获价值。现在，笔者将详细介绍这些企业可采用哪些具体战略来从开放式创新中获利。

一些企业通过做真正的创新企业，**站在市场前沿来赚取利润**。例如，Devan 建立了技术合作关系，与合作伙伴一起开发具有新功能的纺织化学产品。这家小企业开发出了售价很高的全新的化学产品。由于该产品是与研究机构和纺织行业的领先公司合作开发出来的，因此，Devan 可以通过强大的专利组合、有关纺织行业的丰富经验和知识来保护自己，让自己能够在竞争对手开发出廉价的模仿产品之前的许多年里，稳稳地从创新产品中赚取高利润。合作开发出来的创新技术申请专利前需要拟定有关知识产权共享的规则。这一点必须提前讨论清楚。与价值链上的合作伙伴建立密切的关系还催生了作为"商业秘密"受保护的创新技术，进而让 Devan 在更长的时间里拥有这项创新技术的独占使用权。

在竞争对手的同类产品将某些产品价格拉低，抢走市场份额之后，Devan 就会主动停止销售这些产品。需要强调的是，Devan 与技术研究机构的合作以及与领先客户的合作，是该公司能够持续赚取利润的重要因素。与拥有先进技术、纺织企业深度知识的技术合作伙伴合作，是 Devan 成功的关键因素。竞争对手如果要跟上 Devan 的创新步伐，就必须建立一个类似的合作伙伴网络，拥有一个具体观念、一个 5~10 年的开发期限。总体说来，网络化创新很难抄袭，这也就解释了为什么 Devan 能够在长达二十多年的时间里领先竞争对手。

通过开放式创新，企业可以从生产同质化产品过渡到生产差异化产品，提升盈利水平。Jaga、Curana、Quilts of Denmark 在这方面走得更远。它们认识到，向客户提供前所未有的体验是很有前景的战略，实施高定价的空间很大。2000 年，Quilts of Denmark 创立者在启动这类项目之初，坚定地认为，如果能给被子增加新的功能，为顾客提供优质的睡眠体验，就可以把产品卖出高价格。最初，他们发现，很多人睡眠不好，提供"优质睡眠"体验可以成为一个吸引力很大的销售噱头。驱动客户眼中产品价值的不是产品，而是与产品相关的体验。在一个同质化的市场上，向消费者提供新颖、原创的体验可以在许多年里为企业提供一个有竞争力的市场地位，因为专注于成本的竞争者很难做出 180 度改变，转而开发新颖的高定价产品。不过，新颖的产品并不一定就能获得高定价，尤其是市场上到处是价格的天花板时。被子行业就是一个很好的例子：被子的售价很难突破某个价格门槛，Quilts of Denmark 开发的功能性被子 TEMPRAKON，也是如此。换句话说，进入高价格区域可能是摆脱价格竞争、打造自己的市场空间的一个出色战略，然而，新颖产品的高定价可能会受到价格天花板的限制。

Jaga 是这一战略的另一个例子。这家公司卖的不是散热器而是"价值观"或"体验"。生态友好的散热器受客户青睐，因为这种散热器可以减少房屋或建筑的"碳足迹"。生态友好的散热器和设计独特的散热器拥有某些顾客群体愿意花高价购买的生态友好和造型美观的特点。Jaga 正好具有这样的优势：市场上没有针对设计独特的散热器的价格天花板。不过，Jaga 以 5748 英镑的价格在英国销售 135 厘米 ×272 厘米规格的散热器说明，该公司的目标是小众市场。小众市场和生产方面规模效应的缺乏可能会挤压盈利空间。

Curana 制定了一个类似的战略。它通过开发先进的自行车配件概念来捕获价值。现在，该企业开发了新型的自行车和自行车配件，将骑自行车变成一个独特的生活体验。这样，你使用的产品可以表现出你的个性或你想要成为什么样的人。提供一种独特的生活体验是获得高利润的好办法。

通过专注向顾客提供高度差别化的产品和独特体验，Jaga、Cuaran 和 Quilts of Denmark 成功地避开了同质化陷阱，捕获了更多的价值。因为客户会区分提供原创体验的企业和那些抄袭者，所以竞争对手的效仿很难奏效。[8]这也解释了这些企业为什么不惜巨资打造自己的声誉和品牌。开放式创新在确保这些企业的竞争力优势和盈利能力方面举足轻重：独特的体验只有运用行业外部洞见，推出独特的产品和服务才能实现。例如，Curana 就通过头脑风暴会议，从包括服装行业在内的很多行业获得了很多创意。Curana 通过与设计师、艺术家和研究机构的协作引入了新式的设计和材料。

上述公司还用其他途径来捕获价值。Quilts of Denmark 名为 TEMPRAKON 的功能性被子是该公司与合作伙伴多年密切协作的结果。公司一方面与睡眠专家、理疗师合作，另一方面与专门开发 PCM 微胶囊的 Outlast 合作。开发功能性被子需要运用多个科学领域的各种知识，这一事实为 Quilts of Denmark 提供了一个强大的控制节点：正确运用各种微胶囊的组合提供优质睡眠是一个行业秘密。虽然 PCM 技术的开发者是 Outlast，微胶囊是通过外包生产的，但 Quilts of Denmark 通过生产和销售 TEMPRAKON 获得了相当一部分价值。

Curana 的盈利方式与此类似，不过更为复杂。它从 OEM 过渡到了一个市场地位独特的角色。Curana 开发了新的概念和设计方案，但是它通过销售有形产品来销售这些概念和设计方案。Curana 发明、设计、开发和制造自行车配件。它不再是一个 OEM 或 ODM，也不是一个设计事务所，还不是一个聚合物生产企业。这家企业确立了一个独特的市场地位：通过开发自行车配件，向消费者提供设计和体验。除非竞争对手选择建立和管理自己的创新网络才行，否则 Curana 的这一市场定位很难被模仿。简而言之，Curana 通过重新定义自行车配件供应商和自行车生产企业的关系，为自己开辟了市场空间。随着企业从 OEM 战略向 ODM 战略的过渡，采用先发设计战略和品牌推广战略，Curana 一步步地提高了产品价格。但是，自行车生产企业仍然属于价格敏感型企业，Curana 这样的自行车配件生产企业不能将产品价格定得相较于标准自行车配件太高。另外，后者由大型跨国企业生产，可以通过规模经济降低单位生产成本。

生产企业怎样通过参与 PRoF 获利？PRoF 是一个平台，主要为了推进以下共同为医疗行业提供产品和服务的参与者之间开展对话和互动，这些参与者包括医疗行业（用户）、建筑设计师、室内设计师及来自不同行业的生产企业。第一，生产企业可以直接接触到潜在客户，获得有关护士和医院管理层需求的重要信息。PRoF 是一个用来引入新颖概念的新途径。这是一个成本相对较低的创新方式，因为市场研究已经由大联合体完成了，而且，从概念到原型产品的落实已经由专门的建筑设计师和室内装修师做了。

第二，联合体这个项目可以让生产企业开发高度创新的病房概念。如果生产企业作为一个单打独斗的个体来开发这种病房概念的话，就不会成功。之所以需要合作伙伴，是因为合作伙伴可以在专业技巧方面相互补充（不存在内部竞争），各方面专业技巧的结合能够催生出一流的解决方案。将不同机构的能力汇合在一起，可以获得仅靠一家企业的力量无法获得的新颖创意。

第三，联合体可以让生产企业在医疗社区获得巨大的知名度。未来病房以及之后的三个概念病房在正式发布时向医疗部门做了展示。另外，潜在顾客全年都可以参观展厅里的概念病房。亲自参观概念病房好处很多：参观者可以亲眼看到房间里的诸多产品在广阔背景下的用途以及病人怎样使用这些产品。

第四，企业可以运用 PRoF 的声誉进行国际化经营。2010 年，PRoF 的一些成员作为个体参加了各种展会，它们将 PRoF 的图标与公司图标放在一起。2014 年，在德国汉诺威参加老年护理保健用品设备展览会时，PRoF 的七名成员决定以 PRoF 的名义共同租用一间展台，联合展示自己的产品。这种联合展出和 PRoF 获 2014 年老年人护理创新大奖这一事实让它们在欧洲获得了意外的"曝光度"。

第五，小联合体的成员与更多的知识伙伴、市场合作伙伴进行网络合作。它们可以接触到新的技术，新的产品差异化方式，新的市场和分销渠道。2015 年，PRoF 在比利时的一所知名大学设立了 PRoF 教席，以强化联合体与学术、技术社区的关系，给联合体中的生产企业引入前沿的基于科学技术的创意。

第六，PRoF 通过两种方式对生产企业的利润产生了积极影响：PRoF 可以将整个概念病房卖给医疗基础设施领域的投资者，也可以单个或打包出售病房里的产品。在第一种情况里，PRoF 病房是作为一种概念出售的。不过，出售概念病房需要花费很多时间，这是因为这一市场投资周期比较长。房地产行业的一些专业人士认为，为退休老人建造房间需要花费四年时间，建立一家医院需要花费八年多时间。概念病房的销售可能导致合作伙伴之间的关系紧张，因为与潜在投资者的商业交易是它们共同参与的。在第二种情况下，出售单个产品或打包出售产品可以让合作成员受益。这些作为概念房间的一部分开发出来的单个产品和服务销路很好，能够对该公司的其他产品起到交叉销售的作用。所有 PRoF 成员在经济危机期间（2009～2015 年）都取得了收入增长，而这些行业的其他企业大部分在这期间为负增长。

案例研究 7：Quilts of Denmark——用于优质睡眠的 NASA 技术

Quilts of Denmark（QOD）建立于 2000 年。创立者是索伦·罗格斯塔普和埃里克·施密特。20 世纪 90 年代，生产棉被和羽绒被的企业经济前景很黯淡。产品同质化严重，人们的购买习惯发生了改变，价格成为这个行业内企业相互竞争的主要焦点。零售商越来越专注于价格竞争，挤压小生产企业的利润。结果被子生产企业不得不降低价格，主要靠压低成本竞争。整个行业的盈利水平迅速下降，对投资者而言该行业不再具有吸引力。

在被子生产方面拥有多年从业经验的主管索伦·罗格斯塔普和埃里克·施密特依靠直觉认为摆脱基于价格的竞争可能是一个不错的战略。他们决定实施激进的新战略，开发独特、创新的产品，实现与竞争者的差异化。随着越来越多的客户开始重视优质睡眠，他们认为提供有助于舒适、优质睡眠的寝具是促进企业发展的重要机会。

索伦·罗格斯塔普和埃里克·施密特提出了"优质的睡眠，精力充沛的第二天"这一中心使命，明智地预想到生产和销售高质量的功能性寝具（被子和枕头），大幅提升顾客的睡眠质量。当时，市场上还没有具功能性的被子和枕头：没有一家企业生产出能够大幅提升睡眠质量的被子。要想实现这一愿景，他们必须深入了解影响睡眠质量的因素。于是，他们开始与包括研究机构、实验室、医院、各行业的企业在内的各种组织合作。他们广泛搜集行业外的各种相关信息，深入了解"优质睡眠"的特点。最后，他们联系各方面的睡眠专家，建立了一个非正式的顾问小组，为他们就关键问题提供建议。另外，哥本哈根大学格洛斯楚普医院的睡眠研究所非常支持和欣赏 QOD 的构想。通过这一关系，索伦·罗格斯塔普和埃里克·施密特被介绍给睡眠科学和睡眠药物治疗临床领域的专家。

两位主管开始广泛寻找能够控制被子里的温度，产生理想效果的各种技术。经过各方了解，施密特从一篇有关太空漫步的文章中得知了相变材料技术。这篇发表在《科学画报》杂志上的文章提到，宇航员在太空行走时，暴露在极端的温度波动中（温差高达 80℃[⑨]）。相变材料制成的宇航服能够保护宇航员免受温度巨大波动的影响。施密特发现，相变技术最初是由三角研发公司为 NASA 开发的。他联系了 NASA，得到了对方的积极回应。同时，这家航空机构还与他分享了有关太空和军事技术的一些信息，为的是推进这些技术潜在的民用和商业用途。NASA 还帮助施密特联系了 Outlast。该公司是这项技术的许可持有人。

1991 年，Outlast 从美国国家航空航天局手中购买了温度控制技术的独占专利权，想要将该技术用到公司的商用纤维和纺织材料上。它主要对住宅的绝缘性能感兴趣，因此，它使用的材料不适用于被子和枕头。随着 Outlast 和 QOD 展开合作，QOD 面临的挑战是怎样将这一硬材料变得柔软、蓬松。随着 Outlast 开始意识到该材料在寝具行业的商用价值，该公司决定投入更多时间研究这一技术在纺织行业的应用。两家公司加快了创新过程，强化了合作力度。然而，技术上的挑战仍然很严峻，其中的原因很多。

第一，工程师必须弄清楚怎样将相变材料用于寝具中，同时不影响被子的柔软和蓬松性能。他们开发出了一个解决方案，将相变材料封装入非常小的微胶囊中。这种微胶囊里装着一种特殊的可以吸热和放热的蜡。采用了微胶囊封装技术的相变胶囊非常小，一块布上可以涂覆数百万个（见图4－2）。在微胶囊吸收、存储更多热量时，这种特殊的蜡就会从固态变成液态，当人的体温降到一定程度时，它又会放出热量，从液态变为固态。最重要的是，该产品通过身体与环境之间不断互动来调节被子中的温度，令睡眠香甜舒适。

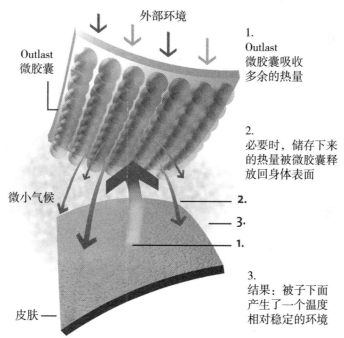

图4－2　在功能性被子中使用的 PCM 微胶囊

资料来源：Outlast 公司网站。

第二，工程师要明白如何设定正确的温度。降温或升温的速度以及最终温度都可以通过控制微胶囊内的混合物来确定。QOD 广泛使用来自医疗专家的知识，来确定理想的温度及适当的温度调控速度所需要的混合比例。QOD及其合作伙伴花了将近两年半，最终开发出了能够商用的可靠产品。

Quilts of Denmark 运用这一技术来加工公司的第一批智能被子和枕头，其品牌名称为 TEMPRAKON（见图 4 - 3）。这一创新产品在 2003 年 9 月德国法兰克福国际产业用纺织品及非织造布展览会上推出。据施密特说，这一产品引起了所有参观者的极大兴趣，TEMPRAKON 迅速获得了市场认可。2009 年，QOD 推出了全系列产品。顾客可根据个人偏好，对四个温度控制模式和不同的填充物及外罩进行选择。美国航天基金会为 TEMPRAKON 床上用品提供了"航天技术认证"标签。这一质量标签让 Quilts of Denmark 实现 TEMPRAKON 系列产品相对于潜在效仿者的差别化。

图 4 - 3　TEMPRAKON 商标
资料来源：QOD's TEMPRAKON 网站。

Outlast 和 Quilts of Denmark 就共同开发的技术达成了广泛一致。它们在协议中商定，QOD 可以通过许可的方式将 PCM 技术用于全球范围内的被子和枕头生产。另外，协议还允许 QOD 在重要的市场（比如斯堪的纳维亚半岛）独占使用其知识产权，并授予 QOD 在某些国家销售被子和枕头的独占权利。在其他市场，Outlast 在与 QOD 协商一致的前提下，通过分许可的方式，许可其他被子生产企业使用这一技术。最后，在将 PCM 技术运用于公司产品中时，QOD 有权保护公司开发的知识产权。QOD 成功申请了关于将该技术用于被子和枕头的多项专利。除了达成广泛协议之外，两家企业还强调，协作和商业化的成功来自它们在长时间交流中形成的相互信任。出现问题时，两家公司的管理层会联手寻找解决方案，因为一家公司出现的问题会影响另一家公司的经营活动和财务健康。

成功推出新产品之后，索伦·罗格斯塔普和埃里克·施密特面临着一个新挑战。他们必须加快生产速度以满足迅速增加的市场需求，在全球范围内销售 TEMPRAKON 产品。为了解决产能问题，为迅速发展的初创企业筹集资金，它们通过分许可的方式将技术提供给其他寝具生产企业，尤其是 QOD 的销售渠道没有覆盖的国家或没有利益冲突的市场。分许可也存在问题，因为公司必须对对方的价格以及高价格产品在对方市场价格体系中的正确地位进行跟踪。

QOD 还面临有关 TEMPRAKON 产品定价的问题。为了实现通过协议与 Outlast 确定的财务目标，QOD 积极与一些大型零售商合作，建立了牢固的基础。为了维持企业发展，克服产品价格下行压力，QOD 设法通过提升品牌知名度提升利润水平。除了获得航天技术认证外，公司还获得了多项创新奖励。

虽然取得了这些成果，被子和枕头仍然是不被人们关注的产品。大多数人甚至不知道任何被子品牌。为了解决这一问题，QOD 设法通过向消费者宣传、培训零售商和店铺主管的方式来提升品牌知名度。QOD 专门研究了一个方法，借助广告预算，培训零售店员，与零售店一起提升品牌知名度。

在被子和枕头业务的积极驱动下，QOD 继续试验新的 TEMPRAKON 产品。为了实现产品差异化，QOD 与设计师合作，改进产品和包装外观。接着，QOD 开发了"终极梦幻床"——"Airborne"产品。公司管理层将这款产品视为与终端建立直接联系、强化 TEMPRAKON 品牌的踏脚石。

2010 年，QOD 和 Outlast 联合开发了技术更为先进的第二代 TEMPRA-KON。这时候，QOD 的生产能力足以让它在全球销售 TEMPRAKON 产品，因此公司通过引入新一代技术来终止先前签订的很多分许可协议。

由于禽流感危机严重打击了羽绒的供应，Quilts of Denmark 在 2011 年~2013 年经历了一段艰难时期，不过，到了 2014 年，公司生产回到正轨。2014 年年末，公司获得了丹麦环保部的大额拨款，资助公司研究如何将 PCM 技术用于循环利用的塑料纤维中。后来的研究成果很有应用前景。运用这一成果，QOD 可以实现携带微胶囊（微胶囊内含有 PCM）的纤维与羽绒完美结合，而无须将微胶囊涂覆在被子面料上。这一项目于 2016 年继续进行。目前公司正在与来自其他行业的几个合作伙伴对纤维进行特殊处理，例如，使用抗菌技术处理纤维。一个独立的部门负责做这些事情：公司一方面生产被子，另一方面开发新技术。2015 年，QOD 已经在功能性被子方面拥有了十多年的经验，拥有了自己结合运用 PCM 技术与纺织品的专利组合。QOD 逐渐发展成为一家技术服务公司。零售商对功能性被子越来越感兴趣，竭力从这一高定价的细分市场中分一杯羹。随着这一技术逐渐成为市场主流技术，QOD 正在将这一温度控制技术提供给一些零售商。

4.3 关键要点

4.3.1 开放式创新是商业模式创新中不可或缺的一部分

小企业其实对开放式创新并不感兴趣。它们一心想的是**怎样对商业模式进行重大调整，以便抓住新的商机，提升盈利能力**。内部能力的缺乏迫使它们寻找创新合作伙伴。小企业的开放式创新不能孤立于大的战略目标之外。具体来说，小企业只有全身心地接受开放式创新，才能真正理解怎样通过合作创造并捕获价值。

4.3.2 创造价值

一般情况下，小企业只有通过开放政策才能抓住新的商机，因为小企业没有独自开发新业务所需要的能力和财务资源。中小企业的创新由于缺乏财务资源、招募专业人才机会少、对新技术的了解落后等原因而受到制约。因此，小企业必须**依靠创新合作伙伴来实现商业模式的重大调整**。**开放式创新是小企业下决心调整商业模式的直接结果**。小企业与创新合作伙伴**共同创造价值**的方式有很多，总结如下。

（1）小企业在很大程度上根据它要实施的新商业模式来选择合作伙伴。类似地，合作伙伴的数量、与合作伙伴合作的程序也是由商业模式决定的。

（2）积极进行合作创新的中低技术行业里的小企业一般与市场合作伙伴或者技术合作伙伴进行合作。这些行业里的小企业发现新的商机（这些商机往往基于市场或客户洞察），就会想到与合作伙伴合作。开发新技术对于实现商业模式而言也许很重要，但对于实现商业机会来说往往是辅助性的。本书中的大多数案例强调企业与市场合作者合作，但 Devan 的情况不一样。这家公司从事纺织行业，该行业一般属于低技术行业，但是该公司的产品组合却要求它与全世界范围的大学、研究实验室合作。

（3）更为激进的商业模式调整是将不相关领域的知识融合在一起。小企业将多个行业和技术领域的专业知识汇聚在一起，而这些专业知识曾与这些小企业所在的行业毫无关联。这方面，Quilts of Denmark 和 DNA Interactif Fashion 是非常好的例子。

（4）开放式创新网络的复杂程度取决于目标客户在价值链中相较于这家中小企业的位置。如果目标客户是直接客户的话，创新网络很可能规模很小，也容易管理。如果目标客户是终端（假如进行创新的这家公司是一家上游企业），那么创新网络至少要囊括所有下游合作伙伴，其中很多合作伙伴不会因为加入这一创新网络而直接获利。在这种情况下，企业很难通过组建创新网络为目标客户创造价值。创新网络越大越复杂，创新的成功对网络管理质量的依赖性越大。

（5）与合作伙伴共同创造价值意味着公司需要进行一些内部安排以最大限度地从外部合作伙伴中获取知识和技术。在很多情况下，这可以通过一些简单的、成本不高的工具来实现，例如 Jaga 的体验实验室和产品节。

（6）作为联合价值创造基础的价值驱动因素可能多种多样，比如，为了帮助目标客户节省成本或时间，或者为了提升产品的功能——或者公司要给目标消费者提供全新的体验。在每个行业，价值驱动因素都可以有多个，并可能随着时间推移发生变化。

4.3.3 捕获价值

本书中提及的中小企业都在与不同的创新合作伙伴合作，为的是在创新的同时获取更多价值。笔者发现，与合作伙伴合作创新的小企业往往可以大幅提升盈利能力。在很多方面，开放式创新有助于实施盈利能力更高的商业模式。

（1）在将技术运用于某个特定产品市场方面，扮演动态领导角色。担任技术的领导者是一个能够带来利益的战略，该战略不仅适用于 Intel（英特尔）这样的巨型企业，而且适用于 Devan、Isobionics 这样的小企业。

（2）远离同质化产品，通过结合多个合作伙伴的专长，提供高度差异化的产品（或原创体验）。虽然客户愿意支付高价格，但是价格天花板可能会制约某些行业的价格战略。

（3）在结合不同领域的专长，开发新产品或新服务的过程中，如果整体解决方案的某些关键部分未落入合作伙伴或潜在效仿者手中，合作就可以给企业带来很有吸引力的利润。这样，只要建立**控制节点**，就可以提高公司利润。Quilts of Denmark、Devan、Isobionics 就是采用这一战略的极好案例。这些公司的资产很少，属于"轻资产"企业，和合作伙伴一起创新，为它们提供支持，不用担心产生竞争对手。

（4）如第 3 章所述，企业可以循序渐进地通过开放式创新提升盈利能力。Curana 三次调整商业模式，每次调整，都能在先前的基础上提升盈利能力。Quilts of Denmark 运用它使用在功能性被子上的技术进步，开发了新的技术服务业务。后来，它利用最近的联合研发项目，实现了新的突破。

（5）PRoF 的案例说明，企业可以通过建立没有直接商业目标的大型创新网络探索新的商业机会，捕获价值。概念病房体现了医疗行业的潜在需求，并且开发概念病房的过程与商业活动完全分开。否则，护士、护工是不会参加该项目的。虽然 PRoF 联合体不直接由销售额驱动，但合作伙伴仍通过多种方式获取价值：通过客户参观展示厅增加销售额，通过 PRoF 产品节和创新奖项来增加知名度，通过联合参加交易会进行国际化经营，通过与大联合体成员协作增加客户洞察。总之，组织一个没有商业目的的联合创新项目确实是一件对企业有利的事情。

最重要的一点是，**从协作中获取价值不能损害合作伙伴的利益**。应该让参加创新网络的每个合作伙伴都有明显收获。如果创新网络不能让合作伙伴感到放心，那么所有参与者的共同价值就无法最大化。在共同项目中，起领导作用的机构应该认真地监督捕获的价值在合作者之间的分配情况。如果你将最肥美的部分占为己有，而只给其他合作者留下一些残羹冷炙，合作关系肯定会产生问题。在这种情况下，合作效率很低，甚至会完全破裂。因此，必须周密管理开放式创新活动。下一章笔者将就这个主题进行讨论。

5
管理创新网络

5.1　管理创新合作伙伴和创新网络

小企业可以在很多方面受益于开放式创新。[①]开放式创新的好处显而易见，但不是只要进行开放式创新，企业就会获得这些好处。管理好与个体合作者关系、管理整个创新合作网络对于成功来说至关重要。牵头合作开发新产品的企业还应负起**组织和管理该创新网络**的责任，即核心企业须多管齐下，以积极管理网络。管理网络的一个重要规则是，核心企业必须让所有加入创新网络中的合作者感受到，**相较于选择终止合作、离开这一网络，选择留在创新网络中，公司的经营状况会有显著改善**。这就需要核心企业采取多种措施。下面，笔者将介绍很多有关成功管理开放式创新的使用规则。[②]

5.1.1　寻找和筛选正确的合作伙伴

只有**选择了正确的合作伙伴**，开放式创新才可能成功，选择合作伙伴很关键。Curana 的德克·韦恩斯表示：

> 管理开放式创新要求你选择正确的合作伙伴，因为合作一旦开始，你们就是一个整体。你们需要患难与共，不能出现问题时只顾自己。因此，你必须能够依赖到实力强大且真正相信开放式创新的合作伙伴。在出现意外时，牢固的合作关系对解决问题十分关键。

开放式创新是一种态度。关键在于共担风险，一起投入时间和资金进行新产品概念开发。从事开放式创新的企业必须选择想要积极创新、共享知识和信息的合作伙伴。所有合作者对于协作、风险承担、义务的态度应该是一致的。只有在合作伙伴具有**相同的增长战略**的前提下，协作创新才会成功。要想让合作创新项目取得成功，创新合作伙伴的创新愿望必须足够强烈，预见的增长战略必须大同小异，这样这种合作才能继续下去，创新网络的利润才会持续增长。如果合作伙伴间的长期共同发展目标存在分歧，就会自动导致彼此的关系严重紧张，最终导致合作网络解体。因此，开始的时候，企业一定要找那些在愿望、时间规划、风险和投资理念方面看法类似的合作伙伴。

考虑到不确定性和长期性，不难想象，企业要想与创新合作伙伴合作成功，就需要企业领导者在合作企业的关键人士之间建立信任和紧密的人际关系。私人关系可以提供一个好处：合作伙伴之间可以节省冗长谈判的成本，避免过程中的争执。小企业没有时间和财务实力去推敲内容详尽的合作条款。对于它们来说，在信任的基础上与战略合作者建立关系的过程就是一个高效地打造人际关系网的过程。但是，私人关系太深也有缺点，如果合作企业中合同的管理者离职或者跳槽，合作项目就可能停滞或受到损害。在这种情况下，想要创新的小企业就必须寻找新的合作伙伴，然后从头开始。为了避免走这些弯路，企业一定要仔细选择合作伙伴，与看好的合作伙伴"谈场恋爱"，深入地去了解对方。

寻找和选择开放式创新的合作伙伴并不是一件容易的事情。一般来说，真正的创新项目都会受到技术和市场不确定性的影响，而且，在协作伊始，商业模式大多数情况下没有最后确定。开放式创新过程中，企业不仅面临着市场和技术因素的不确定性，对合作伙伴的行事方式也不甚了了。合作伙伴的表现是否与你的期望一致？当意料之外的困难出现或者需要增加研发预算的时候，合作伙伴是否能够采取积极措施？合作伙伴是以共同合作的心态行事，还是只想着从协作中捞取好处？是否所有合作伙伴都是长期合作伙伴？合作伙伴是否愿意在研发上投资，是否愿意承担风险？这些不确定性是否意味着开放式创新充满了风险，合作难以成功？可能到最后企业才发现最初感觉非常合适的某个合作伙伴是一个错误的选择。某个合作伙伴可能不具备相关的技能，可能无力承担在合作中应该扮演的角色，员工的流失可能会改变合作伙伴公司的既定方案。虽然这些障碍在开放式创新过程中经常出现，但是它们一般不构成致命打击。在先前的合作伙伴没能解决棘手的技术问题时，Curana 转向了当地聚合物生产企业 Anziplast。同样，DNA Interactif Fashion 后来也不得不转向另一家人体扫描仪生产企业。在这两个案例中，出现的问题都影响了创新过程，但并没有让创新过程停下来。

物色合作伙伴为什么这么困难？部分原因是小企业寻找创新合作伙伴的方式有问题。因为急于推进创新合作，所以小企业在实施新商业模式的过程中，往往采用试错的方式。例如，在尝试过多种技术之后，Quilts of Denmark 发现 NASA 使用的相变材料纯属偶然。DNA Interactif Fashion 经过很多挫败后才发现，比利时（例如，相较于中国）不是检验其既定方案（彻底改变消费者购买时尚产品的流程）的理想地点。

相较于试错模式，理想的办法是基于好的查找计划，当"创新网络体"进行有关创新项目的决策，对备选项进行评估时，③大多数小企业采用"**实验式查找**"探索法。也就是说，它们采用从实验中获得的直接反馈来寻找解决方案及可以提供这些解决方案的合作者。但是笔者认为小企业应该使用"**认知查找**"探索法：在联系潜在合作者之前，它们应该系统地评估所有备选方案（在行动之前充分了解情况）。这样，它们就可以避免与不当的合作伙伴达成合作协议。在物色合作伙伴的过程中，小企业可以联系帮助它们实施创新的当地机构或创新中介机构，以寻求帮助。

5.1.2　支持和惩戒合作伙伴

在合作过程中，创新网络的核心企业应该**向面临困难的合作伙伴提供支持**。在创新网络中，合作伙伴要相互关心，相互扶持。这与建立在市场交易基础上的关系完全不同，在这一关系中，企业之间只有交易，没有责任关心对方。相较而言，在开放式创新过程中，合作伙伴遇到的问题也是你的企业所面临的问题。合作伙伴必须共同解决问题，寻找解决方案，其中包括寻找该网络中有能力解决特定问题的合作伙伴。Curana 的德克·韦恩斯表示：

> 如果我们固守之前约定的价格，那么我们的一个创新合作伙伴就可能要亏本生产。最终，我们决定让该创新伙伴适当提价，然后，Curana 可以把部分价格转移到消费者身上。

在创新网络中，合作伙伴之间相互联系紧密，Curana 的稳健在很大程度上要依赖于整个创新网络的稳健。帮助合作者解决问题其实也是在帮助自己。

帮助和支持合作伙伴可以强化整个创新网络，最终巩固提升自己的竞争地位。

但是，管理创新网络需要协调人来惩戒不遵守共同规则和价值观的合作者。不遵守规则，例如向客户授予独占设计或产品的公司，不能继续留在创新网络里。在这种情况下，创新合作伙伴必须遵守独占规则，不能在参与创新网络的同时自行开发自己的设计方案。如果它们这样做的话，核心企业一定要中断与这种合作伙伴的合作。但是，惩戒"不忠"的合作伙伴必须在某些条件下进行。第一，创新网络中必须有一个强大的领导者，这一创新网络通常由发起和推动该网络的公司落实。第二，惩戒或开除不守规则的合作伙伴只在创新网络可以帮助参与者打造竞争优势的前提下有效。在 Curana 和 Quilts of Denmark 的例子中，创新网络能够让企业相较于竞争对手开发出更为创新的新方案。将违规企业开除出创新网络，意味着它被隔绝于连续的创造和创新活动之外。

5.1.3 创新网络的积极管理或通过规则管理

协调人在创新网络合作成员之间协调各种创新任务的能力，决定了该网络整体的创新效率和效果。简单来说，有两种方法可以管理创新网络中的合作伙伴。本书将创新网络分为两种，分别是为了向市场推出新产品的创新网络和有间接商业目的创新网络。对于第一种创新网络而言，网络协调人负责创新网络中各个创新任务的协调和合作伙伴之间的互动。如果任务进行不顺利或者某个合作伙伴遇到了问题、合作伙伴之间关系紧张，网络协调人就会进行干预。协调人在为合作伙伴提供支持的同时，还要监督它们，合作伙伴之间出现紧张关系或冲突，或者协调人发现合作伙伴存在"不忠"行为时，就要采取干预措施。协调人的权力来自其在网络中的地位（只有协调人与客户进行联系）、协调人作为创新网络发起人的威信，以及这一事实：协调人拥有协调该创新网络的成功经历。

"通过规则管理"是管理创新网络的第二个方法。PRoF 是这一方法的完美体现。PRoF 是一个创新生态系统。小联合体中的生产企业共同遵守着一系列不成文的规则，需要在网络体管理工作上投入的精力非常少。例如，PRoF 拥有一个"超轻量化"管理结构，因为简·范·赫克的全职工作是家具制造厂 Boone International 的 CEO，只能将管理创新网络当作兼职工作。规范创新网络（如 PRoF）的规则必须能够保证联合体成员行动的协调性。为了说明不成文规则如何塑造联合体成员的行为，笔者列举了其中十分重要的几条规则。

（1）**PRoF 成员之间的互补性**：避免小联合体内部成员之间的竞争，在开发新型概念病房的过程中推进开放性和协作。

（2）**90/10 规则**：联合体中的非商业合作伙伴最少应该占到 90%。制定这一规则的目的是避免开发概念病房的过程渗入商业思维。

（3）**创新规则**：生产企业必须参与开发每一个概念病房。这一规则确保小联合体中的所有成员都充分参与开发概念病房。不参与的企业可能被网络之外的竞争企业替代。

（4）**市场引入规则**：小联合体成员必须在该项目启动之后的六个月内将创新推入市场。这一规则确保了 PRoF 项目不仅仅是为了展示。

这些规则帮助赫克用非正式、低成本的方式管理 PRoF。对于管理创新网络来说，规则是必要的，但仅有规则是不够的。例如，如何选择 PRoF 的小联合体成员是一件很重要的事情。筛选小联合体成员的过程类似于招聘新员工。在 PRoF 中公司代表的性格很重要，因为他或她必须和其他成员一样容易合作，积极投入创新。PRoF 是一个需要深入合作的项目，因此性格上不具合作精神的人是不被接受的。在确定了概念病房的主题之后，赫克经常邀请小联合体成员开会。每次会议结束之际，赫克要给所有成员留"作业"。下次开会时，每个成员提交新的创意和解决方案，这就解释了为什么大家那么喜欢这种会议：每个人都展示了上次开会之后几个星期里的工作进展，这样每次开会，大家都大有收获。大家的共同进步让每个人都对这个项目保持乐观。每次会后，各个生产企业建设概念病房的积极性大增。最后，赫克还积极帮助合作伙伴解决概念病房研发过程中遇到的问题。在这个过程中，解决问题的重要合作伙伴经常在一起碰头，研究解决方案。在下一次小联合体大会召开之前，合作伙伴往往会用这种方式解决问题。

5.1.4　激发创新网络的活力

必须经常**激发**创新网络的活力。长时间的死气沉沉对于创新网络的创新实力和合作伙伴的创新积极性来讲都是致命的。大联合体，如 PRoF，如果在联合体成员碰头时提不出新颖的想法和概念，很容易变成没有意义的"空谈馆"。简·范·赫克，这位 PRoF 的发起者，负责掌握联合体的行动节奏。他拟定了未来病房项目的截止日期，然后又确定了某些重要步骤的完成日期。这个项目的进度安排很重要，因为这可以确保两次会议之间的工作能够有条不紊地进行。这对所有合作伙伴也是一个重要的激励：项目进展顺利；在两次会议之间，大家都在攻关该项目的不同部分，让后来的会议既有挑战性，又有趣味性。在开放式创新网络中，这种紧迫感和持续进步是两个强大的激励因素。其结果是在 PRoF 案例中，赫克第一次通知开会，就有 90% 的合作伙伴表示一定要参加。

Curana 的经历大同小异。Curana 的首席执行官德克·韦恩斯制定的规则是："我们与外部设计师合作的优势是我们可以不断激励对方，可以经常就外面世界发生的事情交流信息。"阿德里安·德布鲁尼（现任萨弗洛创意顾问公司董事）补充说："我们将触角延伸向社会和各种新技术，我们获得了很多信息。将这些信息带到创新协作中之后，思想的火花出现了。如果恰到好处地开一次头脑风暴会议，那么一个具体的高难度创意就会迅速形成。"

Curana、外部设计师、材料开发者、行业外部专家之间的互动经常能够营造一个将创造力、新创意推向更高层次的环境。如果往期的会议效果非常不错，那么，下次人们参加头脑风暴会议的热情就会提升不少。

在寻找优质睡眠特点的过程中，Quilts of Denmark 的创立者向专科门诊的睡眠专家和理疗师求助。这些人非常愿意与 Quilts of Denmark 的创立者合作，组成审查委员会。针对具体项目的跨领域、跨行业交流让大家精力充沛，灵感不断。不过，在推动寻找创新产品、概念方面，这种方法在中小企业中使用得很少。

因此，创新网络的活力很重要。但是，创新网络不可能一直保持充满活力的状态。在很多情况下，开发新产品是一个基于项目的时间性很强的流程。例如，当需要设计下一季新品时，Curana 才会将创新网络激活。同样，PRoF 在六个月的空闲时间里，精心组织开发了概念病房。其他企业在更长的消沉时期后再次启动创新网络：2003 年，Quilts of Denmark 与 Outlast 合作开发了第一代 TEMPRAKON 技术；2010 年它们再次协作，开发了第二代技术。

在相对不活跃的期间内，企业必须维持和管理创新网络的运作。这在专业文献中被称为"连接能力"，指的是企业在跨组织关系中留住知识，确保公司能够优先使用外部知识而无须花钱购买该知识的能力。④通过培养连接能力，企业可以在必要时再次激活创新网络。让企业的连接能力保持常青，意味着小企业必须在空余时间里通过私下交流、新闻稿、联谊活动等方式与合作伙伴保持联系。

5.1.5 开放式创新 = 开放式交流

开放式创新还意味着创新合作伙伴之间交流和汇报方面的开诚布公。如果企业需要向网络体中的其他合作伙伴收取产品或服务费用，必须在彼此信任的基础上收取价格合理的费用。因为这种创新网络中每个合作伙伴的工作均具有独占性，创新网络依赖于整个网络中所有合作者的相互理解。所以，上游合作伙伴在将共同开发的产品销售给下游合作伙伴时，不能利用这种排他性获得独占利润。虽然也可以针对战略创新合作拟定广泛而周密的合作协议（在大企业里，这正逐渐成为一种惯例），但这对小企业来说成本太高。因此，中小企业之间关键的创新合作关系要建立在相互信任的基础上。

相互信任并不意味着盲目信任，大多数被采访的小企业定期与创新网络外部的第三方比较价格，以核对合作伙伴的价格是否合理。另外，合作伙伴应该确保所有人都能够靠协作创新维持生存。一些小企业通过开放账簿确保所有合作伙伴都拥有合理的间接成本和价格结构，确保所有合作伙伴的经营都会因为参与创新网络而产生明显改善。开放式创新不仅仅要求企业分担成本和风险，还要它们合理地分享利润。

5.1.6 平衡内部和外部管理

打造一个开放式创新网络还需要合作伙伴做好**公司内部管理与外部网络管理之间的平衡**。建立合作创新网络，以期实现公司战略调整的企业家必须自觉扮演一个新的角色：创新网络协调人。他除了正常行使所在企业的管理职责之外，还要管理合作伙伴组成的创新网络。做好公司内部管理和外部网络管理是开放式创新的必然结果。如果企业家不能正确地预见到这种双重职责，就会导致很多意料之外的问题。

管理外部网络不同于管理小企业或初创企业的内部事物。能管理好自家公司的企业家未必能很好地激励和领导创新网络中的合作伙伴。组织管理创新网络要求企业家具有调解各个群体、公司或研究机构之间分歧的能力。他还应该具备组织管理该网络的"天然的权威"，这往往是由于他是建立和发展这一网络的发起者。随着该创新网络在市场上获得成功，企业家成功推动所有合作伙伴实现共同目标，企业家在该创新网络的领导地位也会得到提升。德克·韦恩斯（Curana）、简·范·赫克（PRoF）和简·克里克斯（Jaga）等企业家执着地与创新合作伙伴合作创新。同时，他们也坚定地相信开放式创新的好处。简·克里克斯甚至还在一本书中从人类学角度阐述了自己关于创意经济和创业精神的看法。⑤案例研究 5 概括了他的这一看法：克里克斯主张企业应该与各种外部合作伙伴合作。外部合作伙伴包括艺术家、设计师、研发人员、工程师等。这些合作伙伴中的大多数人不属于该公司员工，因此，开放式创新成为自然而然的事情。

管理层既要管理创新网络，又要管理公司内部事务，这不是一件容易的事情，过程中可能会产生很多问题。例如，Curana 的一些员工不理解，公司那么多内部问题还没有解决，为什么还要花那么多精力管理创新网络体。管理层往往很难向公司员工解释清楚：与外部合作者组建的创新网络可以提升公司竞争力，是收入增长的源泉。因此，管理层一定要在公司内部广泛宣传开放式创新的性质和原理。公司内部管理和外部网络管理之间的平衡还应该随着时间变化而变化，例如，当 2011 年—2012 年 Curana 面临挫折时，德克·韦恩斯将主要精力放在公司的内部重组上。这样，外部和内部管理往往根据形势的发展和需求的优先性进行调整。

5.1.7 联合创新项目的成本控制

成本控制 是有关开放式创新的另一个重要的管理问题。当创新活动局限于某家公司内部时，成本相对来说比较容易控制。当企业与多个合作伙伴合作创新时，创新成本很难控制。在合作创新过程中，每个合作伙伴都致力于攻克项目的某个不同的部分，都会将有关研究、原型产品、测试、服务等的费用清单报送到核心企业。每个合作伙伴都专注于开发新概念的相关部分，而核心企业则必须关注全局。控制成本至关重要，核心企业必须与创新合作伙伴讨论怎样安排优先事项，控制好成本。

跟踪记录每个创新项目的进展对于开放式创新的核心企业很重要。在创新项目持续的数年里，核心企业必须时刻清楚每个合作伙伴的能力。当具有各种能力的合作伙伴的数量迅速增加时，对创新网络内所有合作伙伴及其能力的了解变得越发重要。当合作伙伴遇到重大问题时，核心企业应该能够告诉它们找谁解决问题。因此，"知道谁懂什么"和创新网络中每个合作伙伴的专长一样重要。在一个庞大的创新网络中，详细知晓每个合作伙伴的专业领域能够让核心企业顺利解决棘手的技术和经营问题。激发创新网络中合作伙伴的活力可以让核心企业网罗各种能力，用新颖的创意和产品给市场带来惊喜。

5.1.8 处理创新网络中的紧张关系和问题

应该积极应对网络中出现的紧张关系和问题。相互协作之初总是令人兴奋，但随着时间推移，合作中会不可避免地产生紧张关系。在合作伊始，合作伙伴就必须知道怎样应对合作过程中出现的问题。问题或挫折的出现会给合作关系带来压力。如果对这种紧张关系和随即出现的冲突管理不当，很容易导致合作关系破裂。

本书中提到的企业都主张**灵活坦诚地**与合作伙伴交流出现的问题。至于创新伙伴怎样共同处理出现的问题，则没有什么固定的规则。怎样解决问题取决于本国文化。在一些国家，冲突可以用直接开放的方式来解决。例如，荷兰人倾向于采用"不拐弯抹角"的方法。然而，在其他国家的文化里，直截了当不是个好办法。因此，小企业必须采用本土文化背景能够接受的解决方式。虽然如此，小企业必须遵守这样一条通用规则：创新合作伙伴之间出现问题后，必须快速、果断地解决。

笔者采访的一些公司经常召开评估会，与主要创新合作伙伴探讨遇到的问题。这种会议雷打不动地每三到六个月组织一次。通过这种方式，合作伙伴之间的问题可以及时得到解决。通过开放式交流及时解决问题可以确保联合创新项目顺利进行。一些企业用自己的独特方式来处理冲突。一家企业甚至请那位愤愤不已的合作伙伴在一张纸上简要写下"我生气的原因"。发生矛盾的两家企业都要写下自己生气的原因。第二天,双方面对面坐下来交流。这个办法对处于初期阶段的冲突很有效,不过,这仅适用接受开放式冲突管理的文化环境。

5.1.9 创新网络的调整以及解散

组建创新网络是为了长期发展,可是这并不意味着创新网络会一直持续下去。首先,创新网络对身处其中的各个组织而言是一个巨大的变革推动因素。在一些情况下,两个组织之间是互补的,时间越久,关系越牢固。在另一些情况下,两个组织产生了竞争关系。例如,Curana 商业模式发生变化,设计逐渐成为这家企业的核心业务。虽然 Curana 最初采用外部设计事务所的设计方案,但后来它成立自己的设计中心。不久,Curana 居然成了一家以设计技巧出名的企业。新技巧和能力的开发以及合作伙伴之间依赖关系的变化,是创新网络管理不可或缺的一部分,企业不能掉以轻心。

Isobionics 就经历了与帝斯曼关系的变化。因为 Isobionics 通过许可的方式从帝斯曼那里获得了相关技术,所以这家初创企业需要与帝斯曼进行技术合作,来开发生产巴伦西亚橘烯需要用到的微生物。随着时间推移,Isobionics 对研究和技术伙伴进行了"多样化"调整(开始与越来越多的大学合作),并且,帝斯曼不再投资基础技术,因此不再与 Isobionics 的技术路线图相关。然而,随着 Isobionics 迅速向全球扩张,帝斯曼成为了它的物流合作伙伴。在这种情况下,小企业的扩张和巨大变化就让先前的关系变得没有相关性,变成了另一种关系。

创新网络管理还意味着,为了尽可能减少未来的潜在冲突,企业需要慎重选择合作伙伴。在这方面,PRoF 是一个很好的榜样。PRoF 选择合作伙伴的一个原则是必须根据互补性来选择小联合体中的生产企业。与联合体现有成员有竞争关系的生产企业是不会被考虑的。PRoF 的做法很好地说明了创新网络怎样根据两个因素不断进行调整,这两个因素是联合体成员数量不断增长、随着时间推移需要提出更为激进的项目。每年重复同样的项目会逐渐腐蚀合作伙伴的积极性和热情。随着 PRoF 规模增大,影响力提高,联合体就需要制订更为激进的目标，创新网络的调整也就成了自然而然的事情。

创新网络的调整有时候可能很激进。例如，Curana 在 2011 年面临着调整商业模式的强大压力。当时，它正在发掘一种革命性的磁力安装专利的潜力，这种技术可以将包裹固定在行李架上。Curana 通过独占许可协议，从一家德国生产企业获得了将这一技术用于自行车业的权利。这一系统拥有强大的网络集成效应。安装到 Curana 的行李架中，代表了全球需求的一小部分，故授权者由此产生收入预期有限。因此，Curana 考虑怎样调整这一商业模式，包括如何建立自己的合作创新网络。

再举一个例子。Quilts of Denmark 从被褥生产企业发展成为技术服务公司。在那些年里，公司开发了有关功能性被子和相关应用的一系列专利技术。随着该领域的大型零售企业意欲让这种技术成为市场主流，Quilts of Denmark 通过向外提供这项技术的许可、提供技术服务来获得收入。公司最初与睡眠研究中心、Outlast 合作，后来扩展了很多合作伙伴，合作中的一个新项目致力于开发将微胶囊用于塑料纤维的新技术。这个项目始于 2013 年，开发者是丹麦环保部资助的大学和其他技术合作伙伴。2016 年，Quilts of Denmark 开始将这项技术集成入 TEMPRAKON。

最后，创新网络可能解散。Devan 拥有一个充满活力的创新网络，有很多研究和技术合作伙伴。最初在帕特里斯·范登戴勒的领导下建立起来的，研发团队有与外部合作伙伴互动的自主权。但是，在 Devan 被一家小型私募股权企业收购之后，其文化和战略就发生了变化。虽然公司已经将高达 10% 的收入投入到研发上，但更多的资金还是被投入如何充分利用先前开发出来的技术上，因此探索新技术创意的空间很小。这家私募股权企业正在优化 Devan 的价值，目的是在数年后以更高的价格将它卖出去。不过，如果探索性研究停滞不前的话，创新网络就会解体。

5.2　管理开放式创新中的知识产权

协作还会卷入企业的知识产权。企业可以运用专利、商业秘密、商标来保护创新网络共同开发的知识，但是开放式创新增加了知识产权管理的复杂性。笔者采访过的一些企业并不选择与合作伙伴共同持有新发明的专利权。相反，它们会事先明确商定专利属于谁以及创新伙伴怎样通过特定的技术许可协议使用该技术。如果合作伙伴共同持有专利权，当第三方侵犯相关知识产权时，问题就变得极为复杂。谁针对侵权行为提起诉讼？谁支付诉讼费用？换句话说，在小企业与合作伙伴共同开发技术时，最好事先商定知识产权所有权属于谁，可以给谁提供免费许可。如果考虑到拥有知识产权就自然负担大量责任和成本，并且在大多数情况下，合作伙伴在价值链中的目标和地位不尽相同，关于知识产权所有权的协议就不难达成。另外，小企业与研究实验室、大学这样的技术合作伙伴共同开发新技术时，知识产权通常归后者所有。在这种情况下，小企业应与技术合作伙伴达成一个独占（甚至非独占的）技术许可协议，确保公司能像自己拥有专利所有权那样将开发出来的技术商业化。

Quilts of Denmark 案例进一步说明，在协作创新过程中，知识产权的使用可能给小企业带来重大不可控的问题。即使事先达成了详尽的协议，小企业也可能面临严峻形势。Outlast 和 Quilts of Denmark 在生产被子和枕头时使用共同开发的 PCM 技术方面达成了广泛的协议。Outlast 专注开发相变材料，这是它的专业领域。怎样在被子和枕头上发挥出 PCM 的理想效果是 Quilts of Denmark 的专长。两个合作伙伴各有所长，在研发过程中相辅相成。双方的协议规定，Quilts of Denmark 可以在生产被子时，在世界范围内独占使用 PCM 技术。另外，两个合作伙伴签署了一项协议，Quilts of Denmark 可以在重要的市场（比如斯堪的纳维亚半岛）和双方特别商定的一些国家独占使用知识产权。针对其他市场，在与 Quilts of Denmark 深入交换看法并征得对方同意之后，Outlast 可以通过分许可的方式，授权其他被子生产企业使用这一技术。如 Quilts of Denmark 不同意给某个市场的被子生产企业授予分许可，它就必须提出自己的切实可行的方案，将 TEMPRAKON 系列产品引入到个市场。最后，Quilts of Denmark 有权保护它在将 PCM 技术用于其产品领域过程中开发的技术，例如，它成功地将这一技术用于被子和枕头的专利。这意味着，被褥生产企业如果想要从 Outlast 那里获得 PCM 技术的分许可，还必须从 Quilts of

Denmark 那里获得将这一技术用于被子和枕头的知识产权许可。这样，Outlast 就可以随意将 PCM 技术许可给上衣、内衣裤、鞋等其他生产厂家。

在对待共同开发的技术方面，虽然这个办法简单明了，但是，Quilts of Denmark 在成功推出 TEMPRAKON 之后的最初几年里面临着一些严峻的问题。2003 年，Quilts of Denmark 只是一家规模很小的企业。如何迅速扩大 TEM-PRAKON 生产规模以满足全球市场的需求，是一项巨大的挑战。但是，要想牢固掌握独占知识产权，Quilts of Denmark 必须实现与 Outlast 签订的协议中规定的一系列生产目标。为了在生产能力有限的情况下实现这些目标并为这家迅速发展的初创企业带来一些现金，Quilts of Denmark 通过与 Outlast 协商，获得了将这一技术进行分许可的权利。获得该技术分许可的生产企业都在 Quilts of Denmark 不设经销网点的国家或者是该公司不感兴趣的国家。Quilts of Den-mark 还可以从 Outlast 每次授予其他企业的分许可中获得技术使用费收入。虽然授予的这些分许可有时间期限，而且只适用于明确规定的产品和地理区域，但随着时间推移，Quilts of Denmark 意识到，相当一部分获得分许可的企业在使用分许可方面效益很低。由于对产品质量控制和市场定位不力，一些分许可使用者错误的价格策略导致产品价格迅速下降。

这个例子说明小企业必须慎重签署分许可协议。Outlast 想通过扩大这一技术的应用范围、在全世界范围内授予许可或分许可的方式最大限度地增加销售收入。通过这种方式，Outlast 避开了 Quilts of Denmark 生产能力不足和地域覆盖有限这个问题。但是，分许可获得者数量不断增加也给 Quilts of Den-mark 造成了困扰，因为它们给产品质量、TEMPRAKON 品牌推广、市场定位带来了消极影响。但是如果合作伙伴彼此信任，继续深入合作，这些问题都可以解决。Quilts of Denmark 的财务实力、生产能力迅速增强，数年之后，它就可以在全世界范围内销售 TEMPRAKON 产品。2010 年秋，Quilts of Denmark 和 Outlast 推出了新一代 TEMPRAKON 产品。这两位合作伙伴与几个国家的分许可获得者重新商定和调整了先前的分许可协议和价格策略。Quilts of Den-mark 想亲自在这些国家销售产品。总的来说，依赖外部知识产权的小企业，在许可协议条款方面，可能面临巨大问题。如果合作伙伴相互信任，继续专注于共同创造价值，就可以找到解决这些问题的方法。

虽然专利可以帮助小企业抵御潜在竞争者，但是专利并不总是有效。在一些情况下，竞争者可以通过逆向开发或其他方式避开专利技术。另外，大多数小企业没有与大企业对簿公堂的财务实力。因此，小企业最好寻找其他形式的保护：商标、工业设计申请成本较低，对于保护新产品同样有效。[6]当然，这两种方式可以与专利保护同时使用。

另外，小企业应该通过商业秘密来保护自己。[7]商业秘密是一种有效的低成本保护方式，它可以让发明或技术信息不被泄露。确保秘密信息得到适当保护，而不被盗用，需要公司层面的行动。在制定有关商业秘密的政策或拟定纸质、数字的安全措施方面，小企业既没有时间，也没有组织流程。小企业通常只是将掌握关键创新信息的人局限在聘用期很长的个别员工范围内。但是，"至关重要的是，他们一定要教育员工，使其了解在公司工作和离开公司的时候承担着什么样的保密责任。企业要将这些责任明确而详细地列在雇用协议里"。[8]例如，在 Devan 和 Quilts of Denmark，仅有极个别的员工知道原料配比。另外，小企业应该限制提供给第三方的商业信息。这对开放式创新至关重要：小企业可以始终保持"轻资产"，将相当数量的研发、生产、分销任务交给第三方去做，条件是后者不能掌握成为潜在竞争对手的关键信息。Isobionics、Devan、Quilts of Denmark 运用这一战略从第三方引入专业知识和能力而无泄露关键信息之虞。

5.3 关键要点

5.3.1 管理开放式创新的合作伙伴和合作网络

在管理与创新合作伙伴的关系，或在整个创新网络的管理上，有下面一些规则可以使用。

（1）**慎重选择合作伙伴**。合作伙伴的选择至关重要，因为协作创新意味着你要和对方"长相厮守"。开始合作之后，你必须与合作伙伴密切合作，患难与共，不能遇到问题之后就自己跑开。选择正确的合作伙伴等于成功了一半。

（2）创新网络不能自组织。***创新网络的组织和管理都需要明确指导***。管理创新网络的基本原则是每个合作伙伴都能因加入网络而大幅改善自己的经营状况，这些合作伙伴的某些损失、投资和承担的风险也会得到补偿。管理创新网络的方式多种多样，网络协调人进行直接干预、通过（不成文的）规则进行管理是两个极端情况。在现实中，创新网络往往由协调人进行某种程度的管理，但是，其参与的层次、干预的频率可能相差很大。

（3）合作伙伴必须从一开始就***做好各种明确的安排***。开发创新项目充满风险，从开始的时候就存在很多不确定性。合作伙伴之间必须明确商定怎样面对新出现的机会和意外情况以及怎样应对出现的冲突——要知道，协作项目中经常会出现冲突。合作伙伴还应该讨论，协作什么时候结束以及协作结束之际，怎样处理协作的成果。比如，怎样处理专利。

（4）需要***经常激发***创新网络的活力。必须经常激发创新网络的活力，长时间的死气沉沉对于创新网络的创新实力和合作伙伴的创新积极性来讲都是致命的。分阶段实施项目很重要，这样，一个阶段获得的成果可以鼓励和激励合作伙伴信心，从而向下一个阶段推进。制订一个时间表，鼓励合作伙伴按时完成任务。运转流畅的创新网络可以提升创新流程的速度和效率。

（5）共同创新和商业化意味着必须惩戒不遵守规则的合作伙伴。不遵守规则的企业不能继续留在创新网络里。被创新网络除名的企业将失去竞争优势，因为这种创新靠的是整个创新网络，而不是这个网络中某个合作伙伴的单体能力。

（6）开放式创新还意味着创新合作伙伴之间**交流和汇报要开诚布公**。合作伙伴之间必须相互信任，彼此极有诚意，相信彼此提供的产品和服务价格是合理的。

（7）***做好公司内部管理与外部网络体管理之间的平衡***。虽然外部网络体管理很重要，但不能因此牺牲公司内部管理。

（8）对于开放式创新来说，***成本控制***很重要。每个合作伙伴都专注于项目中分配给自己的那一部分。如果不控制成本，成本很可能迅速上升。因此，企业给创新合作伙伴安排的优先事项至关重要。

（9）当各有所长的合作伙伴数量迅速增加时，**"知道谁懂什么"变得越发重要**。巧妙地激发合作伙伴的活力，可以让大家迅速发挥各自的聪明才智，这是单个企业无法实施的。

（10）用积极的方式应对创新网络中的关系**紧张和问题**。合作创新难免出现关系上的紧张，要**灵活**、**坦诚**地与合作伙伴交流出现的问题。与创新合作伙伴举行评估会议大有裨益。一定不能等棘手的小问题发展成为大问题后才行动。

5.3.2 知识产权管理

开放式创新意味着合作伙伴间需要共同开发，以推出新的解决方案。至于在合作项目过程中产生的技术创新，其所有权应该在合作伙伴之间进行分配。知识产权管理对于推进协作、避免创新网络中出现紧张关系很重要。那么，在中小企业与其他机构协作时，应使用什么样的知识产权管理规则呢？

（1）中小企业应该首先确定管理知识产权的最佳方式。通过法律保护知识产权是一个办法，申请专利是保护知识的唯一途径，但专利需要好几年时间才能申下来。其他形式的知识产权保护是商标、版权、商业秘密、工业设计权。[9]中小企业应该在战略上决定哪种知识产权最适合为公司提供保护。通过法律保护知识产权不总是最佳方案。譬如，相关知识很容易过时。与服装、自行车配件、PRoF的概念病房等相关的知识就属于这种情况。概念病房需要跟踪最新的趋势和技术，等到专利申请下来的时候，先前的概念可能早已过时了。

（2）在很多情况下，共同持有专利不是一个可取的办法。在大多数情况下，合作各方最好事先就谁拥有某项专利权达成一致（不同的合作伙伴拥有不同的专利权），明确合作伙伴怎样获得使用这些专利的权利。开放式创新意味着合作伙伴可以使用知识产权而无须拥有它。关于拥有知识产权的机构怎样就知识产权的使用与合作伙伴达成一致，一定要有明确的安排。

（3）随着形势的变化，适时地对知识产权协议进行调整。在最初的协议签订之后，大多数意外事件是无法预测的。大多数协作项目都有必要根据形势变化调整安排，以便合作顺利展开。

（4）对于小企业而言，申请专利尤其是在多个国家申请专利，是一件成本很高的事情。因此，小企业应该根据具体情况，对专利申请进行成本效益分析。不过，根据笔者的经验，很多小企业不了解知识产权保护的价值，从来不申请专利。申请专利可能成本很高，但在某些情况下必不可少。

（5）获得合作伙伴技术许可的小企业可能会遇到许可协议规定的有关该许可使用条件的问题，因为小企业的规模可能很小，无法满足许可人的要求。例如，许可人可以将世界范围的独占许可使用权授予作为合作伙伴的小企业，但是后者需要考虑自己是否能够在全球市场获得足够多的销售收入，以达到双方在许可协议中规定的销售额。同时，如果许可人授予的分许可太多，又可能会削弱作为合作伙伴的小企业的地位和盈利能力。

（6）获得许可并不意味着小企业不能开发自己的（应用）专利组合。Quilts of Denmark 是一个很好的例子：Outlast 开发了基于 PCM 技术的专利，然而，Quilts of Denmark 开发了关于如何将 PCM 技术用于被子领域的独特专利技术。2015 年，这家丹麦被子生产企业还成为了一家技术服务公司，不再只是被褥生产企业。

6

初创企业怎样与大企业协作 *

* 与艾丽·范恩（Ally Van Der Boon）、玛丽安娜·费恩斯蒂恩（Marianna Faynshteyn）合著。

艾丽·范恩是FuelUp的共同创立人和销售经理。FuelUp是荷兰阿姆斯特丹的一家初创企业情报服务机构。该公司帮助大企业物色能够促进其发展的最适合的初创企业。FuelUp提供有关全球初创企业市场的简单介绍，并根据商业模式、团队、吸引力几方面对初创企业进行排名。

玛丽安娜是FuelUp的营销经理。

越来越多的大企业建立公司风险投资（CVC）基金、公司孵化器、加速器或协作中心，为的是与前景不错的初创企业密切合作，共同创新。①它们之所以这样做，是因为当今的很多初创企业拥有最新的技术或新颖的商业模式，可以被大企业当作创新的工具。越来越多的大企业一再与这些初创企业合作，创建新业务，引入初创企业的新技术。它们非常希望成为这些高新技术初创企业的优先合作伙伴。随着开放式创新成为大企业的主流，初创企业必须积极考虑可作为潜在快速增长战略的、与大企业进行合作的机会。对于很多初创企业来说，与大企业合作不仅是唯一的出路，而且是开发和商业化其技术至关重要的一步，因为小企业需要只有大企业才拥有的互补性资产。大企业可以通过其大规模生产能力、品牌、分销系统来商业化初创企业的新技术，而不需要初创企业投入大量资金。在从新技术中获取价值的过程中，初创企业与大企业之间的相互依赖越来越强。②但是，小企业和大企业怎样共同合作？它们怎样通过合作双赢呢？打造对各方都有利的关系，要面临哪些管理上的挑战？作为初创企业，怎样成为大企业的优先合作伙伴，进而因大企业愿意和你合作而从长期关系中受益？

要想回答这些问题，一定要了解大小企业在创新方式上的不同之处。顾名思义，初创企业规模很小，组织结构呈扁平化。企业内部围绕新产品项目设立了诸多小团队。企业内部沟通以非正式形式进行，目的就是高效地解决问题。决策速度很快，因为员工之间没有森严的等级壁垒。相比较而言，大公司组织层次分明，各部门有专门的负责人。即使是最前沿的大公司也存在等级制度和官僚作风——这是公司规模和业务结构造成的。因此，大公司决策缓慢而正式。初创企业与大公司在规模、结构、流程上的这些基本差异对于双方的合作而言不仅是机会，也是严峻的挑战。对于大公司来说，初创企业可以为它们提供一个获得新技术和新商业模式的渠道。越来越多的大企业设法采用初创企业的创新方式和理念。通过与初创企业合作，大企业设法将内部研发和生产投资效率最大化。对于初创企业来说，与大企业合作，可以让它们洞察基本的商业关系，接触到生产性基础设施、分销渠道和开发客户基础的机会。

到此为止，本书只阐述了"内向型"开放式创新（从大企业的角度来看），即大企业商业化了小企业的技术和理念。然而，相反的事情也可能发生：初创企业可以以大企业不用的技术为基础，创建一个可持续的项目。文献中对这种"外向型"的开放式创新关注很少，不过，它和"内向型"开放式创新一样有趣。

本章将只专注内向型开放式创新：③对于大企业和初创企业来说，建立合作伙伴关系的共同好处和激励因素是什么？接下来，本书将讨论大企业应该怎样筛选作为合作对象的初创企业以及小企业在寻找作为合作伙伴的大企业时，应该关注哪些方面。不过，在进入这些主题之前，笔者将先说一说"初创企业与大企业的合作"意味着什么。

6.1　初创企业能与大企业合作吗

初创企业与大企业的合作可以采取多种形式，一些合作是通过创新实验室来进行的。创新实验室一般是大企业出资组建的孵化器或加速器项目。很多拥有创新实验室的大公司建立了独立的创新部门，以便投入时间和资源从事创新项目。这些实验室运营时间通常为几个月，为众多经过选择的初创企业提供办公空间，为它们提供广泛的资源。有时候，这些设施完全独立于大企业的其他部门，产生一种小企业熟悉的共享工作空间的氛围。例如，2010年，在科学家兼企业家阿斯特罗·泰勒的指导下，Google 在距离其总部约 0.8 千米远的另一座大楼里建立了 Google X（谷歌 X）。

小企业管理层的创新目标取决于支持创新活动的大公司。有时候，创新的关注点是纵向的。大公司针对某个具体问题，要求初创企业提出相应的解决方案。例如，糖果和包装食品巨头亿滋国际邀请 9 家初创企业参与开发"移动未来"项目，要求每家初创企业通过移动解决方案在某种程度上帮助它们推进某个产品的研发工作。启动这一项目的原因是，消费者越来越多地开始使用移动设备，但是，一些包装食品大品牌，如亿滋国际，还没有完全弄清楚怎样将这一新兴通信方式运用于它们的企业经营中。④其他创新实验室只是提供了供初创企业进行产品开发的设施，其身份只是初创企业的赞助人或投资人。在 Google X 案例中，这家实验室开发了无人驾驶汽车和热气球网络计划（用高空气球为手机提供网络信号）。⑤虽然它们依然有着 Google 的基因，无人驾驶汽车和热气球网络计划都与我们熟悉的 Google 产品相去甚远。

创新实验室是创新的一种组织形式。通过这种形式，大企业可以和初创企业合作。这种合作往往涉及处于早期阶段的企业，并且需要制订一些用以培养小企业的安排，比如提供合作伙伴、指导、资源。相较而言，其他合作关系更为直接，可以为双方提供将其努力最大化的机会。2015 年 2 月，惠普宣布与云服务公司积云网络合作，引入开放式网络解决方案。⑥这一合作让惠普领先于思科这一市场主流竞争者，同时让惠普转向了一个新的技术方向。一般这种合作关系会给双方带来收益，因为双方可以取长补短。其他合作方式处于创新实验室和直接合作之间，其中包括签订独占协议，大企业成为初创企业的优先客户，可以获得其他客户无法获得的优惠价格和其他好处。这些合作关系虽然各不相同，但基本原则是相同的：双方在技术和资产方面相互补充。

6.2　初创企业为什么要和大企业合作

在某些时候，初创企业将自己与大企业比作大卫与歌利亚，但有时候，它们之间的关系更像蜜蜂与花朵——蜜蜂从花朵中获得食物，而花朵得以交叉授粉。换句话说，双方可以共赢。初创企业可以在多个方面受益于与大企业的合作。将初创企业打造成为值得投资的声誉良好的企业需要众多因素：必须让客户了解你的企业，必须在留住现有客户的同时，通过多样化的业务吸引新客户，必须广纳贤才，广结人脉。最重要的是，大企业手里拥有企业经营、实现发展目标所需要的充足现金。大企业可以为初创企业提供这些资源。

初创企业能从与大公司合作创新中获得什么好处呢？相关好处概括如下：

支持、关联、测试能力、学习机会、公众曝光度和品牌认知度。

6.2.1　支持

在很基础的层次上，与大企业合作可以给初创企业提供一些喘息的空间。这句话一点不假。希望在初创企业的帮助下一起创新的大企业一般都允许初创企业使用它们的设施（或者专门为小企业购置的设施）并提供重要的办公服务。对于处于初级阶段的企业而言，在专业的环境里会见潜在客户，会让对方觉得这家企业很可靠，更不要提这样可以节省租用办公室、照明、ICT 基础设施等方面的成本。另外，和其他企业、主管在一起工作，可以让初创企业耳闻目睹那些可能成为未来客户的专业人士的日常工作情况。与作为合作伙伴的大企业近距离接触，让初创企业深入了解它们怎样作为潜在客户或合作伙伴，开发和商业化某个新产品或服务。

6.2.2　关联

如果你已经有了一些客户，尤其是在业内享有盛誉的客户，那么开发新客户往往就比较容易。对于初创企业来说，找到第一个客户并与之达成交易是最困难的事。这就是为什么与大企业合作对初创企业很有利。除了在一起办公可以扩展人脉之外，二者之间的合作可以让初创企业与世界 500 强企业中的某家企业建立一种关联。有了这种关联，原本不会回复名不见经传的初创企业的电邮或电话的大企业也会积极回复。安德斯·易卜生创建的 Share-wall 是一家使用社交共享换取内容浏览的在线出版机构。这家公司与 MTGx（现代时代集团的加速器项目）合作的一个目标是获得"商业牵引力"。作为一家在欧洲范围内拥有几十个网络的媒体公司，MTG（现代时代集团）给 Sharewall 提供了在组织内外扩展客户基础的大好机会。[⑦] 对于克里斯·斯帕诺斯创建的 Urgent. ly（一款实时路边求助手机软件）来说，与 MapQuest（一家提供网上地图的网站）合作可以为公司提供类似的作用和机会，而且效果更为显著。考虑到 Urgent. ly 是建立在消费者基础上的产品，它的"曝光能力"取决于消费者是否知道以及是否愿意使用这款产品。通过与使用人数位居前列的导航软件合作，Urgent. ly 利用客户已经非常信任的渠道，将自己介绍给客户群体。

最后，与大企业的关联可以帮助初创企业从风险投资机构、银行获得投资或从政府部门获得创新拨款，因为这些投资者认为与大企业合作就是一种能力，是企业成功的保证。本书第 7 章里讨论的 Isobionics 很好地诠释了这种战略。

6.2.3　测试能力

与大企业合作的另一个原因是，它可以给初创企业提供测试产品的机会。大企业拥有十分先进的测试实验室。这些实验室是它们的标配。然而，测试新技术成本之高，让初创企业望而却步。与大企业合作，初创企业可以使用对方完备的测试设备。大企业有很多方法可以帮助初创企业测试产品，很多大企业还为初创企业提供指导，帮助它们得到最佳结果。获得产品测试机会是推动初创企业与大企业合作的一个重要因素。初创企业在与大企业合作之前，应该有一个充实的愿景和计划。对于初创企业而言，双方的合作可以让它的愿景结出果实，获得的反馈有助于它积极调整产品或服务。

6.2.4　学习机会

与大企业合作后，初创企业不但拥有了测试产品的能力，还有机会了解商业关系、预期、组织行为、管理等类似主题。由于规模和繁文缛节的限制，大多数大企业设法通过外部创新来快速、灵活地实现服务多样化，同时它们拥有丰富的开辟新业务所需的重要知识。如前文所述，在适当的条件下，初创企业与大企业的合作可以让双方取长补短。另外，当合作的一方为创新活动提供了创新、快节奏的方法时，另一方可以在交易策略方面提供指导。很多初创企业的掌舵人对企业的目标充满信心，而商业提议的优势和市场知识对于将风险项目发展成为有利润的生意至关重要。

6.2.5　公众曝光度和品牌认知度

从实际和更为直接的角度来看，与大企业合作可以让初创企业有机会使用专业的公关和营销渠道。对于开始在重要"圈子"打造声誉的初创企业来说，发布两家企业建立合作关系这一消息过程中双方共同的营销努力可以进一步将该初创企业投射到一个重量级的地位上。

6.3 大企业为什么要和初创企业合作

前文讨论了初创企业为什么要和大企业合作。考虑到初创企业能够从合作中获得大量好处，为什么对于大企业来说，与初创企业合作也是一件好事？前文已经提过，这种安排对双方都有好处。大企业拥有声望、充足的资金、不凡的影响力，但是它们缺少小企业具有的几个重要优势。初创企业规模小，十分灵活。其决策和调整的速度要比大企业快很多。初创企业用来推进和实施创新的方法对大企业很有吸引力。和初创企业的团队并肩合作，有助于大企业学习管理方法。就像大企业可以帮助初创企业了解正规的企业经营，为它们管理企业打下基础一样，初创企业也可以教大企业怎样开发创意，怎样快速而灵活地创新。另外，大企业邀请初创企业和它们一起创新，可以获得良好的名声。越来越多的大企业投入数十万美元调整和深化自己的形象，为的是深入了解客户需求。从内部角度来看，在创新项目中引入初创企业对大企业来说意味着要做很多工作，但从外部角度来看，这可以传递出一种"高端"气息。大企业与初创企业合作的主要原因可以归结为以下几个方面：寻找解决方案、实现外部和内部创新、公司发展阶段、相关技术/产品、沟通。

6.3.1 寻找解决方案

对于不了解情况的人来说，大企业置身于气派的城堡里，享受着其所在行业里领先的市场地位。然而，在风险投资公司的帮助下，一些行业的初创企业正在迅速侵蚀大企业的地位，因此，后者不得不培养同样的创新实力，以确保将来生存无忧。在这种情况下，很多大企业雇用专家领导创新，确保公司能够将取得的技术进一步商业化。Horizon Media 是美国规模较大的独立媒体机构之一。该公司的首席创新官泰勒·瓦伦丁在描述公司的创新需求时说："要想基业常青，就不能每年只做一些修修补补的事情。"⑧首席创新官肩负着沉重的使命，因为他们的相当一部分责任在于改变一家大企业的结构。帝斯曼是一家知名的跨国生命科学和材料科学公司。该公司组建了 Emerging Business Areas（新兴业务部，简称 EBAs），旨在开发一个促进未来业务发展的新型增长平台。与此对应的，是大多数大企业只是支持那些能够实现当前业务增长的方案。⑨

6.3.2　实现外部和内部创新

对于初创企业来说，与大企业合作创新是否具有吸引力以及是否合适，大企业的创新方式至关重要。前面提到，很多大企业，例如 Google、可口可乐、亿滋国际都设立了一些可以在很大程度上独立与初创企业建立合作关系的部门。有的部门甚至还有单独的大门和大楼，以确保与初创企业合作的部门独立于整个公司的日常管理。

Horizon Media 就是一个例子。该公司 20 多年前就认识到在内部和外部进行创新的重要性。Horizon Media 建立了一个名叫"Invent at Horizon"的孵化器，意欲从 Horizon Media 员工中组建创新团队，为那些提出良好商业创意的员工提供投资和成长机会。"Invent at Horizon"还吸引了外部人员参与。2015年，孵化器为处于不同阶段的 15 个发明项目提供了办公空间。一些大企业倾向于将时间和资金投向已经有一定规模的初创企业，但 Horizon Media 向处于初级阶段的企业敞开了大门，其目的是为母公司未来的长期发展创造增长方案。Horizon Media 在开发创新业务和技术方面的能力可以为它提供其他媒体机构不具备的优势。

6.3.3　公司发展阶段

当世界 500 强企业发展势头有所放缓之际，很多大企业开始物色能够让企业保持竞争力的初创企业和新技术。很多大企业只与有一定规模的初创企业合作，这样双方的合作可以迅速转化为销售额的提升。大企业不愿意与有天使投资人注资或处于早期有风险投资公司投资的初创企业合作。它们倾向于选择规模较大的，处于后期阶段的初创企业，向这些企业投资并与之合作。

大企业希望，作为合作对象的初创企业有概念验证方案，并且能够证明客户对它的产品感兴趣，拥有稳定的销售收入。虽然商业模式可能不具规模，但初创企业必须在市面上拥有可行的产品。对于初创企业来说，这种稳定性很难实现，很多初创企业的创立者认为，只有当公司实现了一定程度的利润增长和发展之后，才应该去和大企业合作。Urgent. ly 的创立者克里斯·斯帕诺斯与后来成为合作伙伴的美国在线、MapQuest 团队关系熟络，但在达成合作关系之际，他要确保公司处于一个"安全"的位置。斯帕诺斯满怀信心地说："我不想把将来无法产生效果的合作说得有多么美好。"等到技术风险和市场风险下降到可接受的水平时，与大企业达成合理协议就会容易很多。

虽然大多数大企业倾向于与已经进入后期的初创企业合作，但其他大企业却很放心地与处于早期的初创企业合作。Horizon Media 希望能够帮助初创企业发展到不同的成熟阶段。泰勒·瓦伦丁认为，"Invent at Horizon"项目的成功标志之一是，"我们成功地培养了一家市场艳羡的企业，很多公司想要与这家刚诞生不久的初创企业合作"。瓦伦丁认为，Horizon Media 将这家风险企业推进到第一轮融资或收购阶段，其成功的原因在于 Horizon Media 对公司发展上的帮助，而不是实现了某个预设目标。

世界 500 强企业或许不得不参与那些处于早期和后期的风险企业。它们的问题是，它们现有的业务或品牌正在进入产品生命周期的成熟期。企业有机增长不能继续只依赖当前业务的扩张。假如企业想要实现 3% 的增长率，以巩固已有的市场份额，那么其中的一半增长应来源于有机增长：对于西门子那种规模的公司，这意味着，在 5 年的时间里，公司有机增长实现的收入应该是 57 亿欧元。假如现有业务的收入可以带来 50% 的增长率——从过去 10 年来看，实际情况并非如此——那么，企业需要新的风险企业带来 28.5 亿欧元收入。

现在，假如西门子是一个初创企业的初期投资者。按照大致规则，投资初期风险企业的击中率⑩遵循"1/3，1/3，1/3"规则，这意味着，经预测，西门子有三分之一的早期风险企业会彻底失败，有三分之一的早期风险企业可能仅能收回投资（或者获得微小的回报），而让西门子获得丰厚回报的是剩下三分之一的风险企业。假如西门子每年建立 12 家风险企业，每个成功项目的投资是 500 万欧元，这 4 笔投资每笔投资可以获得高达 12.5 倍的回报（实际上这很难做到），那么，公司可以在五年内从新业务中总计获得 12.5 亿欧元的收入。换句话说，单靠处于早期阶段的风险企业无法为大公司带来足够的收入增长，即使夸大风险企业的数量和成功项目的回报率，情况也是如此。要实现有机增长的指标，投资处于后期的风险企业也很重要：西门子需要收购几家处于后期的风险企业，确保在接下来的 5 年内，这些企业给它带来 16 亿欧元的收入。这一案例说明，大企业除了同时投资早期和后期的风险企业外，没有其他选择。

6.3.4 相关技术/产品

一方面，公司所处的阶段会影响大企业与初创企业合作的意愿，另一方面，初创企业的价值主张可能是推动大企业最初决定合作的决定性因素。考虑公司内部在创建新产品或新服务过程中遇到的困难，能有机会利用小企业已经概念化的产品是一件很有吸引力的事情。这可以让大企业节省很多时间和资源，同时大企业还能充分利用市场新进入者或其他行业企业的新的洞见。实际上，考虑到市场需求和该公司对特定纵向市场的适应情况，很多大企业愿意牺牲某些标准，而与拥有前景不错的产品或服务的初创企业合作。"率先面市"这一理念对泰勒·瓦伦丁创建的 Horizon Media 影响巨大，尤其是在竞争不激烈的纵向或横向市场，这一理念更加重要。"初创企业独特的产品对大企业有很强的吸引力。"瓦伦丁解释说，"这对初创企业了解它们在市场中的位置至关重要。"

6.3.5 沟通

在和大企业探讨它们筛选初创企业的标准时，笔者每次都能听到大企业一再提及高超的沟通能力。Giant Spoon（一家新型营销机构）的哈利·格林沃尔德－戈内利亚多次在演讲和会议上强调沟通的重要性。她建议"和每个人练习表达自己"。她提出这一建议是因为，她在很多会议上发现初创企业的创立者无法充分地表达他们的愿景和理念，而这阻碍大企业对初创企业进一步产生兴趣。"了解与你谈话的对象。"Horizon Media 的瓦伦丁这样解释，"在你开口介绍你的业务之前，先倾听桌子对面的人说话，不避讳确实存在的明显问题——我们是一家小型初创企业。"除了注意坐在桌子对面的人，个性化也是让大企业产生兴趣、希望与你合作的关键。Allstate（好事达）的战略创新董事莫伊塞斯·诺雷纳说："很重要的一件事情是，初创企业第一次与大企业会面时，需要说的太多，而互动的时间又太少。因此，我认为，初创企业在展示自己时，（它们应该）让内容具有相关性，（并且）根据对方的需求来调整展示的内容。"毕竟，和大企业打交道有时候很难。初创企业得不到回复或找不到相关的负责人，往往导致合作之旅半途而废。因此，初创企业的管理者先前具有大企业工作经验极为重要。他可以根据先前的经验，在正确的时候联系到大企业的各个主管。如果大企业的组织结构不合理，不便于与创新的初创企业合作的话，这种联系大企业主管的技巧就显得至关重要。一些大企业已经学会怎样调整组织结构才能够迅速发现和联系有前景的初创企业，成为后者的优先合作伙伴。CVC 资金、公司孵化器、加速器、协作中心都是实用的结构化方法，用以从初创企业引入新技术或与初创企业共同开发新产品。也有个别大企业系统地寻找合适的初创企业，向它们介绍自己未使用的技术。例如，Stamicarbon 就是从帝斯曼中剥离出来的一家企业，在全球范围内从事有关尿素技术的许可授权。Philips IP&S 是向其他企业，包括中小企业，进行技术授权的专业公司。这两家公司还提供知识产权一揽子服务，为的是让专利交易进行得更为顺利。总之，如果大企业能够提供与有潜力的初创企业合作的组织形式，那么初创企业在联系大企业并与之建立协作关系过程中经常遇到的障碍基本就会消失。那些及时消除初创企业与之联系的门槛的大公司会获得强大优势，因为越来越多的有前景的初创企业认为这种大公司是首要合作伙伴。这是"关系资本"——知道怎样主动寻找有潜在价值的合作伙伴——提升大企业竞争力的一个典型例子。[11]

6.4　大企业怎样发现合适的初创企业

初创企业数量庞大，多种多样。从如此众多的初创企业中，寻找创新伙伴对于大企业来说是一件极具挑战性的事情。不过，大企业可以通过多种方式寻找合适的合作伙伴。第一，大企业可以找风险投资机构帮忙，从风险投资机构那里了解有前景的风险企业。风险投资机构人脉广，非常了解某个技术领域里有前景的风险企业。第二，借助有关会议，比如芝加哥创业峰会，大企业可以接触到初创企业。第三，与初创企业合作的诸多障碍促使一些大企业组建内部孵化器、加速器或创新实验室，这些组织形式可以让大企业吸引和选择风险企业。第四，大企业还通过非正式网络，比如可靠的网络合作伙伴介绍寻找初创企业。

不过，数据库聚合提供了新的解决方案。很多新兴的在线平台（包括 Fu-elUp[12]）为大企业用系统量化的方式寻找合作伙伴提供了方案。虽然每个平台都提供了独特的解决方案，但是这些系统中的大多数只是起着搜索引擎和各领域、各垂直市场的初创企业索引的作用。因此，初创企业一定要注意自己发布在互联网上的信息，确保经常更新这些信息，并增强这些信息的吸引力：开始考虑与大企业合作之后，除了产品开发和测试，初创企业还应该在营销和品牌推广方面表现出专业性。对于 Sharewall 来说，公司的公关战略为公司与 MTG 合作奠定了基础。最初它让自己脱颖而出的一个办法是利用公关关系。公司找了一个公关机构，让公司的名字出现在该行业领先的博客和出版物上。这个办法很有效。公司引起了受 MTG 委托为其物色初创企业的一家美国公司的注意。仅在这样宣传后的三个月之内，Sharewall 就获得了一个大项目。不过，即使是在新兴的在线平台上，初创企业或大企业找到与之真正匹配的另一半依然不是一件容易的事情。Allstate 的战略创新董事莫伊塞斯·诺雷纳说："每次我问人们怎么找到初创企业的，他们总回答说，用我能用的各种办法。"

6.5　初创企业能够从与大公司的合作中获得什么

大企业在与初创企业建立合作关系时，都有自己的各种希望和预期，但是初创企业也应该对大企业有一定的要求和考虑。首先，初创企业要考虑自己是否适合与大企业合作。

One Month 是一家在线教育初创企业，其业务是向用户提供为期一个月的编程和网络技术速成课程。对于 One Month 的创立者克里斯·卡斯蒂廖内来说，与大企业合作不是眼前最优先的事情。因为有稳定的投资和坚实的基础，卡斯蒂廖内和他的团队没有马上考虑与大企业合作，而是持续改进公司的产品和组织结构。但是，如果与大企业合作有助于克服 One Month 遇到的阻碍（比如说无法深入接触潜在客户），那么卡斯蒂廖内早就会考虑这种合作路线。

对于与大企业合作存在一些担心和忧虑是可以理解的，尤其是考虑到初创企业和大企业之间的巨大差异。实际上，在考虑与大企业合作的过程中，初创企业需要思考一个关键问题：对方之前是否与初创企业有过合作。Horizon Media 的泰勒·瓦伦丁说："如果我是初创企业，我不想和一家从来没有和初创企业合作过的大企业合作。没有和初创企业合作过，就说明它们没有做好和你合作的准备。"泰勒·瓦伦丁从初创企业的角度，认识到了大企业拥有与初创企业合作经历的重要性。

在创建这种密切关系之初，通常双方都要经历艰难的寻找过程。因为双方在创新方式上可能存在很大差异，所以安德斯·易卜生创建的 Sharewall 在与 MTG 合作之前非常谨慎。对于 MTG 来说，与这家风险企业合作是它第一次与初创企业合作。这对 Sharewall 来说是一个巨大的挑战。易卜生解释说："和大组织合作是一个很大的挑战——我们甚至拿不到有关它们用户的一些关键数字，也存在一些限制。我事先预想到了这一点，果不其然情况就是这样。"这些困惑说出了初创企业与大企业合作的复杂性。投入数年建立新的部门定义责任之后，大企业在摒弃"过去的做事方式"方面遇到了困难。当大企业意识到大企业和初创企业之间的组织差异可能降低创新效率后，它们往往会想到建立创新实验室、训练营、加速器。虽然易卜生很希望与大企业合作、从合作中受益，但是，他也明白在创新过程中成为大企业的"小白鼠"可能面临的风险。易卜生说："这种合作是否能够成功，还有待观察。"

除了要有与初创企业的合作经历，初创企业还要考虑大企业想要通过合作实现什么目标。Horizon Media 的 "Invent at Horizon" 邀请初创企业发现新创意，而 Allstate 这样的大企业希望初创企业帮助其解决组织内的具体问题。

大企业出资组建的加速器项目往往立足于该企业原有的研发能力，而真正的大企业—初创企业合作一般源于大企业寻找某个特定问题的解决方案。MTG 与 Sharewall 合作的中心是，Sharewall 有能力帮助这家企业的 Viaplay（在线付费电视服务）开发一种产品，即可供用户按需收看的视频网络。虽然，帮助大公司解决具体问题，可以为小企业提供一个很好的研究案例，但是，要想避免合作中可能出现的各种问题，小企业一定要清楚大企业想要在问题评估中扮演什么角色。易卜生在解释 Sharewall 与 MTG 合作协议中的一些条款时说："MTG 想要我们开发一种用于其企业内部的产品……我们之所以考虑合作，只是因为 MTG 决心在全球各地的分公司里使用这款产品——因为存在商业牵引效应，所以这对我们有好处——但是如果产品开发没有成功，那么我们这三个月就算是白费了。"

初创企业还应考虑，与一家大企业建立关联对于公众认知意味着什么。前文提到，初创企业在寻求与大企业合作时，公共关系、共同品牌推广机会可以给初创企业带来可靠度和客户关注，还能带来其他方式所无法获得的"曝光"。但是，这种"曝光"的强度建立在大企业的声誉基础之上。例如，对于从事清洁技术研发的初创企业而言，如果与曾经污染过环境的大企业合作，对于公司的未来发展不但没有好处，还有害处。实际上，初创企业必须进行"尽职调查"，了解表现出合作意愿的大企业过去的历史和收入情况。毕竟，在积极因素显而易见的情况下，忽视消极因素可能带来无法预见的负面结果。

6.6　初创企业怎样与大企业谈判

即使是在专利技术仍然处于研发初期，推向市场还需数年时间的时候，初创企业怎样与大企业就专利技术的商业化开发展开谈判？

以一家专注于脂质技术，旨在提升人们健康状况的初创企业为例。[13] 这一技术可能在功能食品应用（例如补充食品原料）、保健品、护肤品方面具有相关性。假如初创企业注册了这一技术的专利权，而一家业务遍布全球的食品原料生产企业在寻找能够提高收入的新型原料。这家初创企业缺乏将这一技术商业化的资产，而这家大企业在寻找一种突破性技术，这两家企业存在战略上的契合点。两家企业应该和对方达成合作协议。直接收购这家初创企业或这项技术不是一个好办法，因为这项技术仍旧处于早期阶段，仍然有很大风险。于是，一旦这家大企业中对这项技术的商业化感兴趣的那个部门与这家初创企业合作达成一致，这家企业就会考虑收购这家初创企业的少数股权。

在达成谅解备忘录的过程中，双方都应该解决哪些问题？下面是一些有助于双方谈判的指导原则。

（1）**了解两家公司作为合作伙伴能够从合作中获得什么**。双方能一起把这块蛋糕做到多大？明确这一点对弄清楚双方能贡献出什么（包括资产、能力），需要对方提供什么很有用。如果存在很好的战略匹配，那么双方就可以达成一个双赢协议。明确双方可以获得的好处，对于谈判而言是一个良好的开始。

（2）**定义双方之间存在的潜在"紧张区域"**。即使是双方存在完美的战略契合点，它们之间同时往往也存在利益的冲突区域。在这方面，最重要的因素是两个企业之间的许可权协议。第一，大企业想要获得相关技术的独占许可权，因为它不想让竞争对手也染指这一技术，而初创企业可以将这种独占权利交给大企业，但前提是，它有权将这一技术授权给其他领域的应用。因此，独占权一般仅限于该大企业的运营领域（食品原料、饮料原料，甚至更为狭窄的领域，如补充食品领域）。第二，早期阶段的技术往往可以用于多个应用领域。即使大企业要求只将这一应用用于它所专注的领域，初创企业也必须给自己保留这些权利。第三，大企业希望防止这一技术落入竞争者手中。因此，它希望获得"优先参与权"，即希望在协议中约定，初创企业在与第三方达成合作交易前，必须优先考虑这家大企业。

（3）**初创企业在这一谈判中的地位如何？决定它话语权的因素是什么？**新技术是初创企业唯一的关键资产。在与大企业协作创新时，大企业可能做大部分研发工作，全面负责技术的商业化和产品生产，而初创企业只扮演着一个无关紧要的角色。初创企业规模小，缺少资金和能力，并且不参与产品生产和销售，但并不意味着初创企业在谈判中的话语权弱。相反，它可能在谈判中拥有很强的话语权：它拥有的技术可能在市场层面上给大企业带来"先发优势"。初创企业的谈判话语权取决于它可以采取的各种选择。初创企业可以和大企业合作，也可以和该大企业的某个竞争者合作，还可以和某个大型食品生产企业（例如联合利华、雀巢）合作。考虑到大企业和初创企业之间的战略匹配，与这家大企业合作可能是最好的选择。但是，如果初创企业有很多的合作伙伴可以选择的话，它在谈判中就会拥有很强的话语权。相反，竞争性技术的存在会弱化初创企业的话语权。

（4）*评估潜在市场*。在这一案例中，一家大企业在 B2B 市场上做销售工作（该公司的客户包括雀巢这样的公司）。那么进入 B2C 市场会怎样？这种原料能不能作为添加到午餐或晚餐中的补充食品在 B2C 市场上销售？如果大企业只对 B2B 销售感兴趣，那么初创企业只剩下了一个选择，即将这种原料作为补充食品来销售。

（5）*打造一个"安全网"*。初创企业一定要确保大企业能够高效地生产和销售这种原材料。可以想到的是，大企业可以找到另一种技术，并根据这种技术生产产品，或者竞争者可能抢先将自己的产品推向市场，这样就会挤压原技术的市场潜力。初创企业还应该确保，在某个约定的时间点之前，大企业至少生产出一定数量的这种原料。合作协议还应约定有关激励大企业销售更多这种原料的措施。其中的一个办法是，双方同意确定不同的销售数量阶段。销售量每超过某个数字，技术使用费比例就要降低一档。

（6）*定义初创企业的活动范围*。大企业同初创企业进行的、与这家大企业直接相关的商业应用之间具有直接的利益关系，因此希望初创企业只专注于这一商业应用。但初创企业显然希望同时开发脂质技术平台的其他应用领域，其中包括脂质护肤原料、药品传递系统等。不同于能够提升和扩展现有产品的渐进式创新项目，早期阶段的技术可行性很不确定。初创企业往往必须探索多个存在潜在前景的应用领域，在找到最终的"击球点"之前，要提出多个商业模式。如果大企业强力要求初创企业只开发大企业需要的那个应用，那么，这将降低初创企业的潜在市场价值。

（7）*大企业要在谈判中要求获得初创企业（相关的）知识产权的使用权*。

一旦双方达成合作协议，两家公司就应该以相互了解的精神共同开发食品原料。初创企业的经理人可能因为担心知识泄露而不愿意将机密信息公布给合作者。但是，了解初创企业相关技术平台的背景知识是加快开发过程至关重要的一步。初创企业可以以对方使用它的知识产权为条件，要求使用对方的测试设备、研发实验室、专利申请技巧以及相关资源。

总之，如果谈判方式得当的话，初创企业完全可以从与大企业的合作中获得很多好处。但是，没有经验的初创企业往往抱有不切实际的预期，比如超出预算的技术使用费、过高估计技术在最终应用中的作用，或在技术处于初期阶段、可能面临很多技术和市场风险时，就要求对方支付高昂的预付费用。初创企业还应该意识到，它们需要大企业和大企业需要它们，二者在迫切程度上是一样的。同时，初创企业不会因为规模小、技术商业化方面经验不足就一定在谈判中处于弱势地位。选用经验丰富的人参与谈判和起草许可协议很有必要。在这方面，风险投资公司支持的企业很有优势，因为风险投资公司的人很擅长知识产权交易谈判，会细心跟踪初创企业和大企业之间的安排。

6.7　关键要点

如果合作关系管理得当的话，大企业和初创企业之间的合作可以让双方都受益。在与大企业签订合作协议时，小企业应该考虑以下因素。

（1）和大企业合作可以给小企业带来很多好处，其中，支持、关联、测试能力、学习机会、公众曝光度和品牌认知度是极为重要的好处。

（2）初创企业还应该评估自己是否准备好与大企业合作。问问自己：你的产品距离能够上市销售还有多远？你的团队是否准备好与大企业合作？接下来几年的目标是什么？最重要的是，你需要哪些资产和技巧？弥补这些不足的最佳方式是什么？

（3）初创企业应该考虑到，大企业必须通过协作获得足够的好处。只关注自己的利益就无法达成合作协议。相反，必须综合考虑双方的利益。在寻找合作伙伴过程中，初创企业的创立者应该意识到大企业的需求。了解小企业和大企业战略目标的契合点至关重要。

（4）初创企业应该意识到，与大企业合作还会将它们暴露在风险中。因此，在与大企业签订合作协议之前，一定要仔细想一想，与大企业合作是否适合你的企业。在与大企业合作期间，合作伙伴之间的差异会导致很多问题。例如，大企业缓慢低效的决策流程往往是一个很大的问题，它们不愿意与初创企业分享信息，而这些信息对于双方的合作取得成功很有必要。初创企业不了解合作伙伴的复杂的不透明的决策流程。由于这些潜在的问题，初创企业必须对潜在的合作伙伴做一番"尽职调查"：它们与初创企业合作的过往记录如何？它们怎样分享协作成果？它们怎样解决问题和冲突？

（5）与大企业谈判合作事宜不是一件轻而易举的事情。如果拥有完美的战略契合点，双方共同创造的价值将非常可观。理性的谈判应该让双方都受益。不过，再好的馅饼也要分开。例如，有关许可协议的谈判本身就是一门艺术。6.6 中的案例可以帮助高新技术初创企业了解怎样与大企业就建立合作关系进行谈判。后者将进一步开发和商业化前者的一项技术。

7

中小企业与大企业合作的
两个例子

在第 7 章里，笔者用两个翔实的案例阐述了初创企业怎样与大企业合作。一个例子介绍了初创企业怎样在大企业的某个不使用的技术的基础上打造一项新业务。另一个例子说明了大企业怎样在小企业的专利技术的基础上创造一个新的产品类别。

7.1　与大企业合作

小企业往往需要和大企业合作才能将它的技术商业化。大企业可以通过其强大的生产能力、品牌和分销系统，将小企业的技术商业化。中小企业往往需要依赖大企业才能从它们的创新中获得价值。[①]例如，中小企业面对侵权行为的诉讼能力欠佳，尤其是侵权行为来自与之合作的大企业时更是如此，所以它们从知识产权中获利的能力有限。在美国，从专利侵权诉讼到庭审裁决，每一项诉讼费的中位数至少为 50 万美元，这还是在涉诉金额相对较低的情况下。[②]这一成本是大多数中小企业无法承受的。除了法律诉讼的高成本和高风险之外，随着小企业越来越依赖大企业的投资和互补性资产，与大企业合作的小企业还可能会面临"被套牢"的风险。这种战略上的依赖性让小企业很容易"受伤"：当它发现自己的专利权被大企业侵犯时，它也无力向大企业提起诉讼，哪怕是客观的法律评估认为小企业胜算很大的时候也是如此。与一家资金雄厚的大企业打官司不是大多数中小企业的可行选项。

只有大企业和小企业之间的关系建立在相互信任的基础上时，开放式创新才能成功并带来双赢的结果。目前大企业与小企业之间的合作机会有所增加。越来越多的大企业与小企业成功合作，推出了突破性的产品。推动这种合作趋势的因素是产品周期缩短、国际竞争加剧、技术复杂性增强。大企业同时依赖内部和外部两方面的知识来创造新业务的趋势愈发明显。[③]即使是宝洁、杰克·琼斯、谷歌、联合利华、飞利浦和西门子等业内巨擘也越来越依赖外部合作伙伴的技术和专长。大学、研究实验室、相关专家、领先用户、知识中介是外部知识的几个潜在来源。对于大企业来说，规模小、通常有风投资金注入的高新技术企业是另一类前景不错的外部知识来源。越来越多的大企业一再与这类初创企业合作，因为它们很想成为这些高技术创业企业的首选合作伙伴。大企业开始了解怎样避免冲突，怎样根据创业风险资本家的目标来调整自己的战略增长目标。虽然作为投资者的大公司与风险投资机构在利益上很少完全一致，但是双方必须处理好潜在的"紧张关系"。大企业须树立起可信赖的投资者形象，这样才能反过来吸引到全球范围内最有价值的风险企业。

开放式创新还意味着大企业必须将它们不使用的技术变成钱。[④]大企业有很多闲置的技术。大企业应该将这些技术授权出去或者卖出去，如果这些技术已经作为公司内部的一个新业务项目进行研发，那么，不妨将这些技术剥离出去。一些大企业通过寻找将这些技术推向市场的外部渠道，成功地提升了公司"知识库"的生产率。虽然大企业的闲置技术为一些企业家或小企业开辟新业务提供了丰富的机会，但是，大企业并无真正的动力与小企业进行技术交易。大企业认为，这个过程累赘且耗时，因为小企业提供给许可者的收入很有限，而高效的技术转让可能需要大企业投入大量工程时间。另外，技术许可出去后，大企业要承担知识泄露的风险，从而导致不利的竞争效应。

虽然之前大企业与小企业的合作困难重重，但是形势在变化。越来越多的大企业开始探索与众多外部创新合作伙伴，包括小企业，进行合作的新方式。在这一章里，笔者将介绍两个大企业与小企业成功合作的例子。第一个例子是有关 Isobionics 的例子，意在说明企业家怎样通过从大企业获得技术许可，成功地建立一家风险企业。在这个例子里，初创企业成功地将从一家大企业获得许可的技术商业化。第二个例子是有关 AirFryer 的例子，意在介绍飞利浦怎样为公司的厨房用具部门，从一家规模很小的工程企业引入了一项技术。在这个例子里，大企业将小型工程公司的技术进行了商业化，将相关产品推向了市场。

7.2　Isobionics：将大企业的闲置技术变成业务

大企业是新技术的宝库。但是，大企业的研发实验室开发的众多技术性发现里，只有很少一部分转化为产品被推向市场。大企业开发出来的大多数技术被束之高阁。[⑤] 不过，越来越多的企业开始实施"不用就作废"的战略。例如，宝洁推出了一个专利战略，旨在加快公司的创新流程：公司开发的所有技术在被引入市场（即被使用过）三年后或专利申请获得批准的五年后，可以向外授予许可。[⑥] 从许可授予中获得的收入将投入到拥有这一技术的业务部门。用这种方式，该业务部门可以平衡市场竞争加剧带来的风险与从技术许可中获得的技术使用费收入之间的关系。Philips IP&S 是另一个例子：IP&S 将飞利浦拥有的知识产权、服务、专长等通过许可的方式授权给其他企业。IP&S 认为知识产权是通过技术的许可和销售创造价值的资产。公司闲置的技术和不再使用的技术仍旧能通过许可协议或技术销售的方式给公司创造价值。

越来越多拥有深厚技术能力的大企业用这种方式将技术推向市场。不过，初创企业和小企业怎样受益于大企业的这种"外向型"开放式创新战略，仍然是一个仁者见仁、智者见智的问题。小企业怎样与这些大型的技术提供者协作？大企业与小企业合作的挑战或潜在障碍是什么？笔者深入思考了这些问题，分析了初创企业 Isobionics 怎样在数年时间内，在一家大型制造企业的一项技术的基础上，开发出快速发展的新业务。

Isobionics 是托因·詹森于 2008 年创立的一家荷兰生物技术企业。该企业位于荷兰东南部斯塔德 – 赫伦市的切梅洛特化工园区。[⑦] 该企业运用生物工艺开发了一系列香料香精。这种生物工艺的基础是专注于生命科学和材料科学产品的荷兰大型化学品公司帝斯曼开发的专利平台技术。[⑧] BioValencene 是 Isobionics 的第一款产品，上市于 2010 年年底。BioValencene 是一种橘味调味品，可以用于食品、饮料，也可用于香料香精行业。它广泛用于软饮料、洗涤剂、肥皂和高档香水中。在市场上，它与传统的巴伦西亚橘烯竞争，传统的巴伦西亚橘烯提取自橘子皮，因此成本相对较高。[⑨] Isobionics 因为推出 BioValencene 而获得了 Frost & Sullivan（弗若斯特沙利文）2010 全球技术创新奖。在谈到这一产品的价值时，评委会表示，"它提供了一种独特的技术，能够颠覆当前的市场。它在成本上具有竞争力，能够改善产品功能和生产效率。"[10]

Isobionics 案例展示了初创企业怎样将从大企业手中获得的技术商业化。Isobionics 的故事可以追溯到 2007 年，当时帝斯曼的研究人员提出了一个想法：使用多种关键酶，通过微生物合成某些食品原料。这一想法让 Isobionics 后来开发出一个香料香精（F&F）产品平台。这一平台的潜在应用范围很广，从香料香精一直到农业化学产品（杀虫剂）和医药产品。当时，这项技术没有在帝斯曼生根发芽。公司一度将很多项目"剔除"出创新通道。这件事很常见，因为大型企业的创新往往开始于很多好的想法，止于公司将这些想法变成新产品推向市场。在这项技术被剔除出公司的创新通道之后，公司管理层想从外部物色一个愿意将这一技术商业化的合作伙伴。托因·詹森正好先前曾经在荷兰皇家飞利浦电子公司担任过数十年的业务总监。此前，他还曾在 AT&T（美国电话电报公司）、Flexsys（富莱克斯）任职。有人向他和其他人介绍了这一闲置的技术。分析过这一想法和粗略的商业计划之后，他认为，用帝斯曼的生物技术工艺来合成香料香精是一个有前景、颠覆性的创新项目，可以大幅降低香精的生产成本，生产出新型的香料。

决定投身开发这项技术之后，他面临多个重大挑战。

第一，他要制定一个稳健的战略。他打算开发的 F&F 产品可以运用于多个应用领域，但他只专注于 F&F 领域，因为农业化学和药品领域需要公司达到很高的技术标准，审批流程非常复杂。相比较而言，进入 F&F 市场所需的审批只需一两个月，因此詹森决定只专注于 F&F 领域，他表示：

> 生物技术领域的大企业可以同时生产生物燃料、药品、化妆品、F&F、润滑剂和橡胶。但是，小企业必须严格专注于 F&F，因为你必须了解这个行业，才能生产出满足客户需求的产品。了解生物技术并不意味着你肯定能在 F&F 市场取得成功，了解 F&F 是一件需要专门投入时间去做的事情。虽然我们的技术平台可以用于农业化学行业，但这个行业有它自己的化学定义和送货要求。如果你想进入农业化学行业，你必须建

立一个独立的专门从事这一业务的工厂。⑪

　　F&F 行业已经存在了好几个世纪。在历史上，香料香精的生产原料一直是自然资源，如玫瑰花、橘子、葡萄柚以及其他植物等。但是现在，这个行业开始寻找替代方法（生物技术），因为这些自然资源的使用量已经接近极限。帝斯曼开发的生物技术可以为 Isobionics 提供相较于传统 F&F 生产企业而言巨大的成本优势，并且，如果与某些客户合作，Isobionics 还可能开发出新型的香料香精。鉴于当时市场上的香料香精产品已超过 3000 种，因此，詹森必须决定首先开发哪种香精。巴伦西亚橘烯（提取自橘子）和香柏酮（提取自葡萄柚）是 Isobionics 决定首先开发和生产的两种香精，鉴于其原料 β－榄香烯已经于 2015 年被提炼出来，⑫在技术上，这些产品相对容易开发一些。市场虽然很小，但对于 Isobionics 这样的小企业生产的产品已经足够了。巴伦西亚橘烯和香柏酮可以看作是产量小、售价高的产品。根据从 F&F 行业获得的信息，詹森预测，2010 年，巴伦西亚橘烯的市场规模为 600 万美元，香柏酮的市场规模为 3000 万美元。随着 2009 年巴伦西亚橘烯产量暴增，数年的研究让他发现，这个市场的规模比先前预测的要大，甚至可能达到 1500 万美元。虽然市场没有增长，但 F&F 企业不愿意向 Isobionics 透露有关它们实际产量和供应商价格的信息。巴伦西亚橘烯和香柏酮市场很小，对于 Isobionics 这样的小企业来说，是一个理想的领域。⑬产量小、售价高的优势为大企业所不屑，因为这些市场对于提升它们的经营利润来说没有什么明显的作用。小企业在某种程度上可以用这种小众市场来规避大企业的竞争。率先开发巴伦西亚橘烯和香柏酮还有一个优势，即客户与客户的需求基本类似。

　　在接下来的几年里，Isobionics 可以考虑进入其他香精市场。Isobionics 先后与欧洲的几所大学、帝斯曼以及其他创新合作伙伴开发了新的香料香精（截止到 2015 年，开发檀香和广藿香仍然处于准备阶段⑭）。然而，一些规模比较大的市场，如香草醛、草莓醛被排除在詹森的考虑范围之外，这是因为它们不属于类异戊二烯化合物。Isobionics 用来发酵的微生物属于类异戊二烯化合物：这些微生物生存在湖水中 10 千米深处没有氧气的地方。在没有氧气的情况下，湖水中就会产生类异戊二烯化合物。Isobionics 还竭力避开规模很大的市场，比如薄荷醇（市场规模为 2.75 亿美元），因为一旦公司进入该市场，会与大企业产生竞争关系。F&F 生物技术产品的生产企业之间的竞争关系并不激烈。2010 年，Isobionics 有两个主要竞争者，但是，有了 3000 种香精，Isobionics 就很容易避免竞争。考虑到专利技术和开发技术需要数年时间，该行业的准入障碍相当多。

此外，由于市场的生产能力过剩，Isobionics 可以轻松地找到发酵罐，不需要投资生产设施。[15]对于 Isobionics 来说，能够生产出某种香精的微生物的开发成本绝对是最大的一笔投资。开发一种新型自然原料的成本可能高达 500 万欧元。

第二，托因·詹森必须给它的初创企业筹得投资。当时，Isobionics 成立不久，这家生物技术初创企业需要大笔投资来推进公司第一批香精的开发和商业化。传统的风险投资基金在 Isobionics 刚建立时不大愿意投资 Isobionics，因为这家风险企业需要大笔投资，而在风险投资基金看来，这种初级阶段的投资风险太大。[16]最后，在最初几年里，Isobionics 通过一系列复杂的融资方式，拥有了雄厚的资金。这家初创企业的资金来自于风险投资基金、Technostars（一家投资公司）、Limburg Ventures（帝斯曼参与过的一家区域性风险投资基金）、银行贷款、当地和国家给予的补贴。Isobionics 与帝斯曼建立了合作关系，在帝斯曼技术的基础上开发了一项业务，获得了"光环效应"。与实力雄厚的大企业之间的合作为这家成立不久的初创企业带来了必要的资金。

最初获得的资金让 Isobionics 能够开发这项技术，为公司的第一个产品 BioValencene 的商业化奠定了基础。在接下来的几年里，公司走上快速发展道路，需要更多的资金：在接下来的五年里，越来越多的风险投资机构为 Iso-bionics 的发展提供了资金支持。随着企业信誉和效益迅速提升，寻找新投资者已不再困难。2014 年，Isobionics 完成了新一轮融资。除了从原有投资机构获得资金之外，公司还从专门投资成熟初创企业的风险投资机构 Van Herk Ventures 那里获得了一笔资金，从帝斯曼的风险投资部门帝斯曼 Venturing B. V. 获得了一笔资金。这些资金帮助 Isobionics 迅速扩大了 BioValencene、BioNoot ratone、β - 榄香烯产品的产能。帝斯曼 Venturing B. V. 的投资数额巨大：帝斯曼风投部门的这一投资属于战略投资。这意味着，帝斯曼在 2008 年将技术许可提供给 Isobionics 之后，现在考虑将 Isobionics 看作是一个有前景的发展机会。帝斯曼 Venturing B. V. 握有 Isobionics 的少数股权，就等于帝斯曼给自己提供了一个选择方案：它可以跟踪这项技术，将其产品直接商业化，将来如果有机会，就收购 Isobionics。换句话说，Isobionics 是一个有趣的例子。它说明了大企业怎样通过外部途径（技术许可）来将闲置技术商业化，并且，这家风险企业显现出真正的商业前景时，大企业就会产生一个增长方案。这家大企业可以将深入内部研发时风险太大的技术或项目授权或剥离出去。这是将技术变现的好办法。但是，随着这家大企业的风投部门获得了小企业的少数股权，这些技术还能够带来新的战略增长方案。[17]詹森这样解释："Isobionics 的建立和增长对于帝斯曼来说也是一件很有意义的事情。如果没有 Isobionics，帝斯曼的这项技术肯定会继续闲置下去。通过将这项技术授权出去，帝斯曼就可以将这项技术转移到公司边界之外，而初创企业得以飞快将这项技术商业化，因为大企业的决策速度很慢，而且大企业厌恶风险。一想到任何风险，它们就有足够的理由停止这一项目的开发和商业化。我认为，这种厌恶风险的思维方式，会令大企业毁掉很多创新活动。"[18]

第三，没有各种创新合作伙伴持续的技术支持，Isobionics 不可能取得成功。Isobionics 是一家资源贫乏的初创企业：第一批产品的开发和试生产不得不求助于合作伙伴，其中包括几所欧洲大学、研发实验室、帝斯曼和价值链上的其他合作伙伴。这家初创企业与帝斯曼以及其他几个技术合作伙伴签订了合作研发协议，共同研发和着手生产 BioValencene。帝斯曼和 Isobionics 开始技术合作之后，帝斯曼的研发人员就会继续像开发帝斯曼的内部项目一样，重新开始这一技术的研发工作。他们的经历给 Isobionics 提供了显著的优势。但是，从大型技术合作伙伴那里争取研发时间不是一件容易的事情，因为对初创企业来说，这种基于协议的合作不仅要证明经济上的可行性，还要与这家大企业内部进行的很多项目相竞争。一旦初创企业开始呈现出良好的发展势头（如同 Isobionics 的情况），大企业的经理人就会看到研发协作的价值，与初创企业合作的抵触情绪就会少很多。

第四，托因·詹森还必须从帝斯曼获得这一技术的许可。双方经过谈判，签订了一份许可协议。根据这份协议，Isobionics 可以将帝斯曼的这项技术用于 F&F 行业。与大企业的业务经理签订许可协议不是一件容易的事情，对方往往不愿意将技术授权给一家初创企业，因为在协议签订之际，初创企业仍旧需要不断烧钱。因此，他很有可能在这方面犯错误。因为与初创企业签了许可协议之后，很可能在短短的四五年之后，这项技术就可以给企业带来技术使用费收入。而且到那时，那位业务经理人可能肩负着公司内部的其他职责。另外，初创企业的技术预算很少，无法给这位经理人的职业生涯带来明显影响。出于以上这些原因，詹森不得不从帝斯曼内部寻找创新的支持者，设法让那位经理人认真考虑技术授权这件事。创新支持者是帝斯曼内部的几位高级主管，他们坚定看好 Isobionics 的发展。参与缔造 Isobionics 的所有人都认为，詹森先前在大企业中任职积累的管理经验对于与大企业打交道，确保 Isobionics 成功发展至关重要。詹森说："在 AT&T 和飞利浦公司的工作经历让我知道了大企业的运作方式，没有在大企业工作过的初创企业创始人没有这种经历，在与作为合作伙伴的大企业打交道时会烦得要命，因为他不懂为什么大企业决定使用一项技术要花那么长时间。我了解其中的原因。我知道大企业的主管们需要很多时间做决定，这是低效而官僚的决策流程使然。我很了解这种流程，没有捷径可走。"[19]

这些年来，Isobionics 与帝斯曼的技术协作逐步停止。詹森将此看作一个自然的演化过程："开始的时候，帝斯曼在研发方面给我们提供了很多帮助。但是，Isobionics 的员工在公司具体技术的掌握方面已经超过了帝斯曼。这就像是，开始的时候，你要做的是一辆自行车，可是后来你升级到了做电动自行车。到了这个时候，你对电动自行车的了解超过了当初提供给你自行车的那家企业。"相较而言，Isobionics 加大了与大学、研发实验室的协作力度。最初，这家初创企业只与两所大学合作。2015 年，合作范围扩展到世界范围内的 6~8 所大学，每家大学都拥有各自技术领域的独特优势。

Isobionics 经常根据战略需要物色新技术。遇到研发问题时，詹森往往首先向外部合作伙伴求助。只有找不到具有相关技术专长的合作伙伴时，他才会决定启动内部研发项目。他解释说："如果我们自己做研发的话，就需要雇用研发人员，而这需要长达半年的时间。所以，我们反其道而行之。这是一个两方面的结合。我们公司扩张得很快，因此行动必须要快。引入外部研发

150

成果可以让速度快很多。我们拥有设备和专业人员。我们可以将外部技术引进来，然后在内部进一步研发，这也是一个两方面的结合。还需要注意的是，研发项目的价值会随着时间的推移而逐渐降低。这个技术可能在今年很有价值，但是明年，你可能就会转向另一个产品或技术，就不再需要先前的那项技术了。因此，建设一个造价高昂的实验室，几年之后将雇来的研发人员辞退重新雇用另外一拨人，完全没有必要。但是，我们内部员工具备有关微生物的基本知识。公司内部一直掌握着核心技术，它不会流失到外面。"[20]

托因·詹森十分看好开放式创新：他首先考虑从外部引进技术，如果不可行，作为次选方案，他才会选择进行自主开发。Isobionics 通过三个办法从开放式创新中捕获价值。第一，这家初创企业结合运用专利、商标、商业秘密，很好地保护了自己的核心技术。第二，Isobionics 非常倚重外部技术，与具有先进技术的大学、科研机构合作。这些共同的技术项目往往专注于复杂多变的技术需求的某个方面。在这种情况下，开放式创新就不能催生出外部竞争者，即使初创企业在大多数技术上都依赖于外部合作伙伴也是如此。第三，初创企业应该充分吸收和消化外部知识并将其融入自己的技术基础。这种融合不是一个简单的过程，它可以确保初创企业的基础能够及时得到更新和升级。在这个意义上，Isobionics 正在打造一种动态竞争优势，确保自己领先于市场上的潜在效仿者。

Isobionics 将开放式创新理念更加向前推进了一步：大多数大企业担心自己的技术专长被泄露出去，给其他企业试验其技术的机会。因此，它们倾向于向合作方公布一些虚假的项目，从合作方关于虚假项目的实验结果中了解情况。相较而言，Isobionics 向外界开放的都是真实项目。Isobionics 面临这样一个问题：F&F 领域的其他生物技术企业都以酵母为基质研究生物技术，而 Isobionics 使用的是深湖中的一种不知道名字的微生物。有关酵母的大量应用都被注册了专利，这让新的应用很难申请到专利。相较而言，帝斯曼的微生物没有名字，因此不必去申请酵母方面的专利。为了增强这种微生物的应用潜力，Isobionics 最近将这种微生物向外界开放。公司希望外部公司继续开发这项技术，以便获得有关新应用的反馈、提升和建议。这就像是开放的软件社区。在这个社区内，人们可以"摆弄"微生物，以便为实现某些具体应用而改进这些微生物。当然，初创企业会详细确定外部人接触和使用这些微生物的条件。他们可以使用 Isobionics 的工具，Isobionics 会派人教他们怎样改变这些微生物。然后这些人再教其他人。随着越来越多的人熟悉了这项技术之后，新应用的数量就会增加，Isobionics 就更容易找到可以熟练使用这项技术的技术人员，公司可以从这些外部实验中获得免费反馈。

Isobionics 有关研发的开放式创新战略完美地契合托因·詹森广泛的轻资产管理理念，他曾经长期供职于电信和电子领域，而在这两个领域，与合作者合作进行大多数活动是常态。他解释说："在市场产能过剩的情况下，我从来不想建工厂的事情。我与化学行业的其他初创企业创立者交流时，他们问我的第一件事是打算什么时候建试产工厂。我不建工厂是因为我在电子行业的教育背景。真的，在整个化学和生物技术行业，我是唯一坚持这样做的人。"[21]Isobionics 是一个轻资产商业模式的极端案例，因为公司将这一模式用于公司的生产、销售、研发和其他商业活动。Isobionics 没有自己的生产设施。但是，2015 年，这家初创企业开始建设一个小型的试产工厂，为的是更好地应对客户不断变化的产品需求。

Isobionics 还将产品销售外包给了帝斯曼。这家初创企业与帝斯曼签订了分销协议。在合作研发有所减少的情况下，双方于 2013 年签订了一份协议。根据该协议，帝斯曼负责在全世界范围内销售 Isobionics 的巴伦西亚橘烯和香柏酮。帝斯曼为两种产品组建专门的销售团队。依托物流系统和大型库房，帝斯曼可以在数年内将货物送到全球的任何一个角落，它还可以作为客户的财务合作伙伴。F&F 是一个全球市场，客户经常希望业务上稳健行事，通过帝斯曼送货就可以打消他们在这方面的顾虑。帝斯曼还拥有强大的物流能力，可以对货物进行质量审核，确保客户拿到的 Isobionics 产品是高质量的产品。因此，良好的物流设施提供了质量和物流上的优势。借助帝斯曼，Isobionics 建立了一个小型而高效的香料香精销售团队。帝斯曼是 Isobionics 的第一个研发合作伙伴，不过，随着 Isobionics 在技术知识方面日渐精深，帝斯曼的这一角色发生了转变：随着 Isobionics 越来越走向世界，帝斯曼转变成为一个得力的销售合作伙伴。

总的来说，Isobionics 这个例子说明了怎样通过使用大企业的闲置技术建立一家有前景的风险企业。这是一个典型的双赢结局，与帝斯曼协作让 Iso-bionics 在多个方面受益。第一，它可以获得颠覆性的闲置技术，而这一技术是它成功的基石。第二，它可以利用帝斯曼的声誉，得以与大学、技术实验室、商业合作伙伴合作。第三，帝斯曼是一个规模庞大、声誉卓著的合作伙伴，为 Isobionics 的产品提供了深入研发和技术方面的巨大支持。虽然后来帝斯曼作为技术合作伙伴的相关性逐渐降低，但这家初创企业在全球范围内迅速扩张过程中，充分利用了帝斯曼在 F&F 领域优秀的销售团队和物流设施。作为回报，帝斯曼也从对 Isobionics 的投资中获得了丰厚的利益。第一，它有机会追踪 Isobionics 的发展。由此，它获得了有关这一技术在 F&F 应用方面的启示，它可以将这些启示用于其他行业。第二，Isobionics 的建立意味着帝斯曼中止研发的技术可以继续得到研发。新的研发成果对于帝斯曼在相关领域的研发工作很有借鉴意义。第三，帝斯曼还可以看到，可以自由进行管理决策的初创企业是怎样高效进行有关新技术研发和商业化的决策的。最后，2014 年，帝斯曼 Venturing B. V. 的参与为这家化学企业提供了一个选择：如果 Isobionics 发展势头良好，可以为帝斯曼带来良好增长机会的话，帝斯曼可以出资收购它。

Isobionics 的例子说明了初创企业怎样用大企业的闲置技术建立一项业务。在 7.3 中，笔者将说明，大企业怎样将小企业的技术推向市场。

案例研究 8：Isobionics

Isobionics 是一家荷兰初创企业，成立于 2008 年。它的主要业务是为香料香精行业提炼天然成分。该公司在产品提炼过程中创新地使用了发酵流程，使之给食品、饮料和 F&F 市场提供的天然产品质量更高。这项技术的开发者是帝斯曼。帝斯曼是家荷兰化学公司，它的业务遍布全球，2016 年的净收入达到 79 亿欧元。帝斯曼在生物技术和新材料方面技术实力雄厚。

创设 Isobionics 的想法是在 2007 年年初种下的。当时，托因·詹森与弗兰克·沙普见面。后者是切梅洛特化工园区的新业务开发人。切梅洛特化工园区是小企业在化学领域的"开放园区"，与帝斯曼都在荷兰的斯塔德－赫伦市。切梅洛特化工园区的基础设施和服务包括世界级的实验室、研究设施、开发服务以及从高性能材料到工业化学的全方位技术。㉒曾经担任飞利浦董事的托因·詹森一开始想买下切梅洛特化工园区的一个工厂。但是，弗兰克·沙普给他的提议是：为什么不买一个帝斯曼中断的研发项目？

2016 年，弗兰克和托因见到了他们的同行里纳斯·布罗克斯曼。里纳斯开发了一项技术，可以通过生物技术发酵生产一种叫作类异戊二烯的化合物。一般来说，生产类异戊二烯需要耗费巨额资金和大量精力，但是通过里纳斯的技术生产出的产品质量更高，流程更为简单，而且价格仅为先前的一半。

里纳斯决定将这一技术提交给帝斯曼的创新中心的新兴业务部。新兴业务部是帝斯曼旗下 EBAs 的一个部门，其目的是开拓帝斯曼现有核心技术领域之外的创新领域，并在帝斯曼内部完成相关创新的专业化。在 2006 年即将结束之际，EBAs 打算放弃这个项目，因为它不在帝斯曼的战略范围之内。但是，研发总监雅克·莱斯顿坚持认为，这一项目具有相当大的潜力，建议帝斯曼的研发人员用其他方式来提升这项技术的价值。根据他的建议，里纳斯告诉弗兰克·沙普，他有一个建立初创企业的想法。里纳斯和弗兰克意识到，初创企业成功的关键是，必须有一个经验丰富的业务开发经理，因此他们开始从外部寻找经理人。在那之前，弗兰克·沙普已经见过了托因·詹森。

托因意识到这个项目前景巨大之后，决定接受这一挑战。他制订了一个商业计划并着手寻找资金来源，设法与帝斯曼达成合作协议。与帝斯曼达成合作协议不是一件容易的事情，因为帝斯曼在这种"外向型"开放式创新方面没有经验。另外，先前从事过这一项目的帝斯曼研发人员对这个项目的发展并不看好。他们觉得，长期以来花在这个项目上的心血白费了。托因·詹森靠着他在飞利浦公司内积累的工作经验和管理技巧，说服了帝斯曼的主管们，让他们相信这个项目具有非凡的商业潜力。詹森与帝斯曼签订研发与知识产权协议，获准在约定的应用领域使用帝斯曼的发酵技术之后，詹森建立了 Isobionics。一开始，公司只有四个人。除了托因·詹森、里纳斯·布罗克斯曼之外，帝斯曼根据协议派来了西奥·索科博士和项目经理马里恩·里克斯。Isobionics 立即开始与荷兰瓦格宁根农业大学的国际植物研究所合作研发。他们将公司设立在切梅洛特工业园区，距离帝斯曼的实验室仅仅数百米。这是为了便于 Isobionics 和帝斯曼的研发人员相互交流和互动，有助于加快研发和决策。

托因通过申请补贴，成功地筹措到了资金，并引起了 Limburg Ventures B. V. 的注意。Limburg Ventures B. V. 由帝斯曼建立，是一家在荷兰专门从事材料和生命科学领域投资的地区性风险投资机构。

Isobionics 推向市场的第一个产品是巴伦西亚橘烯。这是一种倍半萜烯，也是橙油中的一种成分（见图 7-1）。巴伦西亚橘烯可以用作香精成分，味道很像橘子。这种产品主要被饮料行业用来调制某些味道，尤其是柑橘味。巴伦西亚橘烯还可以用于香料中，虽然这方面的应用不广泛。Isobionics 专注于向 Givaudan（奇华顿）、Symrise（德之馨）、Firmenich（芬美意）等 F&F 企业销售产品。而这些企业又是宝洁、联合利华等跨国公司的香料供应商。

他们决定首先生产巴伦西亚橘烯，而不是其他香精。之所以做出这一战略决策，是因为相较于香草醛和薄荷醇等香精来说，巴伦西亚橘烯的市场相对较小。如果生产香草醛和薄荷醇的话，Isobionics 肯定会面对 BASF（巴斯夫）这种巨型企业的直接竞争。另外，这种产品无须投入大笔资金就可以迅速带来现金。同时，在生产巴伦西亚橘烯过程中，Isobionics 看到了原理上的可行性，且有了将产品继续向前推进的知识和洞见。于是 Isobionics 就生产巴伦西亚橘烯（巴伦西亚橘烯—合成酶）的技术申请了专利，不过，提取巴伦西亚橘烯的微生物技术是帝斯曼的专利。但是，Isobionics 与帝斯曼签订了独占许可协议，可以在 F&F、药品、农业化学领域独占使用这项许可。

Isobionics 发展势头一直很好。2015 年，该公司还研究了香柏酮市场。香柏酮是一种很容易让人联想到葡萄柚的香精。虽然企业发展很快，但托因·詹森继续坚持轻资产战略。他最大限度地利用 Isobionics 外部的技巧和资产。公司与全球各地的大学频繁合作研发，利用能够找到的最佳技术。随着 Isobionics 逐渐深谙如何使用微生物生产 F&F 产品，Isobionics 与帝斯曼的技术协作越来越少。Isobionics 将生产进行了外包：它通过合同制造的方式，与两家分别位于东欧和印度的提供微生物的企业合作。生产包括三个阶段：发酵、蒸馏、包装。这三个阶段都由其他企业完成。通过这种方式，Isobionics 无须投资生产设备，无须担心生产企业成为市场竞争者，就可以生产出需要的香精。随着 Isobionics 迅速发展，它必须将产品推向全球。在这方面，Isobionics 再次与外部合作伙伴，即帝斯曼合作。帝斯曼拥有成熟的物流技术和基础设施，可以将产品提交给全球范围的 B2B 客户。

图 7-1　Isobionics 开发巴伦西亚橘烯

资料来源：Isobionics 公司网站。

Isobionics 接下来打算在巴伦西亚橘烯和香柏酮市场进一步发展，并着手研发其他与初创企业能力相一致的香料香精。Isobionics 专注于可以避免与老牌跨国企业竞争的小市场。虽然 Isobionics 与帝斯曼之间的关系随着时间的推移而变化，但是这家大型化学公司对于 Isobionics 仍然很重要（比如在物流方面）。托因·詹森还非常看好切梅洛特工业园区这个位置。企业逐步发展，需要更换办公地点时，Isobionics 坚持将新的办公地点选在切梅洛特工业园区或该园区附近。

7.3　AirFryer：大企业用小企业的技术创造价值

高新技术小企业是新问世技术的宝库。但是，在一些行业里，小企业无法将自己的发明商业化，原因是商业化这些发明需要进行补充性资产的巨额投资。[22]补充性资产包括大型生产设备、品牌、分销渠道等。在全球范围内，技术许可行为越来越普遍，越来越多的小企业将技术许可授权给拥有或控制着补充性资产的大企业。从它们的角度来看，大企业越来越意识到大学、研发实验室、高新技术初创企业愈发强大的技术实力。它们通过许可协议、公司风险投资、共同开发协议、收购，充分利用这些外部知识渠道。许可协议意味着，许可人和被许可人都可以获得收益：这之间的平衡取决于二者的议价地位。但是，如果双方能够明智地商定许可协议，那么这种合作就会完全成为一场"正和博弈"。如果双方都从新技术中受益，我们就可以不用"折中"这个词来看待这种协议。在很多情况下，小企业可以借此提升利润，而大企业获得技术许可之后可以用它来创造新的增长机会。双方都可以成为活跃的生产者，只是所在的市场不同而已。本书用飞利浦的 AirFryer 案例来说明这一点。

飞利浦最初引入 AirFryer 是 2010 年的事情，当时它是作为公司厨房用具部门的新产品引入的。它的设计属于时尚的椭圆形（见图 7 - 2），只用半勺大汤匙的油就可以煎炸出法国薯条、鸡块和其他肉类，甚至还有天妇罗。Air-Fryer 不用热油煎炸，而是利用高温空气做出同样美味的薯条。产品的秘密就在于飞利浦申请的快速空气循环技术专利。这项技术将快速循环的空气和烤架结合在一起，能够将薯条的脂肪含量降低 80%，但味道毫不逊色。2010 年 9 月，飞利浦将 AirFryer 技术推向几个欧洲国家，后来，很多欧洲国家和其他大洲的国家也相继引入该技术。但是，飞利浦不是第一家引入这种健康煎炸方式的公司。Actifry（空气翻炸锅，来自特福）已经问世了好几年，但是它无法与 AirFryer 相媲美，因为 Actifry 的烹调时间是 45 分钟，而 AirFryer 的时间是 12 分钟。另外，Actifry 煎炸出来的薯条不如后者好吃。

有一段时间，飞利浦的厨房用具部门打算开发能够提升烹饪和煎炸食品健康水平的新产品。借助 AirFryer，飞利浦想要在保持食品良好口味的同时，提升煎炸过程的健康水平。健康的煎炸方式是这个部门的目标，部门成员深入研究了实现这一目标的各种办法，查阅了多个研究所的相关文献和研究资料。在这之前，他们就已经开发了一个用热空气/蒸汽，而不是油脂煎薯条的技术。2006 年，飞利浦开发出了技术原型，但是研发人员很难将这一技术转化为可行的消费产品。经过烘烤的薯条可以达到让消费者接受的标准，可是在将这一技术转化为符合飞利浦秉承的"精于心，简于形"理念的过程中，

图 7 - 2　飞利浦的 AirFryer

资料来源：飞利浦公司网站。

他们遇到了很多困难。生产出来的产品构造复杂、体积过大，价格太高。

不过，飞利浦厨房用具部门接触到的发明者中，有人已经发明了类似的厨具，也面临着同样的问题。他们没有找到一个简单、廉价的方案，让这款家用电器走上市场。2009 年年初，一家小型工程公司——更准确地说，是在一起工作的两个人——向飞利浦介绍了他们的想法。这家公司开发了一项技术，该技术类似于先前飞利浦内部开发的技术，只是构造简单了很多。它有能力将这一技术过程转化为作为消费品推向市场的产品。该设计包括一个放置薯条的小筐和一个简单的用户界面。

戈德温·兹瓦恩伯格当时是该厨房用具部门创新团队的牵头者。他表示，大企业内部很难开发出新颖而简单的产品。开发伊始，技术人员往往是手拿一张白纸，设法从技术的角度寻找可能实现的功能。开发出正确的厨房用具之后，商业化部门员工会说出他们的想法，于是技术人员再添加其他功能。推动这一项目的动力就是开发出"完美的电器"，而简约则意味着这一电器并不完美，只是对于要完成的项目来说已经"够好了"。与之相反，小企业开发产品的资源和时间都很有限：它必须明智地面对资源限制。其结果就是，小企业更善于开发简约易用的产品。

这家小企业名为 KCS，这家微型企业只有两个人，一个是工程师弗雷德·凡·德·韦杰，另一个是经验丰富的经理人汉斯·布罗克，曾经在吉列公司的博朗部门当过 24 年高级主管。吉列被宝洁收购之后，汉斯离开了这家公司。离开吉列之后，他开始帮助诸多企业将其创新商业化。KCS 是其中的一家企业：弗雷德开发了后来用于 AirFryer 的技术。他发现，当时市面上的涡轮煎锅存在缺陷。他对煎锅产生的气流做了简单的调整，让高温气流的循环更为高效。公司成功地就这项技术申请了专利。这一应用的开发和产品的预生产由一家中国企业进行。又经过了两年，KCS 终于可以将原型产品展示给潜在顾客了。这家小企业的经理人决定将这项技术授权给厨具行业拥有全球知名度、品牌、分销渠道的大企业。具有讽刺意味的是，博朗对这一技术并不感兴趣，而飞利浦，由于其公司战略是开发健康的烹调新方式，对这一项目兴趣浓厚。另外，飞利浦虽然已经熟悉了这项技术，但还无法将相关技术转化为有吸引力的简单的消费产品。戈德温·兹瓦恩伯格，当时作为该厨房用具部门创新团队的牵头人，在公司内部介绍了这个想法，并向飞利浦的厨房用具部门进行了展示。商业化部门认为这项技术是一个机会。于是，飞利浦要求获得"优先参与权"，它可以在三个月内测试和评估这一应用。评估的结果是良性的，因此，飞利浦启动了内部研发流程，制订了将新产品推向市场的商业计划。

小企业往往不愿意将自己的信息透露给大企业，因为其技术很可能被盗用。但是，飞利浦对这项技术的深入评估并没有给这家小型设计企业带来威胁，因为飞利浦是一家声誉卓著的可靠的创新伙伴。飞利浦经常依靠来自大学、专业研发实验室、高新技术合作伙伴的新技术。这家电子行业的巨型企业努力让自己成为小型高新技术企业的首选合作者。简单地说，如果飞利浦盗用小企业的技术，那么这种行为给它的声誉带来的打击是它无法承受的。同样，全球范围内的优秀高新技术小企业愿意与飞利浦合作，就是看上了它可靠的声誉。归根结底，关键在于信任。小企业和飞利浦这样的大企业打官司很难胜诉。但飞利浦的声誉是这家企业的关键资产之一：它有助于飞利浦与潜在的技术合作伙伴进行信息交流。用这种方式管理开放式创新既高效又经济。两家公司只是在开始进行信息交流和发布有关调查阶段的意向书之前签订一份保密协议（NDA）。这也意味着，小企业在选择可以信任的创新合作伙伴时一定要慎重。

2009 年 10 月，两家公司签订了一份许可协议。好的许可协议是双方利益的体现。在这个案例中，飞利浦了解了这项技术，这家小型工程企业感到没有必要过多参与 AirFryer 的研发，因此它同意授予飞利浦在消费产品市场为期五年的独占许可权。另外，飞利浦还获得了五年之后以约定价格购买这项技术的权利。购买这项技术的选择权对于飞利浦至关重要，因为如果一项业务发展成为企业的重要增长引擎时，依赖外部技术就显得过于冒险。戈德温·兹瓦恩伯格解释："这个办法不错，因为你可以在这项技术的前景还不明朗的时候就可以把某些事情确定下来。你可以获得一个对双方都有利的客观的价格：到时候，如果这项技术不好，你可以不买，如果该技术发展得很一般，你可以到时候再考虑，但是，如果这项技术发展得很好，你就可以按既定价格将它买到手。如果等到许可协议即将到期的时候再确定购买价格的话，价格很可能就要高很多。"因此，如果 AirFryer 将来非常成功的话，飞利浦肯定会买下它。如果相关产品意外大获成功，那么飞利浦购买这项技术的价格将仅仅占该项技术年度技术使用费的很少一部分。

另外，厨房用具部门只对大众消费市场感兴趣，而对企业市场不感兴趣。这家小型工程企业可以自主打造一种针对企业（如小吃店）的应用。后来，在 2011 年，这家企业与一家中国企业合作，开发了第一个版本的煎锅。这种煎锅仅用飞利浦 AirFryer 一半时间就可以做出两锅薯条。这家小型工程企业决定用非独占方式将这项技术授权给几个供应商，因为企业市场在地域和产品方面差异都很大。

对于飞利浦厨房用具部门来说，AirFryer 是一个重大的成功。2015 年，飞利浦是全球范围内低脂煎锅领域的第一品牌。2014 年，飞利浦在全球销售了370 万台 AirFryer，用户遍布 100 多个国家和地区。煎锅市场的特点是，各个国家除了有自己的本土生产企业，还有飞利浦、特福、德龙等全球品牌。开始，AirFryer 的目标市场主要是欧洲，欧洲之外的市场可有可无，因为飞利浦在这种技术上的最初目标是开发一种能够煎炸出法国薯条这种典型的欧洲食品（而且还要做到低脂）的设备。产品上市之后，受到了欧洲以外一些国家消费者的热捧，而欧洲市场的销售额却因为竞争激烈而低于预期。结果，Air-Fryer 能够用来煎炸多种食品的用途成为这款产品在欧洲以外市场热销的关键因素。亚洲人很喜欢煎炸食品（比如炸鸡、炸肉块），厨房用具部门迅速发现，一些亚洲国家非常喜欢这一产品。飞利浦将这一成功产品推广到几乎所有亚洲国家，还在 2011 年～2013 年将其推广到拉丁美洲。

飞利浦还发现，该产品上市的最初几年里，销售之所以没有达到预期，是因为 AirFryer 产品是一种高度创新的产品，采用了全新的煎炸方式。消费者需要花时间理解，它为什么能够大幅减少用油量，为什么用它做出来的食品更为健康。公司必须（再）教育消费者，让他们了解这一新产品的所有好处。在这方面，戈德温·兹瓦恩伯格将"卖东西"和"让东西畅销"区别开来。像剃须刀这样的产品，导购不需要向顾客解释什么，因为大家都知道怎样使用。而 AirFryer 则相反，它是全新的，大多数消费者不了解它的好处，如果公司不花大力气向零售商和终端消费者宣传 AirFryer 的好处，销售额不会有大幅改善。飞利浦的销售人员必须先想办法来增进消费者对产品的了解。

用 AirFryer 可以煎炸很多食品，如鸡翅、奶酪球、法式香脆三明治等，因此，公司会随 AirFryer 奉送一本独具匠心的使用手册。该手册出自一位烹调专家之手，里面有 30 个轻松上手的烹调方法以及煎炸建议和小窍门。戈德温·兹瓦恩伯格解释说："AirFryer 是一种全新的产品，人们必须从头学习怎样使用这款机器。如果告诉他们它的功能有多么强大，它对他们的吸引力就更大。他们就会兴奋不已，进而更好地宣传这款产品。因此，现在需要这种产品使用手册。当人们都知道 AirFryer 这一概念之后，使用手册就会成为一种额外赠品，而不再是主要需求。"[24]

另外，世界各国的饮食和煎炸习惯各不相同。要想针对消费者制定正确的价值主张，厨具生产企业必须深入了解当地的烹调习惯。有鉴于此，飞利浦针对不同市场和饮食习惯开发了不同的使用手册。戈德温·兹瓦恩伯格表示，使用手册的本地化在相当大程度上解释了 AirFryer 为什么能够成功。

飞利浦还建立了 My Kitchen 健康新厨房网站[25]以及博客网页，供用户将自己发明的烹调方法上传到公司博客上，用户也可以从博客上学到新颖的煎炸方法。飞利浦还与多位大厨合作，探索新的煎炸方法。公司与大学合作，深入了解食材在高温气流下会产生的反应。最后，飞利浦还与一些包括 Mora 在内的快餐企业合作，共同推广 AirFryer 和 Mora 的冷冻食品。[26]在推出 AirFryer

产品时，飞利浦随机器赠送 Mora 产品的优惠券。生产可用 AirFryer 煎炸的食品的大多数企业都是本地公司，因此，飞利浦在各国的分公司直接与当地经销商一起撰写针对本地消费者的使用手册。

当然，也有一些人将使用手册带到飞利浦控制之外的市场。公司鼓励大家用社交媒体分享信息。这对这一产品来说是一件好事情。有人在 Facebook 上建立了一些有关 AirFryer 的讨论群。最大的一个讨论群约有 56000 名成员。这些讨论群也有助于推广 AirFryer 概念。[27]飞利浦相关负责人表示，通过社交媒体推广 AirFryer 对于飞利浦来说是一个重大机遇。不过，因为公司无法控制社交媒体上的内容，所以需要对这种宣传方式做一些调整。公司可以对社交网站上的这些内容进行跟踪并设法做一些引导。如果网页上出现了错误的信息，飞利浦就会向消费者提供正确、准确的信息。另外，飞利浦的消费者服务团队不断跟踪类似荷兰"Kieskeurig"这样的产品点评网站。如果消费者对 AirFryer 的体验不好，该团队就会帮助消费者，告诉他们怎样正确使用 AirFryer 来获得最佳的煎炸效果。戈德温还说："如果你能方便地为消费者提供帮助，就可以让消费者很激动，因为你能迅速解决他们遇到的问题。这样，最初的问题就变成了积极的体验。"[28]

飞利浦在 AirFryer 问世之后的五年内推出了 4 款 AirFryer 产品：最初版（图 7 - 2）、最初版的电子版、加大强力版、低端版。每一款产品的外观设计各不相同。随着时间推移，市场竞争让价格逐渐下行，但飞利浦努力降低 AirFryer 的成本。通过推出大尺寸的产品型号，AirFryer 可以将价格提升到 200 欧元以上：如果你有合适的产品，将某款厨房用具的价格提升到比某个价格区间的上限还要高是有可能的。

AirFryer 的未来一片光明。第一，新问世的厨房用具的生命周期一般很长。其他产品，如咖啡壶、搅拌机、烤面包机风行市场二十年到五十年。从这个角度来看，AirFryer 仍旧处于产品生命周期的初期，还可能在市场上销售几十年。为了保持竞争力，实现相对于竞争对手和抄袭者的差别化，必须不断对产品进行改进。第二，AirFryer 对于飞利浦来说是一个重要业务。低油脂煎炸是市场趋势，而不是一时的时尚。据欧睿信息咨询有限公司预测，低油脂煎炸市场有望在 2013—2018 年实现 15% 的年增长率，而高油脂煎炸市场的年增长率仅为 7%。低油脂煎炸是一个迅速增长的细分市场。且增长潜力巨大。开拓市场的关键是让更多的消费者意识到这一产品的存在。

案例研究 9：飞利浦的 AirFryer

2010 年，飞利浦在柏林国际消费电子展览（IFA）上引入了 AirFryer。这是一场重要的展览会。AirFryer 外观呈椭圆形，消费者可以用它轻松方便地煎炸很多食品，包括法国薯条、小零食、鸡肉、猪肉等食品。AirFryer 采用了快速空气循环专利。用它做出来的薯条比传统方式做出来的薯条，油脂少 80%。因为这款设备用高温空气来烹调食物，它产生的油烟和水蒸气都少于传统煎炸设备，同时还容易清洁，使用安全。因此，AirFryer 名列 2010 年 IFA 创新发明前五名。当组委会将该奖项颁发给飞利浦时，该技术的发明人弗雷德·凡·德·韦杰也在受奖之列。弗雷德拥有 APDS。这是一家建立于 1990 年的小型产品开发企业。AirFryer 就是在这个企业中被研发出来的。

在这成功时刻的几年前，弗雷德对他通过电视购物广告购买的一个无油脂煎锅的使用效果不满意。作为一位工程师和美食家，他的这一不满激发了他自己解决问题的决心。他开始想办法制造一款流行产品的改造版本。2007 年，他找到了一个提升产品性能的优化方案。但是，当时他没有将改造后的产品推向市场的财务实力和商业头脑。很巧的是，弗雷德遇到了汉斯·布罗克，汉斯在博朗担任过 24 年的商务总监。后来，他辞职创办了自己的公司，指导发明人士推销他们的创意。听弗雷德讲了他的想法之后，他立即意识到了弗雷德这一发明的潜力，他们建立了 APDS 的一家姊妹公司，名为 KCS，专门经营这一产品。最初，这两位合作伙伴想要从银行和外部投资机构获得资金，但都没有成功。最后，弗雷德从汉斯接触的创新网络中联系到了中国合作伙伴，开发了产品原型。接下来，他们申请了专利。两年后，原型产品方案最终确定。汉斯和弗雷德制定了产品战略。他们考虑是自己生产产品，还是将创意卖给其他人。因为弗雷德在博朗有熟人，于是他们向博朗介绍了他们的发明。然而，博朗不感兴趣。接下来，他们开始联系飞利浦。从 2005 年起，飞利浦一直在设法开发一款能让煎炸过程更为健康的厨房用具。它有相

163

关技术，可是很难将这一技术转化成为与飞利浦"精于心，简于行"理念相一致的消费类产品。它最初开发出来的产品原理复杂，成本很高。2009年年初，KCS，即弗雷德和汉斯拥有的那家小企业，联系到飞利浦，表示它开发了一款厨房用具，不但技术符合飞利浦的要求，而且还可以转化为简单、用户友好的产品。飞利浦优质生活事业部的创新牵头人戈德温·兹瓦恩伯格向其商业化团队介绍了这一产品的理念之后，决定与弗雷德他们签订一份意向书，以便着手对这个产品进行研究。在这一阶段，他们要对潜在产品的各个方面进行严格的测试，其中包括安全性、技术参数、适用性、质量。该产品成功通过了所有测试。飞利浦决定与两位发明者签订许可协议。后来，他们共同开发了AirFryer。该产品采用了快速空气循环技术，可以将用油量减少80%。这款产品外观时尚，具有飞利浦产品典型的流线设计。

2010年9月，AirFryer在IFA正式亮相，立刻引起了人们的极大关注。杂志、电视纷纷进行重点报道。该产品被展览会评为该展会的五大最佳发明之一。产品面世之后，荷兰、比利时、法国、德国的众多商家纷纷展示和促销AirFryer。飞利浦不遗余力地向消费者宣传怎样用健康的方式煎炸食品。它随产品奉送一本使用手册，还建立了一家网站，专门向顾客和潜在顾客介绍新颖的使用方法。产品销售量迅速增加。飞利浦开始筹划接下来的举措。它打算将AirFryer引入其他欧洲国家以及澳大利亚、中东、俄国和美洲，并根据各地特点和人们的烹调习惯推出不同的产品。

两位发明者也有自己的宏伟计划。他们打算针对企业市场引入新版本的AirFryer。这一版本的产品可以在更短的时间内煎炸出更多的食品。因为与飞利浦签订的协议不包括企业市场，因此，两位发明者可以探索这一市场。但是，他们需要告知飞利浦，并与之共享技术使用费和利润。

对于飞利浦来说，从外部找到像AirFryer这样的发明简直就是大海捞针。因此，最好是独立发明者去联系飞利浦，这样市场潜力巨大的发明就不会被闲置。对于飞利浦来说，就外部发明达成许可协议意味着，它能够迅速进入市场，而无须花大量时间和资金自己搞研发。而对于发明者来说，这是一个商业化和推销其创意的好办法。他们中的大多数人缺乏资金、资源、人脉和市场影响力。鉴于这些原因，飞利浦现在正在制定相关战略，让外部工程师和发明者能够容易地联系到飞利浦的业务开发人员。一旦发明者联系到他们——比如通过互联网门户网站——发明者可以在两个星期内得到回复。公司的回复包括一份有关该技术的清晰翔实的评估报告以及接下来的应用方案。通过这种方式，开放式创新可以营造一个发明者和跨国公司双赢的形势。与小企业合作，可以让大企业积极创新，这对大企业领先于竞争对手越来越重要。

AirFryer 在商业上大获成功，成为 2015 年低油脂煎锅的第一品牌。企业主管们最初以为 AirFryer 会在欧洲大卖，结果销售量最好的市场却是其他大洲，这是因为 AirFryer 可以煎炸出很多种食品。它的多功能是该产品的突出卖点之一。虽然低油脂煎锅市场增长很快，但增长潜力依然很大，因为消费者对该产品的认知率仍然很低。飞利浦通过与大厨合作、开发使用手册、在社交媒体上推广 AirFryer 等方式，宣传 AirFryer 的使用。这是一款全新的产品：必须让消费者了解它的潜力。

7.4　关键要点

初创企业和小企业可以用大企业的技术来创建新业务。大企业的大多数专利技术没有被派上任何商业用场。大企业的专利闲置的原因很多。这为急于开发新业务的创业者提供了一个重要的外部技术来源。与提供技术的大企业合作固然有其优势，但也不是管理方面的万能药。这一章介绍了中小企业在大企业合作过程中可能遇到的各种障碍。下面是关于小企业怎样与提供技术的大企业合作的总结。

（1）关于怎样让外部世界知道大企业打算授予哪些技术的许可权或出售哪些技术，大多数大企业还没有就这一点形成一个系统的惯例。虽然帝斯曼在"内向型"开放式创新方面历史悠久，但却不熟悉"外向型"开放式创新。大企业没有考虑通过外部路径将其技术推向市场的惯例，所以中小企业很难获得相关技术的许可。在这方面，就特别需要像托因·詹森这样的创业者，即了解大企业决策程序，能够获得大企业管理层尊重（因为他也曾经是他们中的一员），知道要想签订许可协议需要找谁联系的人。

（2）大企业作为技术提供者，在技术转让之后最初的几年里，很可能是小企业最重要的技术合作伙伴。双方在这一阶段的合作可以让小企业获得高速发展。因此，笔者先要讨论许可人与被许可人（或者说剥离企业与母公司）之间的技术协作。这种协作不是一件容易的事情，因为大企业往往打算甩掉这一技术，不想在这一技术上投入研究和时间。但是，剥离企业可以通过向母公司提供部分股权的方式换得对方的技术支持。

（3）作为技术接受者的初创企业可以设法提升协作对于大企业的吸引力，因为很多大企业想要知道怎样才能加快创新速度。大企业可以通过与初创企业合作，来迅速决策，大胆创新。一些大企业建立了创新加速器和孵化器，为的就是学习甚至效仿初创企业。大企业很难应对技术催生的新市场。在这方面，它们可以向决策高效的初创企业学习。

（4）随着初创企业对相关技术越来越了解，而与之合作的大企业停止投资这项技术，大企业作为技术提供者的相关性逐渐降低。随着初创企业开始全球化运作，大企业可以在其他方面，比如生产、物流方面发挥重要作用。

（5）随着时间推移，初创企业会开发核心技术，吸收和融合来自大学、研发实验室等技术合作伙伴的技术。因为对于一家处于紧张发展阶段的初创企业来说，研发成本太高，它只好与技术合作网络协作，以降低成本和风险。运用"治而分之"政策，初创企业可以通过协作方式开发大多数技术，同时还能确保没有一个合作伙伴成为竞争对手。

（6）鉴于初创企业往往缺乏现金，所有必须轻资产运作。也就是说，它必须将生产、研发、物流、销售等活动外包出去。Isobionics 就是这一战略的极端例子：公司内部几乎没有生产设施和员工，大多数研发工作不是通过合作伙伴来做，就是和合作伙伴一起做的。物流和销售外包给帝斯曼去做。这样，Isobionics 就可以将投资控制在最小范围内，同时实现快速发展。

小企业和初创企业还越来越成为大企业的外部技术来源。大企业经常通过从前者获得技术许可或购买前者的技术来开发新产品或新业务。在这种情况下，拥有技术的小企业应该注意以下几方面。

（1）在寻找愿意获得技术许可的大企业之前，小企业一定要做足功课。第一，大企业必须拥有能让相关产品走向成功的资产。在快速空气循环技术这一案例中，研发能力、强大的品牌、B2C 市场的领先地位、世界运营网络都是快速空气循环技术在商业上成功的条件。第二，小企业和初创企业必须知道作为合作者的大企业是否值得信任，它是否具有与小企业合作的良好记录？它是不是风投圈和小企业中的首选合作伙伴？

（2）有时候，许可协议很复杂。雇一个在许可协议方面经验丰富的顾问！如果他能够很好地发挥作用的话，这笔钱就花得相当值得。

（3）意欲提供技术的小企业在与打算进一步开发和商业化该技术的大企业谈判时，双方都应该理解，双方之间的交易应该达到双赢的结果（"正和博弈"）。双方的谈判要获得成功，首先一定要讨论双方能够为创建新业务提供什么资源。在整个合作过程中，一定要将这一共同价值主张牢记在心。

（4）对于开发新产品或新业务来说，提供技术很可能最为重要。但是，需要谨记的是，在很多情况下，承担所有研发和商业化工作的大企业承担着所有的风险，对于创新项目的成功功不可没。小企业可以通过技术使用费获得收入，不过技术使用费比例很小（大多数情况下为 3%～7%），要求大企业提前支付相关报酬是不合理的，因为，在合作开始之际，大企业面临着相当大的技术和市场风险。

（5）新产品或新业务的开发是一个充满风险的过程。在开发和商业化阶段，大企业可以找到很多原因取消相关项目。双方必须在合作协议里明确约定怎样对待出现的意外事件。例如，项目开始不久之后，大企业可能发现了更为强大的替代技术，技术障碍可能给研发工作带来重大阻碍，最初的销售收入可能远低于预期，等等。小企业可以将上述问题和其他问题加在合作协议中。这也适用于意外的收获，比如，在 AirFryer 案例中：所谓的"富矿条款"可以让小企业也能从意外出现的销售额大涨中获得些许好处。

（6）明智的许可权谈判开始于真正理解自己和对方真正需要或想要什么。在很多情况下，双方心中都有自己的目标，同时，也有在不伤害其他人利益的前提下实现自己目标的自由。飞利浦厨房用具部门主要针对 B2C 市场，因此，技术提供者可以在不伤害飞利浦利益的前提下开发 B2B 市场。

（7）在商谈许可协议时，要考虑不同的时间周期。许可协议有效期（假如是 5 年）可能要比专利有效期（假如是 20 年）或产品的市场周期（厨房用具一般是 20 年 ~ 50 年）短得多。如果专利和产品的市场周期比许可协议有效期长很多，那么，你作为技术提供者应该能够计算出，你能够从第一个许可期中捕获多少价值。

（8）作为一家提供技术的小企业，你一定要提前决定，你是否打算在未来提升你的技术，这一技术对获得技术许可的一方有什么影响。获得许可的一方需要对该技术进行深度开发，通过不断创新来提升产品性能，保持竞争中的领先地位。作为许可人，你可以要求在许可协议中加上该许可的回授条款，同时应与被许可人明确约定，该技术只能用于哪个产品领域。

（9）你可以为大企业提供源源不断的创新，还是只能为对方提供一次性的机会？如果是后者，需要牢记的是，不久之后，你和对方就没有什么相关性了。这家大企业很有可能投入巨资改进这一技术，因此它对这一技术的掌握就会超过你。如果你能为大企业提供持续不断的创新，比如，你的企业拥有其他公司无法模仿的核心能力，情况就大不相同了。例如，宝洁有一些在护肤品领域创新能力很强的小企业合作伙伴，宝洁竭力成为它们的首选合作伙伴：它与它们签订公平的交易，简化互动流程，开发联合技术路线图。

8

与创新中介高效合作

在大多数情况下，中小企业的内部技术实力和财务实力都很有限，不足以独立开发新技术。当新技术催生出新一代产品时，中小企业很可能就会被新出现的竞争对手击败。事实证明，创新中介机构，比如 yet2. com、意诺新、九西格玛、Ideaconnection 等，对于寻找解决方案的企业具有重要价值。创新中介的作用就是一个有用的开放式创新平台。当企业遇到问题时，可以从这里直接联系到能够解决问题的人或知识产权（IP）的购买人/出售人。

虽然有关创新中介的文献数量可观，但是论述为中小企业提供服务的创新中介的文献几乎没有。Open Photonics 是一家已知的为中小企业服务的创新中介，其他行业也出现了类似的平台，中小企业的经理人应该了解与创新中介合作的好处（和潜在弊端）。

8.1　Open Photonics：光子学行业开放式创新的中介机构

光子学是关于如何产生、控制和发现光子的科学。光子指的是光的粒子。技术观察人士认为，21 世纪对光子学的依赖程度与 20 世纪对电子学的依赖程度不相上下。据估计，在光子学领域，46 个国家有 2750 家企业，每年的产值为 1560 亿美元，可以创造 70 万个就业岗位。[①]光子学是一个发展很快的学科，有助于推动众多行业的新产品设计和开发。但是，大多数光子学企业——在很多情况下是初创企业或专门从事某一特定领域的中小企业——缺少融合光子学技术、增强产品吸引力、抓住新商机的能力。

2013 年 1 月，詹森·艾兴霍尔兹创建了 Open Photonics（OPI）[②]，为的是在行业专家与已有的基础设施与市场渠道之间建立一个桥梁，以解决上述问题。OPI 帮助需要光子学解决方案的客户加快产品开发速度。OPI 向客户提供技术服务，在商业化的各个方面为客户提供支持，从技术搜索、市场分析到硬件开发，OPI 帮助客户走出光子学领域的困境。OPI 通常使用开放式创新模式，将客户企业与能够迅速、高效解决问题的光子学专家联系起来。利用自己的专长和光子学行业的人脉，为客户创造价值。OPI 不参与产品或创意的形成阶段，而是将客户和项目联系起来，让双方进行光子学技术的开发与商业化。

而诸如 yet2. com、九西格玛等公司，则是与所有知识产权或技术问题相关的双向市场创新中介，艾兴霍尔兹不想与它们竞争。他认为，OPI 可以提供不同于上述企业的服务，专注于光子学领域的深度技术专业化。

OPI 最初的商业模式建立在这一想法之上：OPI 可以将"开放式创新推向光子学社区，将光子学技术推向开放式创新生态系统"。[③]艾兴霍尔兹原以为，一旦将开放式创新以及他先前供职的 Ocean Optics（海洋光学）实施开放式创新项目的成功经历引入光子学领域之后，该领域肯定会欣然接受并着手实施。

虽然这一商业模式看上去前景不错，但是 OPI 在这方面进展有限。虽然开始的时候，公司取得了一些成功，但整个团队也因此耗费了九牛二虎之力，进展缓慢。他们意识到，他们必须让整个行业了解开放式创新。这种业务模式完全建立在将企业与问题解决者之间的匹配与联系上。在与客户交流中，他们发现自己的痛点不是在想法或创意的形成阶段，而是在**产品开发**阶段：关于打算开发什么产品，很多中小企业心中已经有了自己的想法。它们甚至已经有了产品原型，但是需要相关方面专家的帮助。它们需要精通光子学的企业帮助它们解决具体问题。这些中小企业没有时间去思考大的问题或下一代技术，它们在眼下的产品开发过程中遇到了问题，亟须解决短期问题。

因此，OPI 开始相应地调整商业模式（见图 8 - 1）。它不再局限于只做匹配工作。这个团队接到了一位客户需要解决的问题。OPI 将客户的这一问题或挑战按照相关求助要求编排了格式之后，发到网上的创新社区，请相关专家帮助解决。等到有人提出解决方案之后，OPI 就会组织人手对提交的所有方案进行审查，之后将最佳整体方案交给客户。艾兴霍尔兹解释说：

> "假如客户需要一种测量生物芯片的光学方法，我们不会满世界乱找。现在，我们的做法是寻找在另一个应用领域内解决了这一问题的人。

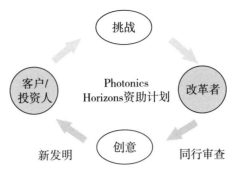

图 8-1 OPI 的开放创新过程

资料来源：Open Photonics 公司网站。

这可能是一种完全不同的应用，但是 Open Photonics 在这一应用和解决方案的基础上推出我们需要的解决方案。某个大学已经解决了农业上的光学测量问题。我们采用同样的算法、同样的程序，只是将产品换成生物芯片或另一个应用（比如换成汽车行业的某个应用）。因此，我们利用现有的、当初可能（往往通过美国国家科学基金会、美国国防高级研究计划局、欧盟第七框架计划、'地平线 2020'科研规划、'光子学 21'技术平台、美国小企业创新研究计划等的研发拨款）投入了数千万欧元研发费用的解决方案来解决光子学领域的问题，解决客户的问题。很多光子学实验室和初创企业使用了上述研发拨款。它们开发了技术，却一直无法将其商业化。我们要做的事情是，发现这些技术，将这些技术转让给客户。"

他接着说，"我们的大多数业务是购买技术，但其中有 30% 的业务是共同开发新技术。两个方面我们都做。"[④]

Photonic Horizons 这一有竞争力的资助计划是一个众包的开放式创新框架，旨在推动大企业与有商业潜力的创意研发人员、发明者之间的协作。OPI 的技术委员会和顾问委员会对提交上来的方案进行审查之后，由 OPI 的客户选出年度获胜方案。第一阶段的资助金是 1 万美元，针对的是为期 6 个月的概念验证项目。OPI 设法寻找最可能解决用户问题的人，找到之后，它请对方提交一份 13 页长的解决方案。OPI 团队很了解这些人，因为 OPI 团队之前看过他们的科学论文，或者经过 OPI 的顾问委员会认识了他们。如果他们说能解决相关问题，OPI 愿意出资 1 万美元，请他们用概念验证实验来证明他们能够解决相关问题。一般来说，小企业或大学不可能为了 1 万美元去解决一个很棘手的问题。但是，由于它们已经收到了 100 万美元资金的四分之三，而且，它们的实验室又拥有所有实验设备和价值 200 万美元的资本设备，所以它们可以轻松地找一个在校硕士生花一个月来做这件事。艾兴霍尔兹说："让他们看到自己的研发成果被派上用场，他们喜欢这种感觉。实际上，如果付钱的话，那就是锦上添花。实际上，在过去曾有人说愿意免费做这个项目，仅仅为了获得解决实际问题的机会。"

一旦概念验证说明相关问题可以被解决，那么 OPI 就会考虑进入第二阶段，资助金额为 5 万 ~ 10 万美元。这笔资金可以用于为期 6 ~ 12 个月的产品原型开发项目。OPI 团队和顾问委员会负责管理从概念确定到最后的原型产品开发结束之间的整个资金提供过程。在第一阶段中，知识产权所有权始终属于创新者。在第二阶段的方案里，知识产权转让是该方案的一部分内容。OPI 采用竞标流程。发明者可以提出自己的商业化方案，客户公司挑选最佳整体方案。⑤

OPI 发现市场上存在两个重要需求，这促使它调整商业模式。第一个需求是，企业需要有人帮助它们开发有关光子学的新产品；第二个需求是，企业需要通过技术搜索来解决具体问题。OPI 为客户公司进行技术搜索，因为在真正解决这一问题之前，客户不相信存在潜在的解决方案，或者说不相信 OPI 能解决这个问题。OPI 团队会在虚拟社区里寻找相关的解决方案，或者自己做一些研究工作，制订解决方案。这种新的运作方式效果很好：OPI 发现了真正需要来自光子学领域外部帮助的客户。这些客户中的大多数是内部没有光子学人才的中小企业。其他企业客户工程技术资源的使用已经到了极限，需要运用外部资源来加快商业化流程。企业客户往往需要 OPI 参与到从设计到原型产品设计和产品生产的各个阶段。

OPI 的客户往往是小企业，它们非常厌恶风险，希望交很少的预付款，剩余款项通过技术使用费或股权支付，而技术使用费和股权往往在价值上远低于最初协议中约定的服务价格。艾兴霍尔兹这样说：

"我们需要每年都能产生利润。我们需要赚钱，我需要给员工开工资。我可以设法一年多赚几十万欧元的利润，也可以选择在数年内赚几百万。如果客户不相信你，就不会付钱。但是，如果你把事情做好，客户事后很愿意付款。我们的经营理念是，想办法在较长的一段时间内获得最高收入，而不是在每个项目上获得最高收入。在条款政策方面，我们很灵活，这让我们能够获得最大价值。[6]"

两年半之后，OPI 可能会显现出良好的经营成果。"EZ 呼吸雾化器"最初是 OPI 的一个项目。该产品是一种特殊设计的过滤器，为的是改进雾化器的功能，更好地通过病人的呼吸给病人服用液体药物。Aerosonix 是从 OPI 剥离的一家企业。这家企业根据振动筛的工作原理开发了新一代雾化器。新型雾化器弥补了现有丝网设备长期存在的在性能、价格和便携性方面的不足。OPI 还与 XPRIZE 基金会合作，开发用于手持诊断设备的光学技术。它们并肩合作，从全球光子学社区中发现了一些可以与"高通三录仪 XPRIZE 竞赛"中的竞争团队相匹配的创新者。"普通三录仪 XPRIZE 竞赛"是一项为期三年半的大型竞赛，为的是促进准确诊断技术在无线手持设备中的融合。詹森·艾兴霍尔兹说："做到'高通三录仪 XPRIZE 竞赛'的要求，让三分之一以上的检查用光来做，这是可能的。"[7]最后，Open Photonics 还在开发名为 SensoDx 的新一代诊断平台过程中扮演了重要角色。8.2 将详细介绍 SensoDx 案例。

以上例子说明，OPI 的新战略是在现有（往往是闲置的）光子学技术的基础上，在多个行业的各种应用中寻找高价值的解决方案。鉴于此，OPI 必须深入了解光子学技术领域，与引入光子学知识后可能会造成颠覆性变化的那些行业的公司建立密切关系。渴望开发新一代产品或通过引入光子学创新技术来颠覆引领整个行业的中小企业，往往欠缺相关的专业知识，与 OPI 合作对它们帮助巨大。对于这些中小企业来说，光子学是一项完全陌生的学科。如果没有类似 OPI 的中间机构的帮助，它们就不能或不敢探索光子学技术的商业潜力。这类似于 20 世纪八九十年代，当数字技术冲击大多数行业时，模拟设备生产企业不得不进行从模拟设备到数字设备的转型。

需要注意的是，光子学领域的研究机构虽然不缺专业知识，但通常无法在商业模式上帮助中小企业。研发实验室开发新技术，企业用这些新技术来创造在商业上可行的新产品是可行的，但前提是中小企业必须具有足够的光子学领域的内部知识。事实上，就中小企业来说，情况往往并非如此。因此，一定要有 OPI 这样的开放式创新平台，帮助不熟悉光子学的中小企业做必要的技术搜索工作，解决相关问题。

8.2　SensoDx 和即时诊断

SensoDx 创立于 2014 年年中，是一家新型的微型医疗设备公司。该公司专注于价格适中的基于芯片技术的诊断设备的商业化。这些诊断设备适用于各种各样的临床应用，其中包括心脏病、口腔癌、外伤、药物滥用、卵巢癌、前列腺癌等。这个例子可以很好地说明 OPI 怎样服务于在开发新型诊断平台过程中欠缺光学技术应用的客户。SensoDx 是一家从事医疗诊断的企业。但是，在这种新型诊断工具的背后，光学技术是这家企业的核心技术。这是一个典型的例子：另一个行业的企业依靠光学技术开发新一代平台。

SensoDx 开发了一个独特的，被称为"可程序化的生物纳米芯片"（p-BNC）的"芯片实验室"平台技术。这一技术运用于即时诊断——利用先进的生物化学技术，进行快速的生物标记物检测。运用"芯片实验室"技术，该公司可以大幅减少试剂的使用量，p-BNC 技术可以方便地同时检测多个生物标记物。生物标记物诊断在几分钟内就可以完成，而传统的实验室检测需要一周的时间。

在医疗行业，人们迫切需要加快诊断速度，降低诊断成本。这一产品的优势是，它不但"用户友好"，而且对这一平台稍做调整，就可以用它进行各种各样的检测和化验。它可以为人们提供过去只有在本地医疗中心或药店才能做的初级的筛选检测。

这一诊断平台的工作原理是什么？它包括三个组成部分：一个一次性卡匣、一个中枢、一个软件。

（1）*一次性卡匣*是一种生物芯片，上有一系列载有抗体的微球、一个针对血液或唾液小样本的开放端口、两个装有"抗体—生物标记"干预所需的化学试剂的泡罩包装板。一旦血液样本和试剂接触到微球，就会发生一系列生物化学反应，促使微球发出与相关生物标记浓度相一致的荧光。每次测试，用户都需要花20美元购买卡匣。

（2）用户必须从本地医疗中心或药店购买**分析中枢**。卡匣被装载到这一分析器上之后，敏感性强的荧光信号就会显现出微球的图像，进而让某些抗体发出荧光。然后，分析人员分析图像的像素强度，并通过与特定疾病相关的算法将分析结果转化为一张健康记分卡。这一光学技术由 OPI 与合作伙伴共同开发，通过生物芯片的内置荧光显微镜和处理软件，在将微球反应的荧光强度转化为相关生物标记的数量结果过程中，扮演着重要角色。OPI 是 SensoDx 的合作伙伴，负责开发这一分析中枢。这一分析中枢最初的制造成本为35000美元。有人估计，一旦实现量产，每个分析器的成本将下降到5000到10000美元。

（3）**算法和移动健康软件**：一旦积分卡给出生物标记的测量值之后，分析人员就会用客户软件对这些数值进行进一步分析，结合积分卡上的分值进行整体的风险评估。分析中枢装有 Wi-Fi（无线宽带）天线，可以将数据传送到用户智能手机的相关应用上。

8.3 FuelUp：匹配初创企业与大企业

8.3.1 企业产品

初创企业正成为大企业在新技术、新商业模式方面的重要来源。但是，大多数大企业很难找到合适的拥有相关技术的初创企业。一些大企业在其网站上开辟了专门的网页，公布有关各种业务的技术需求。一个知名例子是宝洁公司的一家名为"Connect and Develop"的网站。这些网站在寻找正确的创新合作伙伴方面成果不一。大企业必须积极寻找有前景的初创企业。大企业可以采取孵化器、加速器、编程马拉松等措施来了解和使用初创企业的想法或创意。这些积极措施各有优缺点。不过,大企业还可以利用最近成立的创新中介与世界范围内或者位于大企业附近的庞大的初创企业群体建立联系。初创企业群体数量庞大,数十万家相关初创企业都可以成为大企业某个业务的潜在技术来源。这个世界也是不透明的,因为,在世界范围内,初创企业的项目一开始都很小,不会自动成为诸如专利数据库等的中心。开发一个在线平台,让大企业和小企业能够容易地找到对方,是 FuelUp 孜孜以求的事情。

FuelUp 建立于 2013 年。创立者是艾丽·范恩、伊琳娜·马克斯和克里斯·迪克,地址在荷兰阿姆斯特丹。这一创新中介的使命是帮助大企业催生新的增长点,发现新的外部创新来源,为它们的创意和技术管道补充新鲜血液,将它们的具体需求与初创企业早期发展阶段的能力匹配起来。FuelUp 通过运用能够不断排列庞大的全球初创企业数据库中各个领域初创企业的高级机器学习算法,实现初创企业与大企业的动态匹配,让大企业发现能够推进和多样化其产品的技术。为了高效地帮助大企业寻找相匹配的初创企业,FuelUp 必须与大企业密切交流,充分了解它们对相关新兴技术领域的需求。将 FuelUp 平台的资源、该平台的创新专家和研发专家结合在一起,创新中介为大企业当前的创新需求提供解决方案,为未来的创新途径和方式打下基础。

这一平台是怎样运作的?企业注册之后,就获得了一个具有三个主要功能的在线商业智能仪表盘。大企业可以在数据库中进行初创企业的广义搜索和狭义搜索。大企业可以找到所有初创企业的全面资料,例如,该初创企业的名字、联系信息、关于其专长的简短描述、规模、近几年的投资额、专利。大企业还可以选出它感兴趣的多家初创企业进行跟踪并随时获得有关这些企业最新消息的通知。商业智能仪表盘还可以提供有关初创企业地域分布、所属行业、标签名称出现的频率等搜索结果。在很短的时间内,这三个功能就可以让大企业联系到很多初创企业,例如,在 2017 年 2 月,搜索 "Biotech"(生物技术),就可以获得 4720 个结果,搜索 "Healthcare"(医疗保健)可以获得 6018 个结果。

FuelUp 可以通过迅速将大企业与世界各地相关的初创企业联系起来,帮助大企业创造价值。创新中介是怎么捕获价值的?它们的商业模式建立在"免费增值平台"上。该平台属于一种专有软件,提供免费应用,但其中的一些功能需要付费。该英文单词"Freemium"是一个混合型新词，来源于"Free"（免费）和"Premium"（额外费用）。FuelUp通过与大企业合作获得收入，因为它们使用额外费用平台时，要缴纳使用费。另外，FuelUp向其大企业客户提供服务，比如，帮助它们找到相关初创企业，就它们感兴趣的主题提供相关信息。总而言之，FuelUp通过付费服务和少量的咨询来获取价值。

下面来介绍FuelUp为大企业提供服务的两个例子。

案例1：FuelUp与VNCL合作，帮助后者寻找初创企业，推动开放式创新

荷兰化学工业协会（VNCI）想要深入了解有关处理化工厂废热的潜在解决方案和新技术。在初步交流阶段，该协会了解到，仅仅使用FuelUp平台并不能彻底解决问题。作为一个拥有很多非全职成员的协会，项目的统一执行是一件很困难的事情。该协会要求FuelUp建立一个项目专家团队（专家皆为VNCI成员），负责项目管理，进行案头研究和初创企业筛选。这一团队由来自四家化工企业的六位专家组成。

为了提升工作质量，让这一流程更为高效，该团队提供了"初创企业概览图"，该图能够让人们清楚地看到有关废热再利用的全部潜在解决方案。这可以让大企业发现拥有类似解决方案的初创企业群体。

现在，VNCI深入了解了这一领域，能够借此筛选出与其需求最匹配的解决方案。FuelUp在这些领域发现了175家初创企业。专家评估了其中的60家初创企业。最后，5家初创企业入围。FuelUp对这些初创企业进行了简单的调查工作之后，帮助大企业与这些初创企业建立了联系。整个寻找过程中，FuelUp组织了两次会议，终于在3个月内完成了这个项目。

案例2：FuelUp与初创企业合作

在"阿姆斯特丹创业项目展示周"（Amsterdam Capital Week）的前期活动中，FuelUp有机会分别与Professional Rebel、Uprise Startup Festival合作，

帮助它们策划项目展示周的活动。在建立这些合作关系的过程中，这家中介机构了解到了大企业与初创企业合作的一些极佳惯例。它们将这些极佳惯例总结出来，作为建议提供给那些正在犹豫或正在考虑与初创企业合作的大企业。

（1）**要让对方完全听懂你说的话，将你说的话付诸文字**。即使是一个组织内的交流也经常会出现误会，如果涉及外部变数，发生误会的可能性就更高了。合作意味着双方都受益，因此，为了避免误会，在合作之初，就要确定双方各自的责任。

（2）**制订项目计划和时间线**。与其他人合作需要做一些项目管理工作。毕竟合作要产生结果，不管是可以看见的结果，比如举行活动，还是看不见的成果，比如客户的推荐，制订时间线和项目计划可以给双方提供需要实现的预期。正确的规划会促使人们行动，让双方为了实现合作的大多数目标共同努力。

（3）**安排"核对点"和后续跟进**。前面提到，确定预期是产生最佳结果的关键。有时候，计划发生变化，预期也要随之调整。经常核对双方的看法可以减少沟通不到位的发生概率，让双方主动而不是被动应对变化。

（4）**在合作开始之际，就要确定以谁的身份进行营销和公关**。能够接触和使用对方的合作网络是企业合作的重要原因之一，因此，合作的第一步是确定怎样与对方推广双方的品牌。

（5）**要透明**。在合作过程中，始终让对方了解你的意图和日程表，以确保最佳合作成果，获得更多的合作机会。不要忘记，与外部合作伙伴合作，也是一个打造自己声誉的过程，可以在你的社区里为你带来长期价值。

8.3.2 对有意与大企业合作的初创企业的一些启示

FuelUp 着力搭建初创企业与大企业之间的桥梁。双方都可以从合作中获益良多，但是两种企业之间存在很多差异。在很多情况下，双方由于消极的刻板印象和联系，对对方信任不够。双方必须摒弃陈旧的刻板印象，因为只有当双方充分理解和欣赏对方，才能实现互惠互利的合作。

初创企业要想获得提升和实现业务全球化，与全球大企业合作是可以考虑的选择方案——与全球企业之间的关联可以让它们获得广泛的"曝光"，带来资金和客户青睐的良机。但是，初创企业必须清楚自己要通过合作获得什么，可以在哪些方面做出让步。选择合作伙伴对于合作的成功也非常重要。

开放式创新的最佳惯例显示，大企业要遵循一系列规则，以确保与初创企业的合作可以带来互惠互利的结果。但是，很多大企业仍旧不明白：只有双方平等分享合作收益时，开放式创新才能繁荣发展。它们认为，与初创企业合作，仅仅是为了提升自己的增长率，提升盈利水平，而无须考虑初创企业可以从合作中获得什么好处。因此，初创企业需要在合作之前，认真筛选合作伙伴。在合作之前，初创企业需要清楚地知道，自己要做什么产品，想要从合作中获得什么，要了解合作条款，知道对方对合作的期望。

在与初创企业合作时，大企业应该牢记：它们应该帮助和指导小企业，让小企业能够最大限度地从合作中取得积极的结果；大企业提出的建议应该为初创企业提供长期价值。大企业还应该耐心地做一些预期管理工作。

8.4　关键要点

显而易见，中小企业的资源和能力都很有限，需要寻找具有相关知识和补充性资产的合作伙伴。但是，找到合适的合作伙伴并得到它们的帮助不是一件容易的事情。创新中介可以帮助中小企业找到它们需要的技术提供者和其他前景不错的合作伙伴。下面，笔者总结了小企业与创新中介合作的好处。

（1）小企业越来越体会到开发新技术潜力的迫切性。对于 Curana、Quilts of Denmark、DNA Interactif Fashion、Devan 等低技术行业的企业来说，情况更是如此。中小企业可以与其他企业合作，但这不是一件容易的事情。中小企业没有系统地寻找合作伙伴的时间和资源。在全球范围跨行业寻找合作伙伴需要创新中介的先进服务。但是，大多数受追捧的创新中介，如意诺新、九西格玛，对于中小企业来说，价格太高。中小企业需要能够满足其需求的创新企业，但是，针对中小企业的创新中介市场还没有形成。怎样帮助寻找新技术的大企业了解众多高技术小企业，是 FuelUp 这样的创新中介做的事情。

181

（2）在转化大学、研发实验室或技术提供者的研究成果方面，中小企业也存在问题。如何将外部技术应用到企业的具体产品中去，技术转化方面的研究必不可少。创新中介 Open Photonics 帮助小企业将光子学和光学领域的技术进步转化为不同行业的具体应用。

（3）Open Photonics 又向前走了一步。在给一些风险较大，需要数年才能产生回报的项目融资时，中小企业经常面临巨大困难。Open Photonics 经常入股客户公司，缓解它们的资金问题，分摊项目风险。大多数创新中介在给中小企业介绍合作伙伴时，需要向中小企业收取费用，这会增加中小企业的财务负担。延期付款、风险共担是减少中小企业与创新中介合作障碍的一个好办法。

（4）针对中小企业提供专门的开放式创新服务的创新中介市场还没有形成规模。不过，没有经验的中小企业经理人还是应该经常联系当地的科研机构，以便了解潜在合作伙伴的大体情况。启动开放式创新项目，而不就有关潜在合作伙伴咨询专业机构，是一件风险很大的事情，会增加失败的概率。在这方面，Quilts of Denmark 是一个管理不当的例子：这家企业采用试错的方式寻找缩小被子下面温度变化范围的正确技术。虽然它最终找到了相变材料技术，但这一发现很偶然。

（5）专门为中小企业提供服务的创新中介市场在逐渐成熟。每家创新中介都有自己的价值主张。创业者应该认真思考为什么要使用创新中介的服务，以及何时使用该服务。对于寻找拥有补充性知识和资产、可以帮助它将技术变成产品并将该产品推向市场的大企业的高新技术初创企业而言，FuelUp 的前景尤其好。而 Open Photonics 针对的是不同的客户需求：它们的客户需要的是可以用于其产品的光子学专长和技术。每家创新中介都有其价值主张。中小企业应该深入分析这些服务在什么时候可以契合它的需求。

9

如何在你的企业中采用
开放式创新

你是一家小型公司的管理者或者是正在创建一家新企业的创业者。你面对激烈的竞争，也坚定地相信开放式创新能让企业获得发展潜力。可是，你还需解决重要的转型问题：如何让开放式创新融入企业的基因？如何从此岸迈向彼岸？下面几个想法将帮助你开始转型，踏上借助商业模式的改变和开放式创新实现可持续发展的征程。

9.1 醒一醒：是该察觉到需要改变了

第一步要察觉到需要改变了。有太多的小型企业管理者每日忙于经营，而没有时间去考虑潜在的竞争威胁。因此作为第一步，你需要花些时间分析行业、技术或者市场趋势的变化，在此基础上反思你的业务和战略的可持续性。你需要清醒地认识到，昨日的竞争优势将会被明日的趋势所取代。即使你没有犯错，可是如果你的竞争对手抢先抓住了趋势，并且做对了的话，你也许就会败下阵来。当你看到改变的需要，就给自己创造了生存和发展的机会。相反，如果你保持不变，将会置自己于被颠覆的风险中。

反思企业的战略最好通过与其他人对话来完成，如果能借助同行关系网络就再好不过了。通常，小企业管理者的关系网络由当地小企业协会、创业者、商会或者政府机构来组织。当地的关系网很重要，因为这些中小企业的管理者只有晚上不多的几个小时来参加此类会议。你可以和同行们交流看法。他们了解企业如何运作，将会给你反馈，甚至对你的竞争局势分析提出批评意见。负责指导这些同行关系网的导师们能够帮很大的忙。管理者们也可以通过线上的框架工具获得能力。笔者认为，小企业的管理者应该经常与同行们（最好是非竞争类企业的管理者）碰面，评估一下自己企业的活力。集思广益将提高调整战略的紧迫性，还能碰撞出新的商机。

9.2　探寻创新的商业模式

　　新的商业创意的产生有不同的方法。如何创造出下一个伟大的新创意并没有放之四海而皆准的法则。本书中的案例说明小型企业的管理者很了解他们客户最基本的需求或者痛点。多数管理者对于如何改变企业或者行业已经具备了创新想法。可是，在多数情况下，创意并未被很好地讲清楚，它只是小型企业的管理者根据多年的经验和对企业深入的了解而产生的粗浅想法。通过和客户、供应商、技术提供者、设计事务所及其他人相互交流和学习，管理者们可以发掘出那些正在向他们招手的新商机。不同的企业采用不同的方法为它们的客户创造价值并捕获价值。在这一方面，跨行业学习的作用很大。活动和会议期间的有效的人际交流可以达到向其他企业学习的目的。社交媒体也能够提供丰富的跨行业和跨学科的学习机会。

　　多数小企业管理者面临的主要问题是他们不太熟悉如何讲清楚创意并开发出商业模式。如何确认价值主张，如何知晓顾客细分，如何向客户交付产品，如何获得客户，如何开展关键活动、利用关键资源去开发和生产产品，收入模式和成本结构如何等，此类问题需要创业者在创业之前都了解清楚，这样创业项目才有成功的可能。创业者需要了解商业模式创新也是一门艺术。与十年前相比，由于在这一领域中开发出了众多的管理工具，现在的工作比以前容易多了。这些工具不仅包括价值主张设计等流行的模型、亚历山大·奥斯特瓦德的商业模式图，还有其他一些同样有价值的管理工具，能够帮助小企业的管理者开发全面的商业模式。

　　过去数年，笔者意识到，不论是百分百由企业内部组成的团队，或是由外部顾问和企业家一同组成的团队，凡以团队形式开发的商业模式都能够取得最优的结果。在塑造新的商业模式时，与外部伙伴合作能够让创业者克服自己在设计解决方案时产生的内在偏差。高度关注内部的思考方式是危险的，因为它在头脑中会对信息加以屏蔽，必须尽一切代价加以避免。

制定第一版的商业模式固然重要，可正如硅谷知名的连续创业者史蒂夫·布兰克所言，商业模式仅是大量未加以验证的假设的组合体。小企业的管理者需要尽早与潜在客户和其他参与者碰面，因为他们对于商业模式的开发和实施至关重要。许多假设很有可能将被证明是错误的，需要加以调整才能让商业模式运转起来。本质上这将是一个循环往复的过程，所塑造出的商业模式能够为客户创造真正的价值，同时为企业赚得足够多的利润。

把商业模式讲清楚的过程有易有难。比如 Isobionics 的案例（案例研究8）：与现有的生产技术相比，这家新创企业用更低的成本生产出新产品，替代市场中现有的产品。在这个案例中，制订价值主张的过程直截了当（虽然开发商业模式蓝图也要花些时间）。像 DNA Interactif Fashion（案例研究3）和 Quilts of Denmark（案例研究7）这样的小企业，需要花几年时间才能弄清楚价值主张和商业模式，因为这些企业要对其商业模式进行重大改变。对某一行业中现有的经营模式进行重大调整，可能会实现重大收益。然而管理者也应该意识到，建立新的商业模式要花时间，而且最初的商业创意也需要经过几次调整，才能取得商业成功。小企业通常资金并不宽裕，着眼长远会迫使小企业不得不寻求能立即变现的收入来源。以 DNA Interactif Fashion 为例，在其创业初期，这家企业需要靠出售不同终端应用的身体扫描仪才能存活下来（起步时未必是着眼于时尚行业）。

9.3　开放！　外部资源需求的召唤

大多数小型企业资金不足，因此它们需要在资源分配方面多动脑筋。通常指从外部合作伙伴那里采购某些技能，或者与它们共同创建新产品，降低成本和风险，或者共同开发全新的产品和商业模式。现在的产品更为复杂先进，需要企业获得不同类型的知识并加以组合。而且现在通过互联网和社交媒体获得信息、技术和联系变得更加简单。所有这一切都能解释为何开放式创新应该成为小企业默认设置的战略。

想要改变战略的小企业只能选择开放。本书中的案例表明企业之所以寻求合作伙伴，是因为这些伙伴手中有技术、能力或者资产，可以用于开发、制造或者分销新的产品。比如 Curana 与一家设计公司和一家高分子聚合物挤压机厂联合，再加上两个超前的产品使用者一同开发了首款高端挡泥板。没有这些合作伙伴，Curana 就连对战略进行调整也做不到。Quilts of Denmark 是另一个典型的例子。这家企业的使命是提供健康的睡眠，而其中的差别只有医学界的专家才能够识别出来。它所使用的技术由 Outlast 开发，这一技术原本是为美国国家航空航天局研制的。对于技术和能力的迫切需求促使小型企业开放，去找寻创新领域的合作伙伴。这是小型企业先天不足导致的直接结果。小型企业需要依赖创新合作伙伴实现商业模式的重大改变。开放式创新是小型企业尝试改变其商业模式的雄心带来的直接结果。

当多家企业联合创新时，它们会*共同*为客户创造价值。是否能特别好地兑现这些价值不仅仅由小型企业内部能力决定，也会受到合作伙伴之间关系好坏的影响。创新的威力存在于——在合作伙伴的关系网络之中，不再只看个体的能力，而需要共同创造价值。竞争优势源于企业建立良好合作伙伴关系的能力，而不仅是建立自身内部能力。

企业不仅要和合作伙伴共同创造价值，也要共同分享价值。***不能以损害合作伙伴利益的方式从合作关系中攫取价值***。与脱离网络相比，每一个合作伙伴应该在参与到网络中时受益更多。如果合作伙伴们不能在合作网络中和谐相处，就无法共同创造出最大的价值。如果一方只为自己的利益，攫取了不相称的价值，而只为其他合作方留下残羹冷炙的话，协作将日渐削弱。因此需要很认真谨慎地管理开放式创新中的伙伴关系。

9.4 新的管理事项： 管理你的合作伙伴

小企业的管理者面临的最为困难的挑战是熟悉作为*网络管理者*的新身份。创新网络是不会自我组织的，*需要有明确的领导者，对创新网络加以组织和管理*。而这种类型的管理与小型企业的内部管理相比，有很大区别。多数管理者不了解如何管理合作伙伴，因此无法将开放式创新的举措延续下去。

　　首先要精心挑选合适的合作伙伴。这一步很关键，因为一旦开始与对方合作，你就不得不坚持下去。选择值得信任并具有合适能力的合作伙伴，就能赢得战斗的一半。

　　其次需要在创新网络中展示出明确的领导力。确保每一个合作伙伴加入网络后都将会受益。公平地分享利润，认识到某些合作伙伴的损失、投资或者承担的风险，并加以补偿。领导风格可以是直截了当的，你可以作为合作网络的协调员对该网络加以管理。Curana 案例中的德克·韦恩斯就是一个很好的例子：他积极地管理着合作网络，以不同方式支持合作伙伴，从而实现持久的合作。有必要的话，管理者也会给合作伙伴立规矩。PRoF 的协调员简·范·赫克借助非正式的规则对合作网络进行间接管理。究竟哪种管理风格适用于你的创新网络，取决于几个要素：合作网络或者合作关系的战略目标；你的企业相对于合作伙伴企业的地位；领导力风格和你在网络中逐渐形成的权威以及你懂得谁知道什么的能力。这些要素能在必要时将合适的合作伙伴聚拢在一起。与创新合作伙伴一起开评估会议也会有帮助。

　　如果合作伙伴能够讲清楚它们如何捕捉新的机遇或者应对意外情况以及当冲突出现时如何反应，这样的合作关系才会取得成功。合作伙伴们还应该讨论合作何时结束以及当合作关系终止时如何处置合作的成果。如果创新伙伴之间能够开诚布公地沟通、公开透明地告知，开放式创新就会取得成功。在合作过程中不可避免会出现紧张的状况或者问题，管理者应该以积极的态度加以管理。合作网络需要良好的冲突管理以应对不断恶化的合作关系带来的潜在风险。合作伙伴们应该一开始就把问题讲清楚，不要等到令人烦恼的小麻烦发展成为不可妥协的重大冲突才发声。

　　开放式创新也要求共同开发新技术的合作伙伴必须明确技术的所有权。在把知识产权管理的原则运用到协作式创新方面，小型企业管理者心存许多误解。基本的原则是企业没有必要为获利而拥有知识产权。如果两家或者两家以上的企业联合开发了一项技术，其中一家可以成为技术的拥有者，而另外几家企业可以通过无特许使用费的许可协议使用该项技术，用于开发自己感兴趣的应用领域。指定一家企业拥有知识产权的所有权可以让所用者的权利和义务变得清晰，比如专利权的所有者需要支付维护成本，解决潜在的侵权情况。

开放式创新也需要小企业找到技术提供方来开发和交付所需的技术。在这种情况下，技术提供方需要进行技术许可，小企业可能会在满足许可协议的条款方面遇到问题。因为企业规模太小，无法满足许可方的预期。举例来说，虽然一家小企业获得某项技术的全球独家使用权听起来不错，可是这家小企业还需要好好想想能否卖出足够多的产品，满足许可协议中设定的销售目标。成为被许可方的小企业也要逐步开发出属于自己的应用型技术。Quilts of Denmark 利用将 PCM 技术应用在棉被业务中的专业知识，开发出自己的专利。截至 2015 年，这家丹麦企业不仅是棉被的制造商，而且也正转型成为一家技术服务企业。这些做法为企业创造了新的商机。

9.5　与大型企业合作：　一种特别的开放式创新

当你运营一家初创企业时，如何与大型企业打交道呢？彼此之间的合作关系管理得当的话，开放式创新能给大企业和小企业都带来收益。现有的文献几乎只关注大企业需要和小企业建立合作关系。很少有作者提出作为初创企业的管理者应该做些什么，才能大概率促成与跨国企业的合作。小企业能从合作中获得的几项好处包括支持、关联、测试能力、学习机会、公众曝光度和品牌认知度等。只关注自己所得的好处并不是建立合作关系的正确方法。相反，小企业家也应该意识到大企业的需求。小企业和大企业战略目标是否匹配很关键。

虽然合作好处很多，初创企业也必须意识到和大企业合作也会带来风险。在合作过程中可能会产生很多问题，因为两种类型的企业之间存在明显的差别。由于这些潜在问题的存在，初创企业需要对现在的合作伙伴展开尽职调查，特别是需要确认一下对方和初创企业合作的纪录是否良好。

与大企业进行谈判的难度是很大的。合作成果取决于合作伙伴之间的战略匹配度如何、双方有可能会共同创造出不小的价值。明智的谈判应该让双方都获得有利的结果。利益还是要被合理分配的。举例而言，有关许可协议的谈判本身就是一门艺术。如何与大型企业谈判已经在6.6中加以讲解。这一例子帮助初创的高新科技企业了解如何与大型企业谈判并进一步建立开发技术和将技术商业化的伙伴关系。①笔者建议中小企业的管理者多在谈判中加以实践或者向专业人士寻求帮助。

在第七章中，笔者重点关注了两个特殊情况：初创企业和小企业可以利用大企业的技术建立新业务，大企业可以将（高新科技领域）的初创企业的技术商业化。将大企业作为技术提供方，与之展开合作固然有优势，却也并非万事大吉。把大企业作为技术提供方的小企业将会遇到特殊的困难。多数大企业并没有开发出一套惯常的做法，系统地告知外界它们想要许可或者出售哪些技术。在这种情况下，作为小企业，如果你能够了解到大企业的决策流程的话，这会对你很有用。在技术转让后的前几年，大企业很有可能发挥关键的作用。彼此之间能否友好合作也是决定小企业生存的关键。因此，从一开始就讨论好许可授予方和接受方之间的技术合作很重要。这种合作未必是显而易见的，比如大企业可能想要把一项技术剥离出去。在就许可协议谈判时，大企业可以把持续的技术支持作为协议的一部分，或者以付费服务的方式加以提供。随着时间推移，大企业的技术提供者角色将日益减弱，初创企业对于某项技术的应用会越来越了解，大企业也许就不会再向此技术投资了。

初创企业总是需要现金，因此需要采用轻资产的运作方式。开放式创新允许它们利用外部伙伴的能力和资产，减轻或者避免拥有昂贵资产所附带的财务负担。Isobionics是这一战略的完美代表：这家企业几乎不在内部实现生产，多数研究是由外部伙伴完成或者是与外部伙伴合作完成。其物流和销售由一家大型化工企业负责。通过这种方法，初创企业可以在快速发展的同时，将投资成本最小化。

小企业和初创企业也是大企业外部技术的重要来源。采取这种定位的小企业有哪些注意事项？没有事先确认某家大企业拥有让产品取得商业成功必备的资产和能力之前，没有事先确认这家大企业是值得信任的伙伴之前，没有事先确认这家大企业是风险投资公司和小企业的最佳合作伙伴之前，永远不要贸然去联系这家大企业。

谈判通常会得到一份许可协议。由于此类协议可能会很复杂，建议小企业聘用在许可协议方面经验丰富的顾问提供帮助。要想谈判成功，在开始谈判时，各方应该开诚布公地分享在开创新业务方面能够提供什么帮助，而且在谈判中始终谨记共同创造价值的理念。合作双方可能会就一项处于早期开发阶段的技术进行谈判，因此在谈判协议中需要解决很多变量。

在许可协议谈判中，明智的做法是先了解你和其他伙伴真正想要的是什么。在很多情况下，谈判的每一方都会有不同目标，因此，也存在自由施展的空间，可以让每一方在实现自己目标的情况下，无须损害他人的利益。

作为小型技术提供方，你需要在最初时确定是否在日后完善你的技术，这个问题的答案将会影响到被许可方。被许可方将会进一步完善技术，通过持续创新不断改进产品，力争不落后于竞争对手。作为许可方，可以要求回授条款，即与受让方明确在不同产品领域适用什么条款。多数情况下，小企业的技术对于大企业而言就是一次性的机会：在这种情况下，你应该记住，随着时间推移，对于受让方而言，你将变得无关紧要。大企业将会在技术上大举投资，改善产品，因此它们将比你更懂技术。

9.6　与创新中介合作

小企业资源和能力有限，因此它们不得不寻找创新伙伴。找到这些伙伴，与合作伙伴接触并不简单。在这一方面创新中介可以提供帮助。可是，选择最受欢迎的创新中介对于小企业来说成本太高。同时，这是一个有待开发的市场领域，创新中介需要针对小企业的需求制订相应的解决方案。诸如 FuelUp 和 Open Photonics 这样的创新中介还是比较少见的案例。当小企业使用有关开放式创新的中介服务时，它们更有可能与个体咨询顾问接触，而非创新中介。[②]

小企业也会在将大学、研究实验室或者技术提供方的研究产出进行转化时遇到麻烦，因为多数小企业并没有聘用全职科学家。转化型研究对于将技术应用到特别产品情景中是有必要的。当技术提供方是大学和研究院所时，它们无法以较低的成本将技术转化为小企业所在领域的应用，这是小企业从新技术中获利时遇到的一个主要问题。

创新中介需要有赚钱的方法。由于小企业无法支付高额的费用，创新中介不得不寻找其他收入来源。当创新中介可以有效将初创企业介绍给大企业时，大企业可以成为其中一个收入来源。如果创新中介愿意等待，成为和小企业共同创建项目的股东，那么这也是一个可能的赚钱方法。Open Photonics很好地执行了这一战略。

针对小企业提供专门服务的创新中介的市场将会逐步发展起来。小企业确实存在这样的需求，每一家创新中介将会拥有专属于它的价值主张并且开发出相应的盈利机制。

9.7 开始起步！

根据欧洲委员会的数据，截至 2014 年，在欧盟 28 国的所有非金融企业中，99.8% 都是中小企业。这些企业共聘用 9000 多万人，占总聘用人数的67%，并创造了该行业 58% 的增加值。[③] 对于其他国家和地区而言，这些数字可能会略有不同，但是基本情况却差不多：中小企业正在推动着经济向前发展。本书中描绘了几家小企业，它们的管理者都像你和我一样是普通人，然而他们却有足够的勇气踏上了创新之路并取得了优异的成果。

笔者有意关注案例的研究，将理论框架和复杂的管理学术语作为本书的背景，这样做是为了以十分简洁的方式突出开放式创新管理的真意。笔者尝试从拥有丰富经验的小企业管理者的角度来审视新产品的开发和商业模式的改变带来的收益和挑战以及与合作伙伴共同实现目标时面临的要求。

这些小企业的管理者通过借用合作伙伴的资产和技术而获得竞争优势。开放式创新可以让小企业在不同方面受益。而且由于小企业的资源有限，开放式创新理应成为它们默认的战略。开始起步吧！从本书描述的企业案例的管理者身上学习。

本书并没有涵盖到小企业开放式创新的所有方面。比如，书中没有解释小企业与大学和研究实验室之间的关系、天使投资人或者风险投资家可能提供的融资。本书也忽略了众包和众筹。可是，开放式创新的这些方面都是可以融入到图 1 – 2 中的，就像在这张图中介绍的开放式创新的其他方面一样。

　　配合本书中所描述的企业情况，笔者将会开发几个教学案例。笔者也将开发出在当地培训课程中传授开放式创新的指南，通常这些课程将会由创新教练来引导完成。同时笔者也争取开发出阐释本书基本观点的系列多媒体案例，在线发行。你们也可以发挥重要的作用，提供极佳的实践案例，就具体的管理话题展开讨论，关注本书出版后续的新内容。[④]

注　释

Foreword

1　See Huston L., & Sakkab, N. (2006), Connect and Develop. *Harvard Business Review*, 84(3), 58–66.

2　Personal conversation between Mike Helsel and the author, October 15, 2014.

3　Du, J., Leten, B., & Vanhaverbeke, W. (2014). Managing open innovation projects with science-based and market-based partners. *Research Policy*, 43, 828–840.

4　See, for example, Laursen, K., & Salter, A. (2006). Open for innovation: The role of openness in explaining innovation performance among U.K. manufacturing firms. *Strategic Management Journal*, 27(2), 131–150.

5　Chesbrough, H., & Brunswicker, S (2014). A fad or a phenomenon? The adoption of open innovation practices in large firms. *Research-Technology Management*, 57(2), 16–25.

6　One side of the debate, led by Eric von Hippel, disavows any need for a business model for open innovation (as he defines it). See von Hippel, E. (2005). Democratizing Innovation. (Cambridge, MA: MIT Press). The other side of the debate, led by Chesbrough, H., Vanhaverbeke, W., & West, J. (2006). *Open Innovation. Researching a New Paradigm* (Oxford: Oxford University Press) and (2014). *New Frontiers on Open Innovation* (Oxford: Oxford University Press), directly links the business model to open innovation (as they define it). Here, for SMEs, Vanhaverbeke clearly shows the necessity and importance of connecting open innovation and business model innovation.

7　See Chesbrough, H., & Rosenbloom, R. S. (2002). The role of the business model in capturing value from innovation: Evidence from Xerox Corporation's technology spin-off companies. *Industrial and Corporate Change*, 11(3), 529–555.

1　Open Innovation in SMEs

1　See Chesbrough, H. W. (2003). *Open Innovation: The New Imperative for Creating and Profiting from Technology* (Boston, MA: Harvard Business

197

Publishing) and Chesbrough, H. W. (2006). *Open Business Models: How to Thrive in the New Innovation Landscape* (Boston, MA: Harvard Business Publishing).

2 Chesbrough, H. W., Vanhaverbeke, W., & West, J., eds. (2006). *Open Innovation: Researching a New Paradigm* (New York: Oxford University Press).

3 Bianchi, M., Campodall'Orto, S., Frattini, F., & Vercesi, P. (2010). Enabling open innovation in small-and medium-sized enterprises: How to find alternative applications for your technologies. *R&D Management*, 40(4), 414–431; Colombo, M. G., Piva, E., & Rossi-Lamastra, C. (2014). Open innovation and within-industry diversification in small and medium enterprises: The case of open source software firms. *Research Policy*, 43(5), 891–902.

4 Mokter Hossain recently developed an overview of the literature on open innovation in SMEs in Hossain, M. (2015). A review of literature on open innovation in small and medium-sized enterprises. *Journal of Global Entrepreneurship Research*, 5(6), 1–12. The most important publications are Van de Vrande, V., De Jong, J. P. J., Vanhaverbeke, W., & De Rochemont, M. (2009). Open innovation in SMEs: Trends, motives and management challenges, *Technovation*, 29(6–7), 423–437; Brunswicker, S., & Vanhaverbeke, W. (2014). Open innovation in small and medium-sized enterprises. *Journal of Small Business Management*, 53(4), 1241–1263; Bianchi, M., Campodall'Orto, S., Frattini, F., & Vercesi, P. (2010). Enabling open innovation in small-and medium-sized enterprises: How to find alternative applications for your technologies. *R&D Management*, 40(4), 414–431; Colombo, M. G., Piva, E., & Rossi-Lamastra, C. (2014). Open innovation and within-industry diversification in small and medium enterprises: The case of open source software firms. *Research Policy*, 43(5), 891–902; Kim, H., & Park, Y. (2010). The effects of open innovation activity on performance of SMEs: The case of Korea. *International Journal of Technology Management*, 52(3/4), 236–256; Kim, N., Kim, D. J., & Lee, S. (2014). Antecedents of open innovation at the project level: empirical analysis of Korean firms. *R&D Management*, 45(5), 411–439; Lee, S., Park, G, Yoon, B., & Park, J. (2010). Open innovation in SMEs: An intermediated network model. *Research Policy*, 39(2), 290–300; Parida, V., Westerberg, M., & Frishammar, J. (2012). Inbound open innovation activities in high-tech SMEs: The impact on innovation performance. *Journal of Small Business Management*, 50(2), 283–309; Pullen, A. J., Weerd-Nederhof, P. C., Groen, A. J., & Fisscher, O. A. (2012). Open innovation in practice: Goal complementarity and closed NPD networks to explain differences in innovation performance for SMEs in the medical devices sector. *Journal of Product*

Innovation Management, 29(6), 917–934; Spithoven, A., Vanhaverbeke, W., & Roijakkers, N. (2013). Open innovation practices in SMEs and large enterprises. *Small Business Economics*, 41(3), 537–562; Zeng, S. X., Xie, X. M., & Tam, C. M. (2010). Relationship between cooperation networks and innovation performance of SMEs. *Technovation*, 30(3), 181–194; Eftekhari, N., & Bogers, M. (2015). Open for entrepreneurship: How open innovation can foster new venture creation. *Creativity and Innovation Management*, 24(4), 574–584; Wynarczyk, P., Piperopoulos, P., & McAdam, M. 2013. Open innovation in small and medium-sized enterprises: An overview. *International Small Business Journal*, 31(3), 240–255.

5 See Parida, V., Westerberg, M., & Frishammar, J. (2012). Inbound open innovation activities in high-tech SMEs: The impact on innovation performance. *Journal of Small Business Management*, 50(2), 283–309; and Van de Vrande, V., De Jong, J., Vanhaverbeke, W., & de Rochemont, M. (2009). Open innovation in SMEs: Trends, motives and management challenges, *Technovation*, 29, 423–437.

6 See Xiaobao, P., Wei, S., & Yuzhen, D. (2013). Framework of open innovation in SMEs in an emerging economy: Firm characteristics, network openness, and network information. *International Journal of Technology Management*, 62(2), 223–250; van de Vrande, V., De Jong, J. P., Vanhaverbeke, W., & De Rochemont, M. (2009). Open innovation in SMEs: Trends, motives and management challenges. *Technovation*, 29(6), 423–437.

7 This is in line with recent work about entrepreneurship: see Blank, S. (2005). *The Four Steps to the Epiphany: Successful Strategies for Startups That Win*. K&S Ranch Publishing.

8 Lumpkin, G., & Dess, G. (1996). Clarifying the entrepreneurial orientation construct and linking it to performance. *Academy of Management Review*, 21(1): 135–172.

9 Blank, S. (2013). Why the lean start-up changes everything. *Harvard Business Review*, 91(5), May, 63–72.

10 Despite the fact that the term "business model" is used widely in the business world, there is no consensus and researchers have defined business models in different ways. Different authors have analyzed the business models along different frameworks. Prominent approaches are Afuah, A. (2004). *Business Models: A Strategic Management Approach* (New York: McGraw-Hill); Morris, M., & Schindehutte, M. (2005). The entrepreneur's business model: Toward a unified perspective. *Journal of Business Research*, 4, 123–128; Osterwalder, A. (2004). *The Business Model Ontology: A Proposition in a Design Science Approach*. Ph. D. thesis, University Lausanne, École des Hautes Études Commerciales HEC;

Osterwalder, A., Pigneur, Y., & Tucci, C. L. (2005). Clarifying business models: Origins, present, and future of the concept. *Communications of the Association for Information Systems*, 16, 1–25; Shafer, M. S., Smith, H. J., & Linder, J. C. (2005). The power of business models. *Business Horizons*, 48(3), 199–207; Chesbrough, H. W., & Rosenbloom, R. S. (2002). The role of the business model in capturing value from innovation: Evidence from Xerox Corporation's technology spin-off companies. *Industrial and Corporate Change*, 11(3), 529–555; Johnson, M. W., Christensen, C. M., & Kagermann, H. (2008). Reinventing your business model. *Harvard Business Review*, December, 51–59; Johnson, M. W. (2010). *Seizing the White space: Business Model Innovation for Growth and Renewal* (Boston, MA: Harvard Business Publishing).

11 See in Chesbrough, H. W. (2003). *Open Innovation: The New Imperative for Creating and Profiting from Technology* (Boston, MA: Harvard Business Publishing) and Chesbrough, H. W. (2006). *Open Business Models: How to Thrive in the New Innovation Landscape* (Boston, MA: Harvard Business Publishing).

12 Faems, D., de Visser, M., Andries, P., & Van Looy, B. (2010). Technology alliance portfolios and financial performance: Value-enhancing and cost-increasing effects of open innovation. *Journal of Product Innovation Management*, 27, 785–796.

2 Business Model Innovation in SMEs

1 A business model can be defined in different ways. Osterwalder, A., & Pigneur, Y. (2009), *Business Model Generation* (Hoboken, NJ: John Wiley & Sons) is one of the most influential books on business model innovation besides Johnson, M. W. (2011) *Seizing the White Space: Business Model Innovation for Growth and Renewal* (Boston, MA: Harvard Business Publishing). The core ideas of this book are summarized in the following article: Johnson, M. W., Christensen, C. M., & Kagermann, H. (2008). Reinventing your business model. *Harvard Business Review*, December, 51–59. Other definitions have been provided by Afuah, A. (2003). *Business Models: A strategic management approach* (Boston: MA: McGraw-Hill Irwin); Amit, R. & Zott, C. (2001). Value creation in e-business. *Strategic Management Review*, 22, 493–520; and Rosenbloom, R. S., & Chesbrough, H. W. (2002). The role of the business model in capturing value from innovation: Evidence from Xerox Corporation's technology spin-off companies. *Industrial and Corporate Change*, 11(3), 529–555.

2 Kim, W., & Mauborgne, R. (2005). *Blue Ocean Strategy: How to Create Market space and make to competition irrelevant.* (Boston, MA: Harvard Business Publishing).

3 Johnson, M. W. (2011). *Seizing the White Space: Business Model Innovation for Growth and Renewal* (Harvard, MA: Harvard Business Publishing).

4 Osterwalder, A., & Pigneur, Y. (2009). Business Model Generation (Hoboken, NJ: John Wiley & Sons); Osterwalder, A. (2014). *Value Proposition Design* (Hoboken, NJ: John Wiley & Sons).

5 The role of the business model creating economic value from technological inventions is one of the central themes in Chesbrough, H. W. (2003). *Open Innovation: The New Imperative for Creating and Profiting from Technology* (Boston, MA: Harvard Business Publishing), and Chesbrough, H. W., & Rosenbloom, R. S. (2002). The role of the business model in capturing value from innovation: Evidence from Xerox Corporation's technology spin-off companies. *Industrial and Corporate Change*, 11(3), 529–555.

6 Osterwalder, A. (2014). *Value Proposition Design* (Hoboken, NJ: John Wiley & Sons).

7 In reality, the customer value proposition is a bit more complex. Isobionics' customers, notably food manufacturers, can use BioValencene™–the first commercialized flavor by Isobionics – to create natural citrus flavors and fragrances for their products without worrying about the quality issues that plague natural extracts. Furthermore, Isobionics' technology allows developing new flavors and fragrances (F&F) that do not exist in natural products. This opens completely new markets for the F&F industry.

8 Curana developed the B"Lite as an open innovation project. Pilipili, a design company in the neighborhood, was involved as a strategic partner in the project. Later, other partners joined the project delivering unique skills and competencies that Curana did not master. We will discuss how Curana managed its network of innovation partners in Chapter 5. Here, we focus on the stepwise development of the B"Lite project, neglecting the collaboration between different partners during the project.

9 Johnson, M. W., Christensen, C. M., & Kagermann, H. (2008). Reinventing your business model. *Harvard Business Review*, December, 51–59.

10 See, for instance, Govindarajan, V., & Trimble, C. (2005). *The 10 Rules for Strategic Innovation* (Boston, MA: Harvard Business Publishing); Christensen, C. M. (1997). *The Innovator's Dilemma: When New Technologies Cause Great Firms to Fail* (Boston, MA: Harvard Business Publishing); Christensen, C. M. (1997). *The Innovator's Solution: Creating and Sustaining Successful Growth* (Boston, MA: Harvard Business Publishing).

11 This is exactly what McGrath and MacMillan call *discovery-driven growth*. Many of the issues on which she touches in her publications

about strategic growth are reflected in our approach about discovering and seizing new business opportunities. See McGrath, R., & MacMillan, I. C. (2009). *Discovery Driven Growth: A Breakthrough Process to Reduce Risk and Seize Opportunity* (Boston, MA: Harvard Business Publishing); McGrath, R. (2010). Business models: A discovery driven approach. *Long Range Planning*, 43, 247–261.

12 For more information about REACH, see http://echa.europa.eu/regulations/reach.

13 For more information about BPD, see http://echa.europa.eu/regulations/biocidal-products-regulation.

14 Pine, B. G., & Gilmore, J. H. (2011). *The Experience Economy* (Boston, MA: Harvard Business Publishing); Pine, B. G., & Gilmore, J. H. (1998). Welcome to the experience economy. *Harvard Business Review,* July–August, 97–105; Gilmore, J. H., & Pine, B. J. (2007). *What Consumers Really Want: Authenticity* (Boston, MA: Harvard Business Publishing).

15 Dirk and Geert Vens owned the company in the 1990s but since 2011 Dirk has been the sole owner of the company.

3 A Dynamic View of Business Model Innovation

1 This is very much in line with Steve Blank's ideas about how to develop and scale startups. See Blank, Steve. (2013). Why the lean start-up changes everything. *Harvard Business Review*, 91(5), 63–72.

2 See Chapter 2 for a more detailed description of how Curana developed the B"Lite. I refer to the "Curana BVBA" teaching case for a more extensive description of Curana's open innovation strategy. The case is published by Ivey Publishing (www.iveycases.com).

3 For differences between conventional and discovery-driven growth, see McGrath, R., & MacMillan, I. C. (2009). *Discovery Driven Growth: A Breakthrough Process to Reduce Risk and Seize Opportunity* (Boston, MA: Harvard Business Publishing) p. 13. Discovery-driven growth can also be linked to some recent publications of the "lean start-up" movement: See Euchner, Jim, & Ganguly, Abhijit (2013). Business model innovation in Practice. *Research Technology Management*, 57(6); Blank, Steve. (2013). Why the lean start-up changes everything. *Harvard Business Review*, 91(5), 63–72; Ries, Eric (2012). Welcome to the success factory. *Management Today*, April, 48–52; Ries, Eric. (2011). Build Measure Learn, Inc. 33(8), 56–63.

4 This is not a new thought. See Powell, Walter W., Koput, Kenneth W., & Smith-Doerr, Laurel. (1996). Interorganizational collaboration and the locus of innovation: Networks of learning in biotechnology.

Administrative Science Quarterly, 41, 116–146. These authors mentioned already that the locus of innovation will be found in networks of learning rather than in individual firms, if the sources of expertise are widely dispersed. An innovation network such as the one of Curana serves "as a locus of innovation because it provides timely access to knowledge and resources that are otherwise unavailable" (p. 119). Being organized into an innovation network is a competitive weapon as well: "When the locus of innovation is found in an inter-organizational network, access to that network proves critical .... Alliances are the admission ticket, the foundation for more diverse types of collaborations, and the pivot around which firms become more centrally connected" (p. 142). See also Powell, Walter W., & Brantley, Peter. (1992). Learning by monitoring: The institutions of economic development in N. J. Smelser & R. Swedberg (eds.), *The Handbook of Economic Sociology* (Princeton, NJ: Princeton University Press), 137–165.

5　Barometers used for meteorological purposes are always calibrated as if the user is at sea level. The effective air pressure is not measured, but the air pressure in relation to 0 meters altitude is measured. For this reason, a meteorological barometer must always be calibrated before using it for the first time. In contrast, a real pressure barometer should measure the air pressure exactly at a particular altitude.

6　The National Association for Stock Car Auto Racing (NASCAR) is a business venture that sanctions and governs multiple auto racing sports events. It is the largest sanctioning body of stock car racing in the United States, including the Sprint Cup Series, the Nationwide Series, and the Camping World Truck Series. It also operates oversees in thirty-nine states. NASCAR's headquarters are located in Daytona Beach, Florida and it is one of the most-viewed professional sports in terms of television ratings in the United States. Internationally, NASCAR races are broadcast in more than 150 countries. (For more information, see www.nascar.com).

7　Source: www.statista.com/statistics/268027/change-in-gold-price-since-1990/.

8　Iansiti M., & Levien, R. (2004). *The Keystone Advantage: What the New Dynamics of Business Ecosystems Mean for Strategy, Innovation and Sustainability* (Boston, MA: Harvard Business Publishing).

9　Jan Kriekels also explains his philosophy in a YouTube video: www.youtube.com/watch?v=vU_usl-aH0w.

10　Also see www.heating-studies.org for product tests and scientific experiments held at the Experience Lab.

11　More information about the Experience Lab is available at www.youtube.com/watch?v=IVSU9_7TaTM.

4 How SMEs Create and Capture Value through Open Innovation

1 There is a rapidly growing literature stream. A few examples of some classical and some recent publications are Chesbrough, H. W., & Rosenbloom, R. S. (2002). The role of the business model in capturing value from innovation: Evidence from Xerox Corporation's technology spin-off companies. *Industrial and Corporate Change*, 11(3), 529–555; Morris, M., Schindehutte, M., & Allen, J. (2005). The entrepreneur's business model: Toward a unified perspective. *Journal of Business Research*, 58, 726–735; Shafer, S. M., Smith, H. J., & Linder, J. C. (2005). The power of business models. *Business Horizons*, 48, 199–207; Osterwalder, A., Pigneur, Y., & Tucci, C. L. (2005). Clarifying business models: Origins, present and future of the concept. *Communications of the Association for Information Systems*; 16, 1-25 Osterwalder, A., & Pigneur, Y. (2010). *Business Model Generation* (Hoboken, NJ: John Wiley & Sons), 227–246; McGrath, R. G. (2010). Business models: A discovery driven approach. *Long Range Planning*, 43(2), 247–261; Zott, C., Amit, R., & Massa, L. (2011). The business model: Recent developments and future research. *Journal of management*, 37(4), 1019–1042; Lindgren, P. (2012). Business model innovation leadership: How do SME's strategically lead business model innovation? *International Journal of Business and Management*, 7(14), 53; Osterwalder, A., Pigneur, Y., Bernarda, G., Smith, A. & Papadakos, T. (2014); *Value Proposition Design: How to Create Products and Services Customers Want* (Hoboken, NJ: John Wiley & Sons); DaSilva, C. M., & Trkman, P. (2014). Business model: What it is and what it is not. *Long Range Planning*, 47(6), 379–389; Demil, B., & Lecocq, X. (2010). Business model evolution: In search of dynamic consistency. *Long Range Planning*, 43, 227–246.

2 Chesbrough, H. (2007). Why companies should have open business models. *MIT Sloan Management Review*, Winter, 48(2), 22–28; Gassmann, O., & Enkel, E. (2004). Towards a theory of open innovation; Three core process archetypes, in R&D Management Conference RADMA, Lisbon, Portugal.

3 Larsen P., & Lewis, A. (2007). How award-winning SMEs manage the barriers to innovation. *Creativity and Innovation Management*, 16 (2), 142–151; Van de Vrande, V., de Jong, J. P. J., Vanhaverbeke, W., & de Rochemont, M. (2009). Open innovation in SMEs: Trends, motives and management challenges. *Technovation*, 29, 423–437.

4 This equals respectively 82 and 76 degrees Fahrenheit.

5 Seminal contributions are Dyer, J., & Singh, H. (1998). The relational view: Cooperative strategy and sources of interorganizational competitive

advantage. *Academy of Management Review*, 23(4), 660–679; and Powell, W. W., Koput, K. W., & Smith-Doerr, L. (1996). Interorganizational collaboration and the locus of innovation: Networks of learning in biotechnology. *Administrative Science Quarterly*, 41, 116–145.

6 Business.Dictionary.com defines crowdsourcing as "the outsourcing of job functions to groups of people who operate independently and who are willing to provide their services in exchange for experience, recognition or low rates of pay. Recognizing that technology advances have enabled people to develop superior technical skills and talent in the comfort of their homes, companies are now using social media and internet forums to invite them to participate on specific projects." (http://www.businessdictionary.com/definition/crowdsourcing.html#ixzz41NuyKG4 ACrowdsourcing). Many companies, including various industry giants, are making use of crowdsourcing. In 2006, Netflix, a major movie rental company, organized a highly successful crowdsourcing contest on the Internet. The idea was to build a better way to recommend movies to its users than its own software. The Dell social innovation challenge encourages participants to come up with ideas and possibilities for positive social impact. Dell Idea Storm crowdsourced ideas for its own products. As of 2016 it has generated about 25,000 ideas and has implemented more than 500 of them. IBM gathered 37,000 ideas from its brainstorming sessions conducted with its customers, employees, and their families. Apple and Google are successfully using crowdsourcing for their app stores. Facebook used crowdsourcing for translating its pages into various languages. Samsung and Philips have made online portals to pitch for new ideas. In the automobile industry, Peugeot and Fiat crowdsource design ideas. P&G Connect + Develop strategy has resulted in more than 2,000 agreements with innovation partners. Unilever and L'Oréal have used crowdsourcing for making product commercials. Lego, the Danish toy manufacturer, frequently holds contests to get new ideas for its products. Starbucks has collected thousands of ideas through My Starbucks Idea initiative. Besides companies' initiatives, several intermediaries such as Innocentive, Ninesigma, 99designs, Quirky, and so forth facilitate crowdsourcing between companies and the crowd. Crowdsourcing is especially useful for small businesses as more and more specialized online platforms are built to make it easier for them to reach the crowd. Small firms can make the most of crowdsourcing by using it for product development and ideas brainstorming, micro-tasking (see, for instance, Amazon Mechanical Turk and Clickworker), outsourcing of assignments to people with specialized knowledge or skill sets, and crowdfunding. (http://www.business2community.com/online-communities/crowdsourcing-5-ways-small-businesses-can-use-a-crowd-0141314#GTmlmHzXeJ5R09ck.99).

There are, however, some downsides to crowdsourcing to consider too. Obviously, there is an increase in project management costs and hassles, and the possibilities of delays and miscommunications. Problems with copyrights and trademarks may emerge. Moreover, crowdsourcing is not the best option for regular work that can be better done by a single contractor. Finally, searching for the lowest possible price is not always a good strategy, as talented professionals can't work for barebones rates and folks with limited experience can't afford to spend the time needed to do the best possible job (http://www.allbusiness.com/small-businesses-save-big-with-crowdsourcing-16746983-1.html).

7 These networks have been described by different authors. Iansiti, M., & Levien, R. (2004). *The Keystone Advantage: What the New Dynamics of Business Ecosystems Mean for Strategy, Innovation and Sustainability* (Boston, MA: Harvard Business Publishing); Adner, R. (2006). Match your innovation strategy to your innovation ecosystem. *Harvard Business Review,* 84(4), 98–107; Allee, V. (2008). Value network analysis and value conversion of tangible and intangible assets, *Journal of Intellectual Capital,* 9, 1, 5–24; Adner, R., & Kapoor, R. (2010). Value creation in innovation ecosystems: How the structure of technological interdependence affects firm performance in new technology generations. *Strategic Management Journal,* 31(3), 306–333; Nambisan, S., & Sawhney, M. (2011). Orchestration processes in network-centric innovation: Evidence from the field. *The Academy of Management Perspectives,* 25, 40–57; Adner, R. (2012). *The Wide Lens: What Successful Innovators See That Others Miss* (New York: Portfolio/ Penguin); Nambisan, S., & Baron, R. (2013). Entrepreneurship in innovation ecosystems: Entrepreneurs' self-regulatory processes and their implications for new venture success. *Entrepreneurship Theory and Practice,* 37, 1071–1097.

8 Gilmore, J. H., & Pine, B. J. (2007). *What Consumers Really Want: Authenticity* (Boston, MA: Harvard Business Publishing).

9 This is a difference of 144 degrees Fahrenheit.

5 Managing Innovation Networks

1 I focus in this chapter on collaboration in networks including small firms and different types of innovation partners such as customers, research labs, universities, and intermediaries. I exclude open innovation between a small firm and a large company: I explain in Chapters 6 and 7 how small firms can collaborate effectively with large companies in developing or commercializing new products.

2 The rules are summarized in a list in Section 5.3.

3 There is an interesting literature stream about search heuristics. Gavetti, G., & Levinthal, D. (2000). Looking forward and looking backward: Cognitive and experiential search. *Administrative Science Quarterly*, 45, 113–137; Nickerson, J. A., & Zenger, T. R. (2004). A knowledge-based theory of the firm: The problem-solving perspective. *Organization Science*, 15, 617–632; Gavetti, G., & Rivkin, J. W. (2007). On the origin of strategy: Action and cognition over time. *Organization Science*, 18, 420–439; and Gavetti, G. (2012). Perspective: Toward a behavioral theory of strategy. *Organization Science*, 23, 267–285.

4 The concept of connective capability was introduced by Lichtenthaler, U., & Lichtenthaler, E. (2009). A capability-based framework for open innovation: Complementing absorptive capacity, *Journal of Management Studies*, 46(8), 1315–1338. This concept is furthermore based on the alliance literature: Garud, R., & Nayyar, P. R. (1994). Transformative capacity: Continual structuring by intertemporal technology transfer. *Strategic Management Journal*, 15, 365–385; Grant, R. M., & Baden-Fuller, C. (2004). A knowledge accessing theory of strategic alliances. *Journal of Management Studies*, 41, 61–84; Kale, P., & Singh, H. (2007). Building firm capabilities through learning: The role of the alliance learning process in alliance capability and firm-level alliance success. *Strategic Management Journal*, 28, 981–1000.

5 Kriekels, J. (2013). *Innovate or Die.* Tielt, Belgium: Lannoo.

6 The four types of legal IP protection are defined as follows. Source: https://en.wikipedia.org/wiki/Intellectual_property (Accessed February 13, 2016).

- A trademark is a recognizable sign, design, or expression that identifies products or services of a particular source from those of others, although trademarks used to identify services are usually called service marks. The trademark owner can be an individual, business organization, or any legal entity. A trademark may be located on a package, a label, a voucher, or on the product itself.

- Copyright is a legal right created by the law of a country that grants the creator of an original work exclusive rights for its use and distribution. This is usually only for a limited time. The exclusive rights are not absolute but lessened by limitations and exceptions to copyright law, including fair use.

- A patent is a set of exclusive rights granted by a sovereign state to an inventor or assignee for a limited period of time in exchange for detailed public disclosure of an invention. An invention is a solution to a specific technological problem and is a product or a process.

- An industrial design right is an IP right that protects the visual design of objects that are not purely utilitarian. An industrial design consists of the creation of a shape, configuration, or composition of pattern or color, or combination of pattern and color in three-dimensional form containing aesthetic value. An industrial design can be a two- or three-dimensional pattern used to produce a product, industrial commodity, or handicraft.

7 See note 6 for an explanation of trade secrets.
8 Brant, J., & Lohse, S. (2014). Trade secrets: Tools for innovation and collaboration. Innovation and Intellectual Property Series – Research Paper 3, p. 21. Paris: International Chamber of Commerce.
9 See note 6 for a definition of legal IP protection.

6 How Can Startups Collaborate with Large Companies?

1 Wikipedia defines a startup company or startup as an entrepreneurial venture or a new business in the form of a company, a partnership, or temporary organization designed to search for a repeatable and scalable business model (Blank, Steve, March 5, 2012). "Search versus Execute." (https://steveblank.com/2012/03/05/search-versus-execute/ Accessed July 22, 2012). These companies, generally newly created, are innovating in a process of development, validation, and research for target markets. Many consider startups to be only tech companies, but this is not always true: the essence of startups has more to do with high ambition, innovativeness, scalability, and growth.
2 Katila, R. Rosenberger, J. D., & Eisenhardt K. M. (2008). Swimming with sharks: Technology ventures, defense mechanisms and corporate relationships. *Administrative Science Quarterly*, 53, 295–332.
3 In the next chapter we describe two cases: one is an example of "inbound" open innovation and the other one illustrates "outbound" open innovation.
4 See http://adage.com/article/digital/mondelez-taps-tech-startups-big-mobile-program/238969/ (Accessed October 6, 2015).
5 See www.govtech.com/products/Google-Reveals-its-Innovation-Lab-for-Government.html (Accessed October 6, 2015).
6 See www8.hp.com/us/en/hp-news/press-release.html?wireId=1921691#.VhIpI9be0q8 (Accessed October 5, 2015).
7 See www.businesswire.com/news/home/20140909005802/en/Sharewall-Partners-MTGx-Winning-MediaFactory-Competition#.VhTKMNbe3io (Accessed October 7, 2015).
8 All quotes in this chapter are based on interviews with one of the authors.
9 For more information about the EBAs at DSM, see www.dsm.com/corporate/about/innovation-at-dsm/long-term-innovation.html (Accessed October 8, 2015).
10 In VC parlance, the batting average is the number of times you make a successful investment divided by the total number of investments you make.

11 Dyer J. H., & Singh H. (1998). The relational view: Cooperative strategy and sources of interorganizational competitive advantage, *Academy of Management Review*, 23(4), 660–679. See also http://archive.sciencewatch.com/inter/aut/2008/08-aug/08augDyerET/ for an interview with the authors.

12 We discuss the role of FuelUp as intermediary in Chapter 8.

13 This section is based on the teaching case "Sanus-Ace: Negotiating a memorandum of understanding in external corporate venturing" with reference no. 314-258-1 at www.thecasecentre.org. The case is also translated into Mandarin (reference no. C314-258-1). A teaching note accompanying the case is available.

7 Two Examples of How SMEs Collaborate with Large Companies

1 Katila, R. Rosenberger, J. D., & Eisenhardt K.M. (2008). Swimming with sharks: Technology ventures, defense mechanisms and corporate relationships. *Administrative Science Quarterly*, 53, 295–332.

2 See National Research Council. (2004). *A Patent System for the 21st Century*. Washington, DC: National Academies Press.See also Lanjouw, J. O., & Lerner, J. (2001). Tilting the table? The predatory use of preliminary injunctions. *Journal of Law and Economics*, XLIV(2), 573–603 for an analysis of how smaller firms are disadvantaged disproportionately by high IP litigation costs.

3 See Chesbrough, H. (2003). *Open Innovation: The New Imperative for Creating and Profiting from Technology* (Boston, MA: Harvard Business Publishing), and Vanhaverbeke, W., Van de Vrande, V., & Chesbrough, H. (2008). Understanding the advantages of open innovation practices in corporate venturing in terms of real options. *Creativity and Innovation Management*, 17, 251–258.

4 Chesbrough, H. W., & Garman, A.R. (2009). How open innovation can help you cope in lean times. *Harvard Business Review*, December, 69–76.

5 See Sakkab, N. (2002). Connect and develop complements research and develop at P&G. *Research Technology Management*, 45(2), 38–45. The author mentions that fewer than 10 percent of P&G technologies were being used in products: there is a great deal of value to be extracted from the remaining 90 percent. I have been posing the same question to many other large companies in the last decade: they all admit that 85 to 90 percent of their internal technology is never used in their own products or used as an IP instrument to fend off competitors in particular technology/or product domains.

6 Sakkab, N. (2002). Connect and develop complements research and development at P&G. *Research-Technology Management*, 45 (2), 38–45.

7 Chemelot is located on the large industrial site of DSM and SABIC in Sittard-Geleen, a town in the southeast of the Netherlands. The name Chemelot was introduced in 2002 and comprises the industrial park and the campus.The year 2005 can be considered the real starting point for Chemelot. After the petrochemical activities had been taken over by SABIC, the staff departments of the remaining DSM units were drastically reorganized in 2002–2004. In 2004, DSM concluded a covenant with Sittard-Geleen, the province of Limburg, and the trade unions, to develop the former DSM site into an *open industrial site for chemical production, research, and development*. Targets were set for attracting new companies and for creating new jobs. The Chemelot campus became the location where DSM, SABIC and, increasingly, other companies based and carried out their (new) activities in the field of research and development. The open working environment stimulates the sharing of knowledge between companies and creates unique opportunities for joint development and accelerated learning. The Chemelot campus today accommodates approximately 1,200 knowledge workers. Since 2005, dozens of new companies active in research, development, and production of CHE Materials have opened units at Chemelot, attracted by the expertise, facilities, utilities, and permits available there. In addition, dozens of new service providers have set up shop in Chemelot to support companies in their activities. For more information see www.chemelot.nl/default.aspx?taal=en (Accessed October 22, 2015).

8 See www.dsm.com

9 Isobionics' technology uses micro-organisms to transfer sugar, solved in water, into valencene in a fermentation vessel. Traditional produced compounds based on oranges are seasonally harvested. Product availability, quality and price can vary due to crop specific growth cycles, weather conditions and diseases. Isobionics' biotechnological production process is much cheaper and can be 100% controlled within bioreactors.

10 For more information about the Frost and Sullivan 2010 Global Technology Innovation Award, see www.isobionics.com/press3.htm

11 Interview with Toine Janssen, August 12, 2015.

12 Beta-elemene is a constituent that occurs in citrus fruit as well as in fifty plants and herbs. In traditional production processes it is mainly extracted from ginger root.

13 Keeping in mind that the market price for valencene varies between $500 and $1,200 per kilogram, the market is no larger than 25 to 60 kilograms. The volume of the nootkatone market was a bit smaller, as the price of that product is substantially higher ($2,600/kg).

14 www.brightlands.com/news-events/isobionics-increases-its-capacity-scaling-production/ (Accessed October 23, 2015).

15 A fermenter is a vessel in which an optimal environment can be created for microorganisms to grow and reproduce. Cultivating these microorganisms yields a desirable substance. In the case of BioValencene, bioengineered micro-organisms are dropped in a vessel of 25,000 liters of water to which sugar is added.

16 This is a common problem for biotech and pharma ventures.

17 There are ways to deal with large firms' reluctance to license technology to small companies. The company can develop criteria when technology owners (typically corporate R&D or business units) should release IP or the latter can indicate which IP they want to abandon. The IP department can become the owner of the IP and can as a function of the company's strategy decide to license or sell the technology. Philips IP&S has been doing this for years with great results.

18 Interview with Toine Janssen, August 12, 2015.

19 Interview with Toine Janssen, August 12, 2015.

20 Interview with Toine Janssen, August 12, 2015.

21 Interview with Toine Janssen, August 12, 2015.

22 For more information about Chemelot, see www.chemelot.nl/default .aspx?taal=en. (Accessed October 22, 2015).

23 Two inspiring articles to understand how complementary assets play a role in the value appropriation of innovations are Teece, D. J. (1986). Profiting from technological innovation: Implications for integration, collaboration, licensing and public policy. *Research Policy*, 15(6), 285–305; and Gans, J. S., & Stern, S. (2003). The product market and the market for ideas: Commercialization strategies for technology entrepreneurs. *Research Policy*, 32, 333–350.

24 Interview with Godwin Zwanenburg, August 13, 2015.

25 See www.philips.com.sg/e/kitchen/home.html (Accessed October 27, 2015).

26 See www.mora.nl for more information about this snack producer.

27 See www.facebook.com/I-Love-Philips-Airfryer-163566940375180/ (Accessed October 27, 2015).

28 Interview with Godwin Zwanenburg, August 13, 2015.

8 Working Effectively with Innomediaries

1 Anonymous. (2014). Photonics making an impact. *SPIE Professional*, October 2014.

2 For more information see www.open-photonics.com/

3 Interview with Jason Eichenholz, December 17, 2014.

4 Interview with Jason Eichenholz, December 17, 2014.

5 "Best overall proposal" implies that not always the technologically best solution is winning. A proposal should also be interesting pricewise and should fit the needs expressed by the client firm.

6 Interview with Jason Eichenholz, December 17, 2014.

7 For more information, see www.laserfocusworld.com/articles/2013/05/ xprize-teams-with-open-photonics-on-handheld-diagnostic-device.html (Accessed May 10, 2015).

9 How to Apply Open Innovation in Your Company

1 See "Sanus-ACE: Negotiating a memorandum of understanding in external corporate venturing" with reference no. 314-258-1 at www .thecasecentre.org. The case is also translated into Mandarin (reference no. C314-258-1). A teaching note accompanying the case is available.

2 Roijakkers, N. Zynga, A., & Bishop, C. (2014). Getting help from info-mediaries: What can innovators do to increase value in external knowledge searches? In Henry Chesbrough, Wim Vanhaverbeke, & Joel West (eds.), *New Frontiers in Open Innovation* (Oxford: Oxford University Press), 248.

3 European Commission (2015). *Annual Report on European SMEs 2014/2015*, Luxembourg.

4 See www.facebook.com/groups/358789727646352/

鸣　谢

本书译审者朱晓明、扈喜林和曹雪会特别感谢中国（上海）自由贸易区金桥管理局对我们研究工作的支持。

本书译审者还要感谢对《中小企业的开放式创新》（中文版）的翻译校对给予过帮助的姜浚哲、张羽、肖颖君、李蕊、宋炳颖、张颖文、金黎佳、朱诗舟等。

图书在版编目（CIP）数据

中小企业的开放式创新／（比）维姆·范哈弗贝克（Wim Vanhaverbeke）著；朱晓明，扈喜林，曹雪会译审 . —北京：中国财富出版社，2018.5
（中欧经管图书）

书名原文：Managing open innovation in SMEs

ISBN 978 − 7 − 5047 − 6638 − 0

Ⅰ . ①中… Ⅱ . ①维… ②朱… ③扈… ④曹… Ⅲ . ①中小企业—企业创新—研究 Ⅳ . ①F276.3

中国版本图书馆 CIP 数据核字（2018）第 087787 号

策划编辑	谢晓绚	**责任编辑**	张冬梅 周 畅		
责任印制	石 雷 尚立业	**责任校对**	孙会香 张营营	**责任发行**	董 倩

出版发行 中国财富出版社

社 址	北京市丰台区南四环西路 188 号 5 区 20 楼	**邮政编码**	100070
电 话	010 − 52227588 转 2048/2028（发行部）	010 − 52227588 转 321（总编室）	
	010 − 68589540（读者服务部）	010 − 52227588 转 305（质检部）	
网 址	http://www.cfpress.com.cn		
经 销	新华书店		
印 刷	北京京都六环印刷厂		
书 号	ISBN 978 − 7 − 5047 − 6638 − 0/F · 2878		
开 本	710mm × 1000mm 1/16	**版 次**	2018 年 7 月第 1 版
印 张	15.75	**印 次**	2018 年 7 月第 1 次印刷
字 数	258 千字	**定 价**	58.00 元